高等院校立体化创新经管教材系列

企业绩效管理
(第3版)

王少东　褚　旋　主　编
张国霞　梁小清　副主编

清华大学出版社
北京

内容简介

本书以绩效管理的流程设计和技术方法介绍为主线，为读者呈现绩效管理的全貌，即从绩效管理的基础性工作开始，分别对绩效考核指标的设计、绩效计划、绩效计划的实施与管理、绩效考核、绩效反馈面谈和绩效考核结果的运用进行详细介绍，帮助读者从绩效管理系统的角度理解绩效管理。本书列举了大量实例，是一本理论与实践紧密结合的管理学教材。

本书适于企业中从事人力资源管理工作的人员和高等院校人力资源管理及其相关专业的学生阅读，同时也可作为其他从事实际工作的人员的参考手册。

本书封面贴有清华大学出版社防伪标签，无标签者不得销售。
版权所有，侵权必究。举报：010-62782989，beiqinquan@tup.tsinghua.edu.cn。

图书在版编目(CIP)数据

企业绩效管理/王少东，褚旋主编. —3 版. —北京：清华大学出版社，2022.2 (2023.6 重印)
高等院校立体化创新经管教材系列
ISBN 978-7-302-60038-1

Ⅰ.①企… Ⅱ.①王… ②褚… Ⅲ.①企业绩效—企业管理—高等学校—教材 Ⅳ.①F272.5

中国版本图书馆 CIP 数据核字(2022)第 021638 号

责任编辑：陈冬梅
装帧设计：刘孝琼
责任校对：周剑云
责任印制：杨 艳

出版发行：清华大学出版社
　　　　　网　　址：http://www.tup.com.cn, http://www.wqbook.com
　　　　　地　　址：北京清华大学学研大厦 A 座　　邮　编：100084
　　　　　社 总 机：010-83470000　　邮　购：010-62786544
　　　　　投稿与读者服务：010-62776969, c-service@tup.tsinghua.edu.cn
　　　　　质量反馈：010-62772015, zhiliang@tup.tsinghua.edu.cn
　　　　　课件下载：http://www.tup.com.cn, 010-62791865

印 装 者：北京国马印刷厂
经　　销：全国新华书店
开　　本：185mm×260mm　　印　张：16.75　　字　数：403 千字
版　　次：2009 年 9 月第 1 版　2022 年 4 月第 3 版　　印　次：2023 年 6 月第 2 次印刷
定　　价：49.80 元

产品编号：091975-01

前　言

本书从企业战略的高度及整体人力资源管理体系的角度，阐释了绩效管理在现代企业中的地位及其作用。本书不仅对绩效考核及绩效管理作了理论上的阐释，而且注重绩效管理的实际操作技术的推介，尽可能以实例的形式讲解绩效计划、绩效实施、绩效考核、绩效反馈等绩效管理的过程技术要求。

本书按照高等院校工商管理类专业的教学要求，结合我国企业的实际情况编写而成。本书共分为 8 章，以绩效管理的流程设计和技术方法介绍为主线，为读者呈现绩效管理全貌，主要介绍了绩效管理基本知识、绩效考核指标的提取、绩效计划的制订、绩效计划实施过程中的沟通及其他措施、绩效考核的方法、绩效反馈的要求和技巧、绩效考核结果的运用等内容。本书最后一章详细地介绍了一些企业绩效实施的实际案例，有利于学生将所学的知识更好地融会贯通。本书实用性强，每章之前设置了学习目标、引导案例，每章末尾设置了本章小结、自测题、案例分析以及阅读材料，以便于对相关章节内容的学习和把握。本书是为普通高等学校经济管理类专业学生编写的，主要作为大学专科、本科层次授课教材，也可供相关企业人力资源管理理论研究和实践的人士以及相关人员阅读。

《绩效管理》第 1 版和第 2 版上市十多年来，赢得了广大读者的广泛关注。他们对本书给予了高度的评价，同时针对书中存在的问题也提出了客观的批评和有效的改进建议。在此，我们衷心地感谢广大读者多年来对本书的大力支持！

在对读者反映的问题、意见进行充分研究的基础上，我们结合市场调研的结果，对《企业绩效管理》第 2 版进行了改版。此次改版，我们将本书中的部分内容进行了替换、补充和更新，以便更加符合读者的实际需求。本书总体框架结构和内容主要由王少东(广州农商银行)、褚旋(粤港澳大湾区产融投资有限公司)、张国霞(广州民航学院)、梁小清(南昌航空大学)和陈云川(南昌航空大学)审定。本书还得到了广州农村商业银行绩效管理项目组、广州农村商业银行人力资源部、粤港澳大湾区产融投资有限公司等同事的大力支持。由于编者的水平有限和人力资源管理思想的迅速发展，疏漏之处在所难免，敬请广大读者不吝指正。

本书得到了一些高校同事及企业管理人员的大力支持和帮助。同时还要感谢本书编写过程中所参考的原书作者，由于一些原因，有些作者的姓名无法在参考书目中一一列出，非常感谢你们的前期努力。衷心祝愿我国的人力资源管理水平蒸蒸日上！

编　者

目 录

第一章 绩效管理综述 1
第一节 绩效与绩效管理的概念 4
一、绩效概述 4
二、绩效管理的含义 5
三、绩效管理与绩效考核的差异 7
第二节 影响员工绩效的因素 9
一、个人兴趣 9
二、与岗位的适应性 10
三、是否感到公平 10
四、公司的激励 10
五、企业考核体系的影响 10
六、工作环境 11
七、是否有相应的培训及培训的
　　效果 11
第三节 企业绩效管理定位的误区 11
一、认为绩效管理即绩效管理，战略
　　缺位 12
二、认为绩效管理即绩效考核，流程
　　脱漏 12
三、认为绩效管理即约束工具，定位
　　失真 13
四、认为绩效管理即部门内部工作，
　　参与不全 13
第四节 企业绩效管理执行的不足 13
一、绩效管理过程不完善 14
二、绩效考核方式不科学 14
三、考核结果应用不合理 16
第五节 企业绩效管理基础的缺陷 17
一、配套制度有待健全 17
二、职能职责有待清晰 18
三、信息技术亟待加强 18
四、数据治理亟待规范 19

五、战略目标尚待明晰 19
六、绩效文化有待强化 19
第六节 绩效管理体系介绍 20
一、以绩效为核心的价值评价系统的
　　五大体系 20
二、绩效管理体系在整个人力资源
　　管理系统中的作用和定位 21
三、绩效管理的核心思想在于不断
　　提升组织和员工绩效 22
四、绩效管理是一个持续沟通的
　　过程 23
五、针对不同对象应采取个性化的
　　绩效管理方式 24
六、绩效管理不仅仅是结果评价，
　　更强调过程 24
七、各级管理者的责任 24
本章小结 26
自测题 27
案例分析 27

第二章 绩效考核指标 31
第一节 绩效考核指标的形成 32
一、绩效考核指标的相关概念 32
二、绩效指标的分类 33
三、绩效考核指标的来源 34
第二节 绩效考核指标的设计 35
一、绩效考核指标的设计原则 35
二、如何应用绩效方法确定绩效考核
　　指标 37
第三节 绩效考核指标的权重与标准 38
一、确定权重的原则 38
二、确定权重的方法 39
三、绩效标准与绩效目标 41

四、如何保证绩效考核标准的
　　　　有效性 42
　　五、如何构建完善的绩效考核标准
　　　　体系 43
第四节　绩效考核指标体系的建立 47
　　一、绩效指标体系简述 47
　　二、建立绩效考核指标体系的
　　　　步骤 47
　　三、衡量绩效指标的有效性 49
第五节　绩效考核指标的属性信息 52
　　一、指标性质 52
　　二、指标说明 52
　　三、信息来源 52
　　四、指标计分规则 53
　　五、考核频率 54
本章小结 55
自测题 55
案例分析 56
阅读材料 59

第三章　绩效计划 66

第一节　绩效计划概述 67
　　一、绩效计划的概念 67
　　二、绩效计划在绩效管理系统中的
　　　　作用 68
　　三、绩效计划的制订原则 68
　　四、如何正确理解绩效计划 70
第二节　绩效目标 72
　　一、绩效目标的重要性 72
　　二、绩效目标建立的原则 72
　　三、绩效目标的来源 73
　　四、绩效目标的类别 74
　　五、设定绩效目标的程序 75
　　六、设定绩效目标的方法 76
第三节　绩效计划的制订流程 81
　　一、全员绩效基础理念培训 81
　　二、诠释企业的发展目标 81

　　三、将企业发展目标分解为各个部门
　　　　的特定目标 81
　　四、员工为自己制订绩效计划草案 ... 82
　　五、绩效计划的沟通 82
　　六、管理人员协助员工制订具体行动
　　　　计划 82
　　七、绩效计划的审定和确认 83
本章小结 83
自测题 84
案例分析 84
阅读材料 87

第四章　绩效计划的实施 105

第一节　绩效实施中的持续沟通 107
　　一、持续绩效沟通的重要性 107
　　二、持续绩效沟通的目的 108
第二节　绩效沟通的方法 109
　　一、正式的沟通方式 109
　　二、非正式的沟通方法 113
　　三、沟通技巧 114
第三节　绩效信息收集的目的与方法 118
　　一、绩效信息收集的目的 119
　　二、收集绩效信息的方法 120
　　三、收集信息中应注意的问题 121
　　四、企业在绩效沟通实践方面存在的
　　　　误区 121
　　五、如何改善企业绩效沟通 122
　　六、如何使用关键事件法收集与记录
　　　　绩效信息 124
本章小结 125
自测题 125
案例分析 126
阅读材料 126

第五章　绩效考核 130

第一节　传统的绩效考核方法 133
　　一、基于目标管理的绩效考核 133

目录

　　二、基于工作标准的绩效考核 138

　　三、基于个体业绩比较的绩效
　　　　考核 145

第二节　现代的绩效考核方法 149

　　一、关键绩效指标 149

　　二、360度绩效考核 153

　　三、平衡计分卡 158

第三节　绩效考核误差 168

　　一、系统设计的偏差 168

　　二、考评过程中的心理偏差 169

本章小结 172

自测题 172

案例分析 172

阅读材料 174

第六章　绩效反馈 184

第一节　绩效反馈面谈的意义 188

　　一、绩效反馈面谈有助于正确评估
　　　　员工的绩效 188

　　二、绩效反馈面谈使员工正确认识
　　　　自己的绩效 189

　　三、绩效反馈面谈保证绩效考核的
　　　　公开公正性 189

　　四、制订绩效改进计划并确定下一
　　　　绩效期的绩效目标 189

第二节　绩效反馈面谈的准备 189

　　一、绩效反馈面谈的目的 189

　　二、绩效反馈面谈前的准备 190

　　三、掌握面谈的十大原则 192

第三节　绩效反馈面谈的过程 194

　　一、绩效反馈面谈中的SMART
　　　　原则 194

　　二、绩效反馈面谈中的反馈技巧 ... 195

　　三、绩效反馈面谈过程中的批评
　　　　技巧 196

第四节　如何与不同类型的员工进行绩效
　　　　反馈面谈 199

　　一、具有防御心理的员工 199

　　二、优秀的员工 200

　　三、一直无明显进步的员工 200

　　四、绩效差的员工 200

　　五、年龄大、工龄长的员工 201

　　六、过分雄心勃勃的员工 201

　　七、沉默内向的员工 201

　　八、发火的员工 201

第五节　员工绩效改进计划 201

　　一、员工绩效改进计划的内容 ... 202

　　二、制订员工绩效改进计划的基本
　　　　流程 202

　　三、在制定员工绩效改进方案和实施
　　　　过程中要注意的问题 205

本章小结 207

自测题 207

案例分析 209

阅读材料 211

第七章　绩效考核结果的运用 ... 216

第一节　绩效考核与企业招聘晋升 ... 219

　　一、招聘概述 219

　　二、绩效考核在招聘和选拔中的
　　　　应用 219

第二节　绩效考核与人力资源规划 ... 221

　　一、人力资源规划的含义 221

　　二、绩效考核在人力资源规划中的
　　　　作用 222

第三节　绩效考核与员工培训 223

　　一、员工培训概述 223

　　二、绩效考核在员工培训中的
　　　　作用 223

第四节　绩效考核与企业激励机制 ... 224

　　一、激励原理 224

　　二、绩效考核在企业公平激励机制
　　　　建立中的作用 226

　　三、如何进行绩效付薪 226

本章小结 228
自测题 228
案例分析 228
阅读材料 230

第八章　企业绩效管理项目实施实务 239

第一节　平衡计分卡在××银行绩效
　　　　管理中的运用 239
　一、平衡计分卡简介 239
　二、××商业银行实践案例 240

第二节　某金融机构基于目标行为的绩效
　　　　管理体系构建与实践 245
　一、变革背景 245
　二、变革的思路、目标与步骤 247
　三、目标行为管理体系建设
　　　与应用 248
　四、目标行为管理结果的应用 253
　五、成果创新与管理效益 254

参考文献 257

第一章 绩效管理综述

【学习目标】

通过对本章内容的学习,掌握以下内容:绩效与绩效管理的含义;绩效管理的特征、意义、目的及其战略地位;影响员工绩效的因素以及企业绩效管理存在的问题与绩效管理体系的主要内容。

【关键概念】

绩效(Performance)　绩效管理(Performance Management)　人力资源管理(Human Resource Management)

【引导案例】

新的时代来临之际,我们有必要对企业的绩效管理进行一下回顾和展望。我们首先回顾一下全球范围内发生的与绩效管理有关的新闻:

(1) 2013年11月微软宣布放弃员工排序。

(2) 2015年GE正式宣布放弃活力曲线(强制分布)。

(3) 2015年3月德勤宣布重塑绩效管理,因为绩效管理已经跟不上公司目标的完成。

(4) 2015年7月埃森哲宣布放弃年度绩效评估和排名,以项目制方式进行奖励。

(5) 2015年8月欧特克重新设计绩效管理体系,取消绩效评估,通过人才九宫格取代等级制来与薪酬挂钩。

相关的分析文章标题如下:

(1) 后GE时代,绩效管理该怎么做?

(2) 不可迷信Google OKRs考核。

(3) 传说微软、戴尔和GE都不做绩效评估了,你信吗?

(4) 绩效管理毁了索尼。

(5) 绩效管理做到今天,到底怎么啦?

在日常人力资源管理的各种峰会中,越来越多人力资源管理人员提出了做绩效管理遇到的挑战。总结起来大概有以下八条:

第一,过度地依赖KPI。KPI表示关键绩效指标,比较适合考核固定岗位的工作结果。而现在是移动互联网时代,工作类型更多的是知识型、创新型,而不是大工业化时代的机械操作。现在的工作内容更加复杂,也可能无法预料工作的结果,这个时候无法依赖KPI。

第二,绩效评估的过程很难做到真正的公平公正,因为有人为的因素参与。所以经理们的职业化程度和成熟度决定了绩效考核的成功与否。

第三,很多员工认为绩效管理是惩罚而不是帮助他提升,所以绩效管理是在错误的道路上前进。

第四,年度绩效考核操作方法阻碍了持续的反馈。现在很多公司一年做一次绩效面谈,或者半年做一次绩效面谈,这样的方法阻止了持续的反馈。绩效管理的持续反馈应该是每周谈，每月谈，每个季度都在谈，这才是持续。

第五，绩效管理沟通，传统的面谈更注重消极的反馈，指出员工哪里做得不好，这样对员工也有一种负面的影响。

第六，企业运用强制分布，员工必须分出优、良和差，破坏了合作的氛围。

第七，直接按照KPI算出来的分数给员工发奖金、晋升或者是降职，经理们都质疑这是不是可靠的、可依赖的数据结果。

第八，传统的绩效管理没有真正体现绩效薪酬。很多优秀员工并没有得到相应的利益分配，而业绩一般的员工奖金也还不错，所以要体现优秀员工的价值。

那么我们如何来应对传统绩效管理遇到的挑战呢？

根据美世咨询公司(以下简称美世)2015年进行的绩效管理调研,有超过一半的组织计划在未来的18个月内，对目前的绩效管理进行重塑与调整。美世薪酬业务负责人蒂姆·尼斯认为目前的绩效管理体系已经无法跟上组织迅猛发展的步伐，公司正在寻求更加灵活、敏捷与及时反馈的业务运营方式，而传统僵化的绩效管理体系已无法支撑。这也是绩效管理成为员工抱怨的主要原因，它更多的是让经理把员工放到等级排名中，而非经理及时地与员工进行信息沟通与反馈。

美世认为下一代绩效管理体系需要企业去改善现有体系，而非放弃现有体系，因为目前的绩效管理并非一无是处，很多好的实践可以延续。但是如果组织希望培养高绩效文化，吸引与留住人才，还是需要对绩效管理体系做一些根本性的改变。

以下是美世认为的未来实施绩效变革需要了解的八大新趋势。

(1) 绩效考核将进行变革而非取消。管理焦点将从年度绩效评估转向绩效对话与辅导，更关注人才发展，而非简单的对目标值的考核。绩效管理的核心本来就是通过对话与辅导提升员工能力。只是在过去，有太多的公司为了短期的业绩把考核放在首位，而且绩效考核等同于绩效管理，现在这种观念正在慢慢转变。

(2) 企业文化和价值观与绩效管理更加紧密地结合。从考核员工"固定"的工作成果转向关注员工的行为表现，让他们在工作中表现更加出色。把绩效管理作为一个持续性的管理活动，而不是一年一次的"事件"。我们从世界500强公司的考核内容上可以看出来，比如GE公司，考核内容分为工作业绩和成长性价值；Google，考核工作业绩和能力表现，而能力是企业价值观的行为体现；阿里巴巴的价值观考核占整个考核比例的50%。

(3) 针对不同的员工类型，设计不同的绩效考核模式，而非一刀切。GE对于管理人员的考核方式与普通员工不同，它有一套专门的考核标准，比如它的九宫格人才管理。所以无论是考核内容、考核模板、考核频率，在一家公司也可以有不同的标准，没必要一定是统一的。

(4) 放弃绩效等级、绩效排名强制分布。绩效等级与排名是给员工贴标签，并不利于员工绩效的提高。如果评级不能完全消除，那么员工就只能到处被贴上简化的标签。包括GE、微软在内的很多500强企业宣布放弃绩效等级强制分布，这并不是放弃绩效考核，它们只是把绩效考核的重点转移到了绩效沟通与人才发展上。这是一个伟大的转变。但是不同企业的绩效文化发展层次不一样，是否国内的企业一定要学习与追随，值得商榷。可能在一个绩效文化还没有很好形成的公司，一个刚开始执行绩效考核的公司，使用绩效等级的强制分布会有助于大家对绩效管理的理解与熟悉，等到时机成熟时，再放弃也未尝不可。毕竟 GE 也是执行了 30 多年才放弃的。

(5) **把绩效与奖励分离**。根据绩效考核结果进行直接的公式化计算从而进行奖励的方式已经开始受到质疑，尤其是工作成果是定性、较难衡量的或者是通过团队协作完成的。Google 从英特尔那里学到 OKRs(目标和主要结果)后，在全公司实施。有一点需要特别提出，Google OKRs 虽然进行季度打分，但是分值不与奖金和升职挂钩。这是个大胆的尝试，毕竟目前国内企业大部分的绩效打分结果是与薪酬激励挂钩的，我们也一直提倡绩效结果的积极运用。

(6) **持续的反馈**。经理与员工在绩效对话上的互动频率、关注焦点和互动质量都将影响绩效对话的质量，这能帮助经理得到及时的反馈与跟踪。微软、GE 等很多大公司，多年来一直都在努力推动持续沟通，很多公司开设绩效反馈与沟通培训课程，要求所有管理层参加。Google 的培训课堂上会发给经理们"绩效和发展讨论指南"，指导经理如何进行绩效面谈与反馈。希望所有的企业能对这一点足够重视，给予一线经理们更多的培训与指导，尤其是新晋升经理。

(7) **最新技术的使用**。移动技术可以使绩效反馈更加迅捷和个性化。GE 推出的绩效沟通 App 就是最好的证明，相信这个技术趋势对绩效管理发展也是一个很好的推动。

(8) **使管理者成为领导者**。培养一线管理者，使他们成为更好的员工教练和导师，使他们能够更多的就员工的能力和绩效进行谈话，而不是仅仅批评员工做错了什么。把经理的角色转化成绩效辅导教练与导师是所有企业努力发展的方向。绩效管理相关的技术、流程、模式的变革与转换，最终都需要我们的一线经理去运用与实践，所以他们是绩效管理中最重要的角色。

绩效管理是企业永远的命题，我们需要不停地实践与改善。

(资料来源：https://www.sohu.com/a/201313757_276378)

尽管绩效管理作为优秀的管理思想和管理工具已经被企业实践了很多年，国内企业的先行者也在 20 世纪 90 年代初就将绩效管理引入并在企业推行，但从实践的结果来看，国内企业的绩效之路并不平坦，一些企业依然不能很好地驾驭它。更为糟糕的情况是，很多管理者已经开始怀疑：绩效管理到底是否适合中国的国情，绩效管理是不是就是人力资源管理者窗台上的那个漂亮的花瓶，摆在那里只是为赏心悦目所需，企业是否还值得为它付出更多。

绩效管理在我国的不少企业尚属管理的新领域，一些企业对绩效管理的认识仅仅止于认识，绩效管理只是一个概念，而且掌握这个概念的人也是少数 HR(人力资源)工作者和具有一定管理思想的人，对其他人来说，绩效管理是什么，会对企业的管理产生什么样的作用，依旧是个不折不扣的空白。即使一些人对绩效管理有了更为深入的认识，但由于忽略了实施绩效管理所需要的管理基础，也会导致实施效果大打折扣，最终要么流于表面，大家互相应付，机械地填写表格，对付任务，要么干脆重新回到老路，还是平均主义，还是大锅饭，从而出现了绩效管理在国内水土不服的局面。

其实绩效管理宛如一把双刃剑，它既可以改善企业的绩效，同时也能使企业的绩效向不好的方向发展，搞不好还要伤害企业自身。关键在于企业能否真正领悟绩效管理的真谛，能否根据企业内外部环境发展的实际情况适时进行绩效管理，为企业发展贡献力量。

企业关心绩效不容置疑，任何一个有责任心的企业管理者每天的工作都围绕企业绩效来进行是不容置疑的，无论是长期计划还是短期安排、无论是个人业绩还是企业业绩、无论是利润考量还是社会贡献，只要有目标有方向，这就是"绩效"问题，只是不同性质的组织"绩效目标"不同而已，因此绩效管理是组织的永久话题。

第一节　绩效与绩效管理的概念

对任何一个组织而言，如何有效地调动员工的积极性，挖掘他们的创造潜力，持续地提高他们的绩效水平，都是十分重要的。员工在工作中的绩效表现是企业实现其发展目标的最基本要素，因此，如何管理员工绩效就成为管理者非常关心的问题。本书把员工绩效管理锁定为主要探讨方向，在以下的探讨过程中，除特别说明外，所提到的绩效管理均指的是员工绩效管理。

一、绩效概述

1. 绩效的概念

从管理学的角度来看，绩效是组织期望的结果，是组织为实现其目标而展现在不同层面上的有效输出。它包括个人绩效和组织绩效两个方面。组织绩效是建立在企业个人绩效实现的基础上，但个人绩效的实现并不一定保证组织是有绩效的。如果组织的绩效按一定的逻辑关系被层层分解到每一个工作岗位以及每一个人，只要每一个人都达成了组织的要求，组织的绩效就实现了。但是，组织战略的失误可能造成由于个人绩效目标的实现而导致组织的失败。

从经济学的角度来看，绩效与薪酬是组织和员工之间的对等承诺关系，绩效是员工对组织的承诺。一个人进入组织，必须对组织所要求的绩效作出承诺，这是进入组织的前提条件。当员工完成了他对组织的承诺时，组织就实现了其对员工的承诺。这种对等承诺关系的本质，体现了等价交换的原则，而这一原则正是市场经济运行的基本规则。

从社会学的角度来看，绩效意味着每个社会成员按照社会分工所确定的角色承担他的那一份职责。他的生存权利是由其他人的绩效保证的，而他的绩效又保障其他人的生存权利。因此，出色地完成他的绩效是他作为社会一员的义务，他受馈于社会就必须回馈社会。

古语道："川积细流，海纳百川。"这正为我们揭示了绩效的内涵。组织绩效来源于各团队绩效的整合，而团队绩效来源于每个员工所创造的合力。追本溯源，每个层次的绩效均来源于员工绩效。万丈高台，起于垒土，员工绩效即是根基。同时，员工个人的表现又不能脱离组织和团队的导航，否则将无绩效可谈。

很显然，绩效是一个多义的概念，从管理实践的历程来看，人们对于绩效的认识是不断发展的：从单纯地强调数量到强调质量再到强调满足顾客的需要；从强调"即期绩效"发展到强调"未来绩效"。从种种说法可以看出，绩效实际上反映的是员工在一定时期内以某种方式实现某种结果的过程。简而言之，我们一般认为绩效指的是那些经过评价的工作行为、方式及其结果，也就是说绩效包括了工作行为、方式以及工作行为的结果。

管理学认为绩效可以分为员工绩效和组织绩效。员工绩效是指员工在某一时期内的工作结果、工作行为和工作态度的总和。组织绩效是指组织在某一时期内组织任务完成的数量、质量、效率及盈利状况。

员工绩效和组织绩效是既相互区别又密切联系的两个概念。两者的区别在于其侧重点不同，员工绩效着重于员工的行为和产出，而组织绩效侧重于组织的行为和产出。两者的联系主要表现在：一方面，员工绩效直接影响着组织绩效；另一方面，组织在其运行过程中，其系统结构以及运行机制的合理与否也会促进或阻碍员工绩效的发挥。所以，在研究员工绩效问题时，必须同时考虑组织因素。

2. 绩效的特点

为了更深入地理解绩效的概念，让我们来看看绩效具有哪些性质。根据我们对绩效的定义，绩效具有以下三个特点。

(1) 多因性。绩效的多因性是指一个员工绩效的优劣不是由单一因素决定的，而是受制于主客观多种因素。它既受到环境因素的影响，又受到工作特征因素的影响，也与组织的制度和机制有关，同时更受到员工的工作动机、价值观的影响。

(2) 多维性。绩效的多维性指的是需要从多个维度或方面去分析与评价绩效。比如考察一个部门经理的绩效时，我们不仅要看他的经营指标完成情况，还要综合考虑他的管理指标，如对部下的监控、指导以及整个团队是否有创造性等，通过综合评价各种软、硬指标得出最终的评价结论。通常，我们在进行绩效评价时应综合考虑员工的工作能力、工作态度和工作业绩三个方面的情况。

(3) 动态性。绩效的第三个特点是动态性。我们知道，员工的绩效会随着时间的推移而发生变化。原来较差的绩效有可能好转，而原来较好的绩效也有可能变差。这就要求我们在评价一个人的绩效表现时充分注意绩效的动态性，而不能用一成不变的思维来看待有关绩效的问题。

二、绩效管理的含义

1. 绩效管理的概念

绩效管理就是指各级管理者为了达到组织目标而对各级部门和员工进行绩效计划制订、绩效辅导实施、绩效考核评价、绩效反馈面谈、绩效目标提升的持续循环过程，其目的是持续提升组织和个人的绩效。

2. 绩效管理的意义

(1) 绩效管理是企业战略落实的载体。绩效管理通过为每个员工制定有效的绩效目标，可以将公司战略、组织与人合为一体。绩效目标的制定应当是自上而下的，从而使公司的战略通过绩效目标的制定层层下传。

(2) 绩效管理是构建并强化企业文化的工具。现在很多企业都在提企业文化，但对企业文化的认识却并不是很深入，很多还只是停留在几句象征性的宣传口号上。其实企业文化的核心是一个企业的价值准则，那么绩效管理在企业价值观的传递过程中究竟发挥了什么作用呢？我们通常认为有强化和构建的作用。

①　强化作用：如果一个企业强调团队合作，那么在设计绩效考核指标时，就要考虑各岗位间的合作指标以及部门总体绩效对员工个人绩效的影响。如果企业重视长远、平稳的发展，绩效考核则不仅要考核销售额，还要对产品的市场占有率及新市场的开拓赋予更多的权重。如果企业看中员工能力的提高，则在设计绩效考核要素时，不仅要强调工作结果，更多关注的应该是员工的行为过程和工作表现。

②　构建作用：企业在自身持续发展的过程中，要不断提出新的价值观以更新自身的企业文化，而那些新的价值观是员工不熟悉的，甚至是抵触的。因而，新价值观的构建就要通过在绩效指标中设计符合新价值观的内容来实现。

(3) 绩效管理是提升管理水平的有效手段。绩效管理是基础薄弱的企业进行管理改进的有效手段。其特殊功效如下。

①　能提高企业计划的有效性。一些企业要么是没有计划，要么就是计划过于死板，导致计划在执行的过程中有效性很差，这种状况致使整个企业的经营处于不可控制的状态，而绩效管理在一定程度上可以弥补这一缺陷。由于绩效管理这一制度性的要求，使得企业必须认真分析制定工作目标的有效性，并对目标完成结果进行评估，进而可以修正计划。

②　能提高管理者的管理水平。一些管理者缺乏管理知识和技能，不懂得如何有效地整合企业内的资源，不知道如何管人。而绩效管理则要求管理者要完成制订工作计划、评价员工的工作表现、帮助下属提高绩效等一系列工作。因此，要提高管理者的水平，就要设计一套制度化的方法来规范每一位管理者的行为。

③　易于暴露企业存在的问题。一个看似风平浪静的企业，在进行绩效考核时，可能会使一些一直潜藏在企业内部的问题暴露出来，如考核数据的准确性、管理者的管理技能、考核目标的有效性等。这些问题如果越堆越多，就会像"温水煮青蛙"一样，使企业在不知不觉中陷入困境。

(4) 绩效管理促使员工进步，并使其职业发展能力得到提升。

对于个人而言，绩效管理可以作为员工培训发展、职业规划的基础。持续地建立绩效档案，可以了解员工长期的绩效表现，因而可以有针对性地开发培训计划，提高员工绩效能力，并且可以作为员工职业发展过程中，选拔、轮岗、晋升的参考依据。当然，在绩效管理中，一定要保证对员工绩效过程的跟踪，而不仅仅关注结果，只有全面了解员工绩效过程的表现情况，才能准确评估员工的职业发展趋势。

绩效管理的目的不仅仅是为了薪酬体系的规划设计，不仅仅是得到一个奖惩的依据，因为奖惩只是强化考核功能的手段；考核的目的也不仅仅是调整员工的待遇，调整待遇是对员工价值的不断开发的再确认；考核是为了不断提高员工的职业能力和改进工作绩效，提高员工在工作执行中的主动性和有效性，进而作为员工培训、职业发展规划的有效依据，不断为公司创造价值。

(5) 为完成下一期的绩效指标做准备。

绩效管理的关键在于持续改进(continuous improvement)，包括对于绩效管理体系的持续改进。因为，一个绩效考核体系的真正成功同样需要在实施过程中不断改进。成功企业绩效管理的成功经验认为，绩效考核体系要经历一两年的实施才能真正完善起来，尤其是管理者的绩效管理能力和技术才能培养起来，相应的考核文化和氛围才能成熟。

总之，科学合理的绩效管理系统对实现企业的目标和提高员工的业绩有着深远的影响和意义。

企业内任一组织的设置是为了促使企业功能可以发挥到极致；人力资源管理存在的价值在于能协助组织正常地运作；"绩效管理"的目的就在于使人力资源可以发挥极大的作用，终极目的是使企业的组织发挥应有的企业功能，产生满足客户需求的产品或服务，创造企业赖以生存的价值。

对员工来说，绩效管理是"检讨过去""把握现在"与"策划未来"的工作，通过检讨、把握与策划，促使企业组织内的成员得以发挥潜能，创造价值。就纵向剖面而言，"过去""现在"与"未来"在时间上提供了对绩效的管理切入点；就横向的关联而言，是工作、意愿与能力的交互表现(performance)。

"绩效管理"的重心是"工作"，但却不能忽视"能力"与"意愿"的影响。在管理运作过程中，"工作"的成果，深受"能力"与"意愿"两个因素递回互涉的影响，不断地蓄积或消耗企业组织的资源，形成企业组织得以生存的关键。

此时，"绩效管理"的主要对象是"人力资源"，如何使"人力资源"发挥极致，产生应有的附加价值，使企业获利，除了对"工作"的管理外，对于"能力"与"意愿"亦不能忽视，否则就无法达成组织目标。

三、绩效管理与绩效考核的差异

对于很多企业来说，虽然讲的是"绩效管理"，但实际操作的却往往是"绩效考核"，并且认为绩效管理就是填表和交表。这两个概念的混淆，已经成为如今企业进行绩效管理的一大误区。要想使绩效管理成功，必须正本清源，纠正错误的认识。

有效的绩效管理从建立以人为本的企业文化开始，结合员工个人的发展计划及公司的总体战略目标确定个人的工作计划和目标。

1. 绩效管理过程中管理者与员工应达成的承诺

绩效管理是管理者与员工就工作目标和如何达成工作目标进行协调并达成共识的过程。在此过程中，管理者和员工达成的承诺必须规定以下几个方面。

- 希望员工完成的工作目标。
- 员工的工作表现对实现公司目标的影响。
- 衡量工作绩效的标准是什么。
- 员工和主管如何共同努力以完善和提高员工的业绩。
- 指明绩效管理中会遇到的障碍并寻求排除办法。

2. 绩效管理的程序

绩效管理的程序主要包括绩效计划、绩效实施、绩效考核、绩效反馈与面谈、绩效改进与导入，几个步骤往复循环，最终实现组织和员工的绩效改进，如图1-1所示。

- 绩效管理首先应当是管理。绩效管理同样是管理者日常管理的一部分，它没有什么特殊性，更不只是人力资源部的专利。
- 绩效管理是一个持续沟通的过程。绩效管理是通过管理者和员工持续不断地沟通，并最终达成协议来保证完成的。

- 绩效管理不仅注重工作结果，更重视达成目标的过程。结果固然重要，但在绩效管理循环过程中的计划、辅导、考核和反馈，也是必须要强调的。

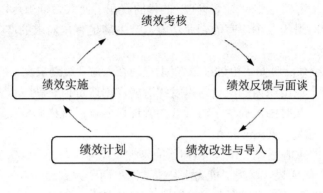

图 1-1　绩效管理程序循环

(资料来源：赫尔曼·阿吉斯(Herman Aguinis). 绩效管理[M]. 北京：中国人民大学出版社，2008：30)

3. 对绩效管理的认识误区

首先，我们应当纠正企业在绩效管理上较为普遍的错误认识。

绩效管理不是：

- 简单的任务管理。
- 绩效考核。
- 一组评价表。
- 专为寻找员工的错处，对员工严加控制，重控制、轻管理。
- 只是人力资源部的工作。
- 作为强迫员工更好或更努力工作的大棒。
- 一年只需一次的填表工作。
- 只在绩效不尽如人意时使用。
- 加薪、晋级时使用，重短期、轻长期。
- 对事不对人。
- 制订计划、确定标准，重计划、轻执行。
- 只是采用绩效工资，重结果、轻过程。
- 针对管理者的绩效，重高层、轻低层。
- 只是管理者的事，重管理、轻参与。

4. 绩效考核的内容

绩效考核是绩效管理不可或缺的一部分，但不是它的全部。绩效考核只是绩效管理的一个环节或部分。

- 绩效考核最终是要考核员工到底为公司做了什么，被称为结果取向的评估。不仅要对公司整体的战略目标进行考核，还要对目标的结果进行评估。
- 绩效考核要在与员工个人的目标结合的基础上，考核公司的整体绩效。
- 绩效考核有利于员工发现自己的不足，并在管理者的指导下改进自身的绩效。

- 绩效考核应当是经常性的、制度性的。
- 绩效考核的结果可以作为激励和发展的依据。

5．绩效管理和绩效考核的区别与联系

通过上面的分析，我们可以看出绩效考核只是绩效管理的一个环节，是进行绩效管理的一种手段。绩效考核实质上反映的是过去的绩效，而不是未来的绩效。而绩效管理更注重的是对未来绩效的提升，着眼于未来的发展战略。

1) 绩效管理和绩效考核的区别

- 绩效管理是一个完整的系统；而绩效考核只是这个系统中的一个组成部分、一个环节。
- 绩效管理是一个过程，是注重过程的管理；而绩效考核是一个阶段性的总结。
- 绩效管理具有前瞻性，能帮助企业和管理者前瞻性地看待问题，有效地规划企业和员工的未来发展；而绩效考核则是回顾过去一个阶段的成果，不具备前瞻性。
- 绩效管理有着完善的计划、监督和控制的手段和方法；而绩效考核只是考核的一个手段。
- 绩效管理注重能力的培养；而绩效考核则只注重成绩的大小。
- 绩效管理注重事先的沟通与承诺；而绩效考核则只注重事后的评估。
- 绩效管理侧重于信息沟通与绩效提高；而绩效考核侧重于判断和评估。
- 绩效管理帮助管理者与员工建立绩效合作伙伴关系，使管理者和员工站在一起；而单纯的绩效考核则使管理者与员工站到了对立的两面，距离越来越远，制造紧张的气氛和关系。

2) 绩效管理和绩效考核的联系

绩效管理与绩效考核的联系是，绩效考核是绩效管理的一个不可或缺的组成部分，通过绩效考核可以为企业绩效管理的改善提供资料，帮助企业不断地提高绩效管理的水平和有效性，使绩效管理真正帮助管理者改善管理水平，帮助员工提高绩效能力，帮助企业获得理想的绩效水平。

第二节　影响员工绩效的因素

员工个人绩效与团队绩效、组织绩效相互联系，不可分割。员工绩效的高低直接影响公司的盈利状况及未来经营发展的方向，其重要性毋庸置疑。

一、个人兴趣

兴趣是工作的动力。如果员工对一份工作感兴趣，做起来就会事半功倍；相反，如果员工对一份工作缺乏兴趣，做起来就会事倍功半。举个例子来说，同样是做营销，员工 A 对营销非常感兴趣，那么他就会主动去学习营销方面的知识，主动去联系已有客户和挖掘潜在客户，在遇到挫折时也不会轻易地放弃；员工 B 对营销工作缺乏兴趣，他在开拓市场及联系客户方面的积极性与主动性就会明显低于员工 A，遇到挫折时可能也会轻易放弃。

那么在月末或季末进行绩效考核时，谁的得分高就显而易见了。

二、与岗位的适应性

每个人的性格都是不同的。有的人性格外向，善于言谈，人际关系能力强，喜欢在公众面前发表自己的言论；有的人则性格内向，忠厚老实，喜欢独立地去思考问题。不同性格的人所适合的岗位也不同，例如喜欢与人打交道的人，我们就应该把他安排在销售或公关的岗位上；对于比较保守、比较内向、比较细心的人，我们就应该把他安排在会计或审计的岗位上；而对于善于独立思考的人，安排他去搞学术则是比较适合的。其实，对于不同的人来说，没有能力高低之分，仅仅只有适合与不适合之分。也许在某岗位上，员工 A 的能力低于员工 B，但在另一岗位上，员工 A 的能力又可能高于员工 B。我们要做的是，在适当的时间把适当的人安排在适当的岗位上，使人尽其才。同等情况下，性格不适合某一岗位的员工和性格适合某一岗位的员工，他们所取得的绩效肯定是不一样的。

三、是否感到公平

亚当斯的公平理论认为，员工经常会就自己的所得与其他人的所得相比较。当自己的所得与付出之比的数值小于其他员工的所得与付出之比时，他就会感到明显的不公平。要么要求公司提高自己的所得，要么自己减少对公司的付出。同时，他也会将自己现在所得与付出之比的数值与自己以前所得与付出之比的数值相比较，当前者较小时，他也会感到明显的不公平，而自动减少对公司的付出。无论发生哪一种情况，员工的绩效都会或多或少地降低。因此，公司一定要采取相关的措施，以消除或防止员工产生不公平感，如采用保密工资制、积极主动地与员工进行沟通等。

四、公司的激励

这里的激励包括两大类：一类是物质激励，一类是精神激励。物质激励主要是指公司的薪酬和福利；精神激励主要体现在口头表扬以及培训与升迁的机会等。如果公司的薪酬低于行业的平均水平，这在一定程度上就会影响员工积极性的发挥，从而影响员工的绩效，长期下去，员工流动率就会增高。人既是经济人，同时也是社会人和自我实现的人，如果公司一直采用外部招聘的方式来填补空缺的职位，那么公司现有的员工便会感到自己所做的贡献没有得到公司的认可，长期下去也会出现绩效下滑的情况。此外，无论是物质激励还是精神激励，都应该体现及时的原则，如果激励不及时，就起不到应有的效果。

五、企业考核体系的影响

每个企业都有自己的考核体系，但据有关调查显示，真正拥有适合自身发展的考核体系的公司不到总数的 20%。也就是说，大多数公司的绩效考核或流于形式，或有失公平，或起不到应有的效果。例如，某企业员工 A 无论是努力程度还是所取得的业绩都比同一部门员工 B 要好，但每次到年末考核时，他的得分都跟员工 B 一样，发给他们的工资和奖金也都是一样的。逐渐地，在 A 心中就形成了一种印象：干多和干少都一样。于是，他也变得不怎么努力，也不那么积极主动地去工作了，他的实际绩效自然就降低了。

六、工作环境

工作环境对员工绩效的影响是巨大的。良好、令人舒适的工作环境，会让员工提高工作效率，从而有利于自身潜能的发挥；混杂、让人不安或不适的工作环境，会让员工效率低下，不利于潜能的发挥。这里的工作环境不仅是指地理环境，同时也包括人文环境。当一个员工处于一个充满活力与创造力、勇于开拓与进取、彼此之间相互激励与促进的团队中时，他个人的绩效肯定也会高；相反，当一个员工处于相互猜疑与妒忌、安于现状、彼此之间不提供任何帮助的团队中时，他个人的绩效肯定也会低。这是团队氛围对个人影响的集中体现。再举个简单的例子：公司的一位员工工作场所离家很远，每天都得坐两个小时左右的公交车去上班，然而公司没有考虑他的实际情况，每次他因路上耽搁而迟到时都要给予一定的惩罚，这就大大地挫伤了他的积极性，致使他工作效率下降，甚至萌生了离职的念头。

七、是否有相应的培训及培训的效果

当公司新开拓一个市场或新开发一种产品或新上一条生产线时，就必然要有员工来进行相关的业务联系或操作。但有一点需要指出的是，员工对新的事物并不是很熟悉，所以要给他们提供培训与指导。员工在新的领域所能取得业绩的好坏除了自身因素的影响外，与培训的效果也直接相关。如果公司为了节省成本，提供的培训不到位，仅仅敷衍了事，带来的后果是员工工作不熟练与缺少技能，影响他们潜能的发挥。

此外，对新加入公司的员工也要提供相关业务或领域的培训，特别是刚刚走出校门的大学生，他们理论知识可能比较扎实，但实践技能仍然缺乏。培训的目的是让他们尽快地了解公司的文化与章程，及早融入公司，同时给予他们工作岗位上的指导，提高其未来工作的绩效。

影响员工绩效的因素还有很多，譬如说员工的心理状况、精神状态及家庭因素等。对于员工自身的因素，我们一定要积极主动地与员工进行沟通，帮助他们解决问题；对于公司层面的影响因素，要找出问题的关键点，及时对问题做出处理，从而提高员工的实际工作绩效。

第三节　企业绩效管理定位的误区

随着市场改革的深化与现代金融企业制度的建立，企业绩效管理不断由简单向复杂、由低级向高级、由粗放向精细发展，对个人绩效水平提升和企业战略目标实现的重要作用逐渐显现。但其发展水平和阶段仍有待继续推进，特别是受制于企业发展阶段与企业现代管理发展程度，不同类别企业绩效管理水平参差不齐，甚至部分企业还未建立起完整、科学的绩效管理体系或处在传统的经营绩效考评阶段。总体来说，现阶段我国企业绩效管理发展与业务发展速度和规模并不适应，仍待提高，绩效管理仍然存在需要改进和完善的地方,如定位不清、执行不力、基础不强等,这些问题的及时有效解决对企业的改革转型与长远发展至关重要。我国企业绩效管理体系建设起步较晚,同时绩效管理相关理论研究也较为滞后,对绩效管理实践支持有限。我国企业在借鉴国外先进理念和经验的基础上,结合自身实际对绩效管理理解各异,且认识不深刻、不全面,导致对绩效管理的定位存在明显的误区。

一、认为绩效管理即绩效管理,战略缺位

企业战略体现了企业发展的方向与目标,而绩效管理作为人力资源管理的重要构成,是企业战略目标得以实现的重要工具和手段。从绩效管理的流程来看,绩效管理从战略目标出发,层层分解成具体指标,并最终回归至战略目标,可见两者之间紧密的联结与关系。而在实践中,企业绩效管理往往与战略脱节,这种脱节主要体现为以下四种形式:

(1) 战略本身缺失。部分企业还处在传统管理阶段,缺乏明确的发展战略与定位,导致其经营管理缺乏前瞻性、目标性与发展定力,绩效管理自然也无法与发展战略相联结。

(2) 惯性微调或沿用历史方案。部分企业即使有明确的战略规划与定位,但在构建绩效管理体系时,并未将其与战略关联,仅根据往年经营业绩制订当年绩效计划或者一成不变地沿用往年绩效计划,且在制订过程中被考核对象与考核机构通过博弈存在"讨价还价"的空间,内部沟通成本较高,不利于整体战略目标和组织绩效的实现。

(3) 部门利益诉求形成固化操作。企业在构建绩效管理体系时,充分考虑企业发展战略,并以企业发展战略为导向,但在实际操作中,各职能部门/经营机构主要考虑部门利益,往往单纯根据部门/机构的工作职能与内容来制定与执行绩效管理,未给予发展战略相关考核指标足够的重视,虽然能够明确部门角色,并促使其为之努力,却缺乏从战略到职能再到岗位的绩效目标分解过程,战略目标不能有效落实到部门目标,导致"只见树木,不见森林"(程广林、李岐,2008)[①],出现"战略稀释"现象,最终绩效结果缺失战略核心,不能有效体现绩效管理的初衷。

(4) 时间滞后形成脱节。战略目标在分解为绩效目标时,年度经营计划是其中的过渡。具体执行时,绩效计划往往围绕每年的年度经营计划来制订,而部分企业容易出现绩效计划与年度经营计划在时间上的错配,绩效计划先于年度经营计划制订,从而在操作上导致绩效管理与组织战略的脱节,组织战略丧失了对绩效管理的导向作用。

二、认为绩效管理即绩效考核,流程脱漏

企业绩效管理是实现企业战略目标的重要手段。企业通过绩效管理将战略目标层层分解至经营机构/职能部门、员工,形成完整的、具有严密内在逻辑的体系,目标管理与过程管理并重,计划制订、绩效辅导、绩效考核评估、绩效结果运用四个环节紧密相连,构成了一个完整的管理过程,且一个管理过程的结束开启另一个管理过程起始,循环往复,螺旋上升。企业绩效管理的目的是通过系列手段以明确的目标、畅顺的信息沟通、有效的激

---

① 程广林,李岐. 基于战略、关注流程、强调平衡——商业银行未来绩效管理系统展望[J]. 农村金融研究,2008(9):9-15.

励来发现、认识并解决问题，实现整个企业战略目标与组织绩效的提升。计划制订是绩效管理的基础，绩效辅导是形成一致认识的关键，绩效考核评估是判断目标是否实现的重要工具，结果运用是激励目标实现的有效手段，四者缺一不可。在绩效管理实践中，无论是由于处在传统绩效管理阶段，还是由于本身对绩效管理认识不到位，部分企业会将绩效考核从绩效管理中剥离出来，并将绩效考核等同于绩效管理，以偏概全。此外，企业作为独立市场经济主体的企业法人，其首要经营目标是利润最大化，将盈利性指标作为绩效考核的重点。但在实际操作中，部分企业将绩效考核等同于业绩考核，考核指标围绕经营业绩设置，重视业绩评价，而忽略了员工成长与企业发展，导致考核有失偏颇，考虑不周。

三、认为绩效管理即约束工具，定位失真

绩效管理的定位直接关系到绩效管理的内容与指标体系的建设，进而影响如何实施与实施成效。不同主体对绩效管理的关注点各不相同，对企业而言，绩效管理是结果管理，也是过程管理，通过战略目标的层层分解确定经营机构/职能部门、员工的绩效目标，然后通过员工、经营机构/职能部门绩效目标的实现来促进整个企业战略目标的实现，并最终通过在绩效实现过程中的问题发现与问题解决来改善经营管理，提升员工和组织的绩效。部分企业对绩效管理的定位模糊，导致在执行过程中将绩效管理作为一种监督、约束员工的工具进行运用，使得绩效管理的应用出现偏误；或者直接将绩效管理定位为监督约束工具，而片面、过度的强调负向激励的定位容易导致员工的抵触情绪，不仅不利于推动绩效管理工作的开展，还不利于凝心聚力，构建和谐积极的企业文化。

四、认为绩效管理即部门内部工作，参与不全

传统经营考评阶段重视对经营机构的考核评价，以绩效考核为主，考核指标大多为财务类指标，考核内容与经营计划下达和财务类资产分配相关，故此阶段牵头绩效管理的主要为财务部门。随着企业经营管理模式的转变及业务的发展，人力资源部门的定位由人事行政管理向现代人力资源管理转变，绩效管理也从传统以机构为重点的考核向以人为中心、内容更多维、流程更完善的绩效管理转变，故绩效管理的牵头工作逐渐由人力资源部门承接。绩效管理部门作为绩效管理的专家，其职责主要是制定相关政策制度、操作规则，组织绩效培训，并推动监督各部门完成绩效任务。而在企业绩效管理实践中，牵头部门无论是财务部门还是人力资源部门，由于管理人员对绩效管理认识不清，往往将绩效管理定位为部门内部工作，认为是绩效管理部门的职能之一，而忽视其他部门在绩效管理工作中的配合作用及其在相关领域绩效管理实践中的主导作用，在经营机构/职能部门层面就失去了全员参与的基本条件。

第四节　企业绩效管理执行的不足

粗浅领会绩效管理理念、狭隘理解绩效管理内涵、片面认识绩效管理价值、模糊定位绩效管理目标等在理论上对绩效管理的认识不足，形成企业对绩效管理的认知误区。这些

认知误区最直接的影响便是在绩效管理实施过程中存在不完善、不科学、不合理之处。

一、绩效管理过程不完善

绩效管理是一个完整的体系，从绩效计划制订，到绩效辅导，再到绩效考核评估，最后到绩效结果运用，四个环节环环相扣，形成全过程绩效管理的闭环。企业的所有经营机构/职能部门、员工全程、全员参与到闭环之中，共同商榷明确绩效考核的目标与内容，并在绩效管理实施过程中通过持续不断的沟通、咨询、辅导等方式分析问题的成因、探寻问题的解决措施，促进组织和个人绩效的提升。大部分企业对绩效管理的实施执行并不完善，绩效管理过程有待优化。

1. 绩效管理环节残缺，阶段割裂

绩效管理过程中的监督与控制可以及时发现问题，及时纠偏，但如前文所述，大部分企业在执行时往往过度强调绩效管理的监督约束作用，从而过于重视绩效考核评价结果，对绩效管理的其他环节重视不够或直接忽视，不能形成绩效管理完整的闭环。此外，由于绩效考核结果运用流于形式或单一化、片面化，绩效管理结果未被有效运用或仅作为经营业绩考核和员工薪酬奖金的依据，使得绩效管理每个阶段完全独立，绩效管理的动态连续性被中断。上一年的绩效考核结果对于下一年绩效计划制订具有重要的参考和借鉴意义，如果将两者完全割裂，则丧失了绩效计划制订的经验事实基础。

2. 绩效管理沟通欠缺，独是独非

持续、开放、有效的沟通在绩效管理中将考核者与被考核者连接到同一阵线，而不是立场完全对立的主体。沟通在绩效管理中的重要性不言而喻，各个环节都会涉及沟通。绩效计划制订阶段，结合员工能力充分沟通，适度设定考核内容与标准，保证员工对绩效目标的认知、认可；绩效实施过程中，结合绩效执行情况充分沟通，适时指导纠偏，保证员工目标与组织战略目标保持一致性；绩效考核阶段，结合考核标准充分沟通，适当修正调整，保证员工对考核结果的认同；绩效辅导阶段，结合问题充分沟通，分析问题的成因，激发员工解决问题的主动性；绩效考核结果运用阶段，结合考核结果充分沟通，客观全面地总结过去，合理有效地预测未来，促进员工与企业共同成长。部分企业由于考核者绩效管理经验或技能不足，或缺乏绩效沟通意识，导致绩效管理过程中沟通欠缺，在绩效计划制订、绩效实施、绩效考核、绩效辅导及绩效结果运用中，员工全过程或部分阶段处在被动接受的地位，缺乏指导与参与，丧失了在绩效管理中的主动性，使得平等的双向沟通变成自上而下的单向监管，可能导致员工的误解与怀疑，乃至抵触情绪，导致绩效管理缺乏员工认同支持的基础，缺乏共同目标的引导，在执行中出现偏差，或流于形式而无法顺利有效执行。

二、绩效考核方式不科学

绩效考核方式本身并不存在优劣之分，关键在于深刻理解绩效管理的内涵与精髓，结合自身实际选择相适应的绩效考核方式，并加以正确使用。我国大部分企业引入绩效管理的时间不长，对绩效管理的理念、内涵等理解还不够准确，并未形成一套科学、完整的绩

第一章 绩效管理综述

效管理体系,绩效考核方式存在不合理之处。在运用中仍需进一步强化对绩效管理的认识、理解,优化完善绩效管理实践,促使绩效考核方式与企业发展相适应,促进绩效考核工具合理化、科学化。

1. 绩效考核指标需完善

在与战略承接的绩效管理体系下,绩效考核指标是企业战略的具体化。受传统绩效管理理念与信息技术的影响,绩效考核指标设计仍不完善,指标覆盖范围不全面,有失偏颇;指标考核设计不合理,有待精确。

先说说绩效考核指标设置不全面吧,部分企业仅关注短期经营目标,而忽视长期发展引导,主要体现在以下几个方面。

(1) 关注短期业绩,而忽视长期发展。考核指标围绕年度经营情况(如存贷款余额增长情况、营业收入、中间业务收入等)设置,而未考虑企业的未来发展,容易引起短视行为,使得企业行为不具前瞻性和战略定力,不利于长期发展。

(2) 重视定量评估,而忽视定性评价。定量指标采用数据形式进行计量,相对于定性指标,更加直观清晰、客观独立、便于实施操作,因此备受青睐。但部分企业过度依赖定量指标,忽视诸如客户满意度、客户服务质量、员工价值观、态度能力、行为表现等对企业发展有重要影响的定性指标,容易因为定量指标的结果导向与数量化导致绩效管理偏向考核工作结果与现象,过于刻板与生硬,而忽略工作过程与质量的考核,割裂工作过程与结果的有机统一,缺乏平衡与人本关怀的柔性,从而偏离绩效管理初衷,误导员工行为,影响企业发展质量。

(3) 偏向财务类指标,而忽视非财务指标。企业的营利性决定了其在日常经营管理中关注费用、成本、利润等财务类数据,并通过规模、效益、资产质量等财务类指标为主的绩效考核内容来引导经营行为与业务发展,而对客户维护、员工成长、产品创新、内部管理、风险控制等非财务指标关注度不够,不能真实反映企业经营管理的整体情况,无法给经营管理决策与转型升级提供有效支持,容易集聚并引发风险。

(4) 注重完成情况考核,而忽视成本核算。大部分企业根据年度经营计划将整体目标拆分至经营机构形成绩效管理的考核内容,因此在考核评估时,将指标的完成情况作为重点评判标准,未考虑因指标完成而投入的人、财、物等成本与资源,可能出现为完成任务而加大成本投入的现象,导致浪费发生,不利于企业效益提升。

这里再说一下指标考核设计不合理。部分企业信息技术的发展并不能很好地支撑其业务的发展与绩效管理的发展,数据储备、数据质量及数据应用还未达到精确计量、科学评估的要求,有时为保证绩效考核的全面性与有效性,只能将部分考核指标进行模糊化处理,或模拟应用,或使用替代变量,从而导致考核不够精细,参数设计较粗,不能精准识别业务产品贡献的细分差异,考核指标质量有待提升。

2. 绩效考核工具需改进

随着绩效管理理论的发展丰富,绩效考核评估的方式方法越来越多。在企业中较为常用的有平衡计分卡(BSC)、关键绩效指标(KPI)、目标管理(MBO)、360度考核、经济增加值(EVA)等。各种考核评估工具都是在一定的历史环境和背景下产生的,各自具有相应的应用条件和要求,各具优劣势。不同企业应根据其发展阶段、管理体系、运营机制、战略目标、实际经营情况选择与之相适应的绩效考核工具和绩效管理指标,在发展到一定程度亦可根据需要将几种考核工具结合起来，综合运用，取长补短，形成一个更为完善的绩效管理体系。但受制于对绩效管理理念理解的差异及其现代企业管理制度尚未完全建立，目前大部分企业开展绩效管理的时间较短，对绩效考核工具的掌控不到位，绩效管理效果远远未达到预期，绩效管理的效率与质量仍待提升。例如，对绩效管理工具理解有限，实践应用不理想，使用的工具形似神不似，内涵缺失，内容不完整；指标设计不合理，过度重视短期经营效益；考核指标体系僵化；考核流程缺失等。此外，部分企业由于对绩效管理理解不充分，导致绩效管理工具的选择与使用和企业发展阶段不适应，使绩效管理无法支撑企业的发展。从更深入的层面来讲，企业还应不断提高绩效计量水平，完善绩效核算规则，科学化绩效参数设定，以保障绩效考核的及时性、有效性与可靠性。

3. 绩效考核路径需精细

精细化的绩效管理不止停留在经营机构/职能部门层面，还进一步延展至产品、员工和客户层面，形成多维的、立体的绩效管理体系，促使绩效评价更为有效科学，为经营管理提供更好的决策依据。现行企业绩效管理大多到经营机构和职能部门层面，而没有进一步细分至产品、员工和客户层面。产品维度绩效考核缺位，导致员工和客户维度也无法进行有效的绩效考核，因此无法精准、精细地判断各种产品的业绩、价值贡献及发展趋势，在员工层面也不易体现多劳多得的管理理念，导致公平与效率双重损失，无法为经营管理决策提供有效支撑。同时，随着向集约化经营管理的转型，企业很多部门向专业部门、利润中心转化，考核路径未精细到产品的绩效管理，无法匹配企业部门的转型，底层考核不清晰导致成本核算与资源配置无法精细化、精准化，不利于企业的可持续发展。

4. 绩效考核时效需优化

企业绩效管理是一个一直处在动态变化过程中的体系，其评价时效性尤为重要。评价的时效性主要表现在评价的频率、对外部环境和经营管理理念变化的适应、评价的动态性、考核的连续性四个方面。评价频率需要根据不同情形、不同性质指标设定评价时间点，使得考核结果能够及时有效地反映考核对象、考核指标的真实情况，并能够对存在的问题进行及时的修正与改进。绩效考核应保持敏感性和灵活性，与企业经营环境、发展阶段相匹配，并动态适应外部环境的变化，适应企业经营管理理念和战略的变化，根据客观条件的变化进行指标的校正和调整，以保证绩效管理对企业发展作用的正常发挥。此外，绩效管理应具有动态性和连续性，能够体现经营管理与业务发展的动态情况，通过设置动态性指标反映指标在考核期内的变化情况、平均状态及其与上一期的连贯性。部分企业出于操作的便利性，一刀切绩效考核频率与考核指标设置，不同情况、不同性质指标均采用同一考核时间节点，指标设置偏向静态，只反映某项业务某一时点的情况，忽视整个考核期内的整体状态，只根据上一期的经营情况确定当期目标和基数，缺乏长期规划与连贯性，僵化绩效考核，一份绩效计划执行到底后，不知道根据客观环境与条件变化进行变通与调整，导致绩效管理的作用大打折扣，甚至对企业发展产生不良影响。

三、考核结果运用不合理

企业绩效管理不仅是一种重要的价值分配工具，更是一种有效且公平的激励手段，激励直接可见且与贡献挂钩,激励奖罚分明、科学合理,充分发挥绩效管理的意义与价值。由于企业绩效管理还处在由起步走向成熟的阶段,对于绩效考核的结果应用并不充分、全面,对于绩效管理的激励作用也并未充分发挥,这主要体现在以下三个方面。

(1) 部分企业片面地将员工收入最大化作为绩效管理的激励,将绩效考核结果单纯应用于员工绩效奖罚和工资收入,这种激励方式直接,但却短期化与单一化:①没有将绩效考核结果充分运用于岗位变迁、教育培训等有利于员工职业成长与发展规划上,不利于激励的长期化与多样化。绩效考核结果既可以作为员工岗位变迁、职级变化的重要依据,也可以作为发现员工日常工作不足与基本能力缺陷的凭证,为培训指明方向,有利于员工成长和学习型组织建设。②未关注绩效考核结果对员工绩效能力、对培训内容和方向的甄别作用,不利于做到"人尽其才、人尽其用",不利于最大限度地发挥人力资源效能,不利于提高培训的针对性与质量。

(2) 不重视对绩效考核结果的反馈。绩效管理是一个发现问题并解决问题的过程,其最重要的作用不是对员工历史业绩进行单纯的数字结果呈现与应用于奖惩,而是透过绩效考核数字结果,深入观察分析导致这种结果的工作过程与行为表现,据此发现员工工作中的问题与不足,发现员工能力短板与欠缺,并通过辅导、咨询等方式与员工共同探寻解决方案,以促进绩效改进。部分企业在实践中忽视对绩效考核结果的反馈,或反馈得不充分,直接生硬地套用考核结果,这并不利于提升员工的专业素质与业务能力,最终还会影响绩效的持续提升。

(3) 绩效考核结果运用流于形式。部分企业虽然有设置绩效考核指标,在绩效管理制度中列明了绩效考核结果的运用规定,并进行绩效考核,但由于绩效管理定位不清、绩效管理方案与战略目标承接不足、指标设计缺乏科学性、绩效数据不充足、绩效核算规则不完善、缺乏配套制度与机制保障等因素,导致绩效考核结果仅为一纸数字,是否考评及考评结果的好坏未有效运用,未能起到激励的作用,而流于形式。部分企业未将绩效考核结果与工资收入等激励手段挂钩,或者挂钩力度很小,导致绩效管理失去应有的激励作用。

第五节 企业绩效管理基础的缺陷

企业绩效管理作为人力资源管理的重要构成部分,其内容囊括了人、财、物等诸多方面,并对组织的战略目标实现、经营管理提升、员工成长发展等产生重要影响。绩效管理体系的有效运行需要良好的环境。构成这个运行环境的要素就是企业绩效管理的基础。基础牢固,方能有效运行。现阶段我国企业的现代企业管理体系还处在不断趋于成熟的阶段,绩效管理的基础不牢,尚需强化。

一、配套制度有待健全

绩效管理是由多个要素构成,且有着严谨内在逻辑的体系。在参与主体上,覆盖了所有的经营机构/职能部门与员工,全员参与,涉及面广;在运行机制上,需要遵循一定的规则与程序,才能保证各要素有效联结互动,充分发挥绩效管理的作用;在保障支持上,需要充分调动各个方面、各种资源的配合支持及与其他制度的对接协调。这些都需要有清晰的制度规定、配套细则等来明确具体要求、规范运营与分工安排。同时，也需要有详细的制度来明晰绩效管理的目的、考核内容与标准、操作要求等，从而保障绩效管理能够在同一目标下按照统一要求推进执行，并保证绩效管理的连续性与阶段性兼顾、稳定性与灵活性相融。现有企业绩效管理配套制度仍不健全，并存在着一些问题，如制度规定含糊、可操作性不强，制度缺乏连续性和稳定性，与其他制度或管理体制兼容性与协同性较差等，导致绩效管理容易陷入"为考核而考核"的境地，同时绩效管理实践具有较大的随意性，而科学性与合理性却不足。

二、职能职责有待清晰

有效的绩效管理由组织战略层层分解形成各经营机构/职能部门、各层级员工的绩效目标，但这种分解也是在清晰的部门职能界定与岗位职责说明基础上进行的。企业绩效管理与经营机构/职能部门的职能定位和员工的岗位职责有着密切的关联。不同经营机构/职能部门的职能定位各不相同，不同岗位的工作内容与要求也各不相同，只有基于职能定位与岗位分析，绩效管理才能根据不同经营机构/职能部门、不同岗位有所侧重。定位明确、权责明晰的职能说明、岗位职责说明及岗位胜任要求是设定绩效管理指标和考核参数的基础，是绩效管理具备科学性、合理性与可操作性的基础。目前部分商业企业的部门职能、岗位职责说明、岗位胜任要求仍不清晰，尚需优化完善。在部门职能界定方面，部分企业未编制完整清晰的经营机构/职能部门职能定位说明书；或者经营机构/职能部门定位不明确，边界模糊，职能交叉重叠，同时存在"多头管理"和"管理真空"现象，导致绩效管理针对性不强，也容易产生重复考核、考核真空等问题。在岗位职责说明及岗位胜任要求方面，部分企业未清晰界定岗位职责，更未系统评价岗位工作、全面评估岗位价值、明确提出岗位要求，使得绩效管理缺乏制定考核目标、设定考核指标和标准最为根本的基础，难以有效地将组织战略分解至员工。

三、信息技术亟待加强

绩效管理是一项系统而庞大的工作，基于多元化指标从诸多管理系统和业务系统及时提取基础数据，再根据复杂的绩效计算规则核算绩效结果，最后将绩效考核结果客观地反馈给被考核人。跨系统大量复杂、多维度数据的提取、清洗、整理、分析与绩效管理模型构建需要有强大的信息系统才能保证考核数据的时效性、完整性、准确性与真实性，才能保证绩效管理的效果。所谓强大的信息系统即要求绩效系统本身功能的专业、智能、动态、友好，各管理系统与业务系统有效整合、对接顺畅，以及有先进的科学技术与优秀科技人才的支持。我国大部分企业没有建立专业的绩效管理系统，或缺乏长远系统的规划，信息化程度低，人力资源、财务等各类管理系统、业务系统割裂，参数不规范，数据不统一，指标口径不兼容，对接不顺畅，难以直接应用，只能根据需要从各个系统分别采集数据，甚至部分企业的部分绩效管理指标无法从系统自动提取，采取手工方式进行数据采集和绩效核算，耗费大量人力、物力，效率低，工作强度大，又不能确保数据的时效性与准确性，影响绩效考核的科学性与有效性。此外，部分企业绩效管理系统缺乏动态性，还要根据需要手动更新系统，不能实时自动更新相关数据，动态反映经营管理情况，导致形成事后管理的模式，忽略事前和事中管理监控，绩效反馈滞后，不利于及时发现问题，无法为决策提供有效的支持。

四、数据治理亟待规范

企业绩效管理从本质上来说是利用企业管理规则、信息技术手段等对各种经营管理数据进行计量分析。数据是企业的一项重要资产，而数据收集、整理、分析对于绩效管理的重要性则不言而喻。高质量的数据可以细化数据粒度，实现数据记录最底层个体信息(包括每一个员工、每一个产品的价值贡献)；可以丰富数据维度，实现数据完成客户画像和产品画像；还可以规范数据标准，实现数据信息共享与资源整合。这些对绩效管理的效率和质量有着非常重要的作用。高质量的数据需要通过数据治理得以实现，包括对底层数据完整性、规范性、统一性、真实性、及时性、准确性、可关联度等与数据的广度和深度等方面的要求。我国企业由于业务的快速发展，为使系统建设与业务发展相匹配，不同板块或不同部门"各自为政"推进系统开发，没有统一的发展规划来指导，缺乏系统建设上的基本原则要求，如对兼容性、数据规范标准等方面的要求，导致"信息孤岛"或"数据烟囱"现象严重，而系统建设仍未跟上业务发展。同时，加上业务快速发展所带来的数据膨胀，大量数据杂乱无章地存储在不同的系统，无法对接共享，清洗整理工作量大，数据利用堪忧。

五、战略目标尚待明晰

绩效管理根据组织战略层层分解形成可执行、可量化、可监控的绩效目标，制定绩效考核内容，促进组织战略的落地实施。绩效计划与目标是组织战略的具体化与细化，组织战略是绩效管理的根源，两者密切相关。明确的组织战略使得绩效管理有的放矢。回顾我国企业的发展历程，其经历过机会成长、野蛮生长。机会成长以机会为成长契机，战略不聚焦，缺乏持续发展的动能；野蛮生长则缺乏规则约束意识，以规模为导向，战略不清晰，为规模而规模。机会成长与野蛮生长给企业带来的成长惯性使其进入舒适区，偏向根据机会导向或竞争压力而行动，很难改变行为模式，以明确的组织战略作为行动导向。部分企业没有制定清晰明确的发展战略，凭借经验进行管理决策，下级机构或员工对管理理念和价值导向认识不清，难以对全局形成协同一致的认知与行为导向；部分企业未结合自身经营管理实际与发展客观情况，照搬其他企业的绩效管理体系，产生"橘生南则为橘，橘生北则为枳"效应，使得绩效管理失去原有的根基，成为"无源之水，无本之木"。

六、绩效文化有待强化

健全的制度规定、清晰的职能定位与岗位职责说明、先进的信息技术、良好的底层数据、明确的战略目标是打造高效绩效管理的基础与依据，但除此之外，还需要有健康积极的绩效文化为绩效管理的有效执行提供保障。健康积极的绩效文化有助于对绩效计划达成共识，促使全员积极地参与到绩效管理中，并以主动的态度推进绩效管理的执行。相对而言，我国企业较为注重绩效管理体制、运行机制建设，而对绩效文化关注度较低，并未形成健康积极的绩效文化，企业内部员工对绩效管理的认同度偏低，在实践中思维僵化，因循守旧，被动应付，忽视沟通反馈，个人绩效目标与组织绩效目标背离，导致绩效管理效率低下，无法真正发挥其效用。绩效文化尚未形成的原因大致有两个：①绩效管理培训不足，不重视绩效管理学习与宣传，绩效管理目的、内涵、具体内容及其操作规则未有效传递至员工，导致大家对绩效管理理解不够全面、正确、深刻，甚至出现误解；同时，绩效管理人员对绩效管理程序掌握不熟练，缺乏技能技巧，导致绩效管理执行不力、沟通不畅，无法为员工提供有效的绩效指导和咨询。②绩效管理过程不公开透明，仅一纸结果公布，员工对其具体操作知之不全或一无所知，无法参与到绩效管理之中。

第六节　绩效管理体系介绍

　　为什么在许多企业中考核成了管理者期末不得不做的作业，但却不能发挥出绩效考核的管理作用？为什么在企业中考核始终起不到对员工的引导作用？诸如此类问题始终困扰着企业的管理人员和人力资源工作者。要想回答和解决这些问题，使绩效管理真正成为管理者手中有效的管理工具，而不仅仅是年终时不得不去做的文字游戏，我们就必须对绩效管理体系有一个全面的认识。

一、以绩效为核心的价值评价系统的五大体系

　　对企业来讲，必须建立一套客观、公正的绩效评价系统，这种绩效评价系统必须是以企业绩效文化为核心的，必须是能够与整个人力资源管理系统相契合的，并且同整个企业的战略是结合在一起的。我们认为完善的绩效评价系统是由以素质模型为核心的潜能评价体系、以任职资格标准为核心的职业化行为评价体系、以战略为导向的绩效指标为核心的绩效考核体系、以经营检讨及中期述职报告为核心的绩效改进体系、以提高管理者人力资源管理责任为中心的绩效管理循环体系五大体系构成的(见图1-2)。

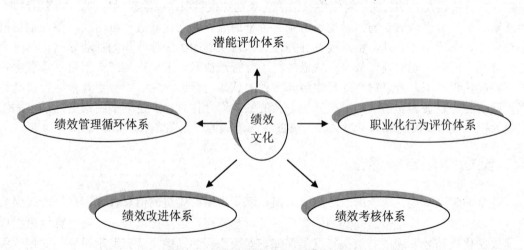

图1-2　以绩效为核心的价值评价系统

　　这五大体系并不是孤立运行的，而是互相交错，协同发挥作用。企业能否产生好的业绩，其决定因素是人。企业中不同的岗位对员工提出的要求不同，对一个人的要求就在于

第一章　绩效管理综述

解决岗位适应性的问题。企业必须首先研究具备什么样个性、什么样潜能的人，在某个特定的岗位上工作才更容易产生高的绩效，这就是以素质模型为核心的潜能评价体系的研究对象。

通过潜能评价体系解决了合适的人到合适的岗位的问题后，还必须面对一个问题，那就是这些具有企业需要的核心专长的员工到了特定的岗位之后，如何使他们知道自己所从事的某项工作的职业化特征是什么。这就需要建立一种能产生高绩效的企业行为规范及标准，也就是建立一套任职资格标准体系，通过该体系规范员工的行为，当员工按照企业所制定的这种标准去做时，就能够产生高绩效。对员工是否按照这些规范标准去工作进行评价就是以任职资格为核心的职业化行为评价体系。

以关键绩效指标为核心的考核体系，必须是在职业化评价体系的基础上才能真正发挥作用。任职资格制度将企业的员工进行了分层分类，那么对不同层类的员工就有不同的要求，绩效指标不仅要成为企业员工行为的约束机制，同时也要发挥战略导向作用。要知道，企业制定了战略之后，战略靠什么来实现，必须有一套牵引机制和约束机制，必须使员工都朝着这个战略去努力，这就需要一套指标来引导员工，这套指标就是绩效指标体系。绩效指标体系有两个作用：一是要成为员工的约束机制，二是要发挥战略导向的牵引作用。

绩效指标设计出来了，但是市场是不断变化的，企业也是不断变化的，在这种变化的条件下，究竟绩效指标推进得如何，在这个过程中会发生一些什么样的变动，如何促进各个经营管理者去关心这些绩效指标呢？为此需要第四个体系，就是以经营检讨和中期述职报告为核心的绩效改进体系。经营检讨和中期述职是一个共享学习和持续进行绩效改进的过程，绩效指标完成的过程是要进行指标分解的，定期的述职要求管理者和经营者对推进过程中指标完成的情况、遇到的主要问题、取得的主要经验等进行分析。通过绩效分析找出问题，找出改善绩效问题的行动和措施。同时这种述职也是进行能力提升和潜能发掘以及需求资源支持的过程。

第五个体系是要建立一个以提高管理者人力资源管理责任为中心的绩效管理循环体系。人力资源规划是企业的战略性工作，人力资源管理不只是人力资源部门的事情，而是全体管理者的责任。那么管理者如何去履行人力资源管理的责任呢？如何去履行这种辅导员工、提升员工的责任呢？这就要靠企业建立以提高管理者人力资源管理责任为中心的绩效管理循环体系。

二、绩效管理体系在整个人力资源管理系统中的作用和定位

基于能力的人力资源管理系统由任职资格体系、绩效管理体系、潜能评价开发体系、薪酬管理体系、培训开发体系和人力资源规划六个业务板块构成(见图1-3)。

人力资源管理系统的六大业务板块之间不是简单的线性关系，在整个管理过程中，它们是互相交错、相互作用、相互协同的关系。

在整个系统中，任职资格体系是基础，根据任职资格体系企业内的所有工作岗位被划入不同的职类职种范围，不同的职类职种有不同的发展路径。任职资格制度使得所有的员工都有了多条职业发展跑道，避免了千军万马争过管理独木桥的现象。同时，不同的任职资格对应着不同的薪酬区间和发展空间。

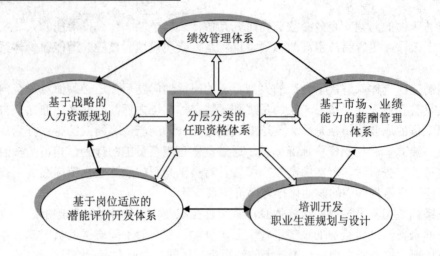

图 1-3　人力资源管理系统的六个业务板块

绩效管理体系在整个系统中承担了中枢和关键的作用。企业战略决定着企业的组织结构、业务流程以及人力资源的规划配置，作为基础环节的潜能评价体系和任职资格体系则在规划和配置的基础上对员工的发展通道和职业生涯进行设计。具体地讲，潜能评价开发体系更关注的是员工是否适合做某一职种的工作、发展的潜力如何；而任职资格体系则关注的是员工能不能、是不是胜任，是否具备某一具体职位所需的技能、知识和经验等。任职资格体系对于确定职位的任职者提出了行为标准和能力标准，从能力和行为两个方面对任职者进行要求。行为标准是从流程的角度对任职者的关键行为进行规范，从而产生了员工的绩效行为依据和标准，绩效管理制度据此对员工的价值创造活动进行评价，判断其是否符合所任资格的要求，或者对其绩效进行整体的评价。激励制度则依据考核结果对创造的价值进行分配，根据与任职资格的符合程度对员工进行奖惩，并产生培训需求，引导员工的能力得以不断提升。

但是，在现实中，企业绩效管理体系的定位往往存在问题。在大多数企业，尤其是一些企业中，绩效考核非常明确，只是为了分配而进行。考核制度甚至等同于奖金分配制度，制度上非常明确地规定了某项工作未完成扣多少钱等惩罚性措施，使员工的注意力都集中在如何避免犯规被罚，而不是如何努力提高工作绩效上。

绩效管理制度作为整个人力资源管理系统的中枢和关键，要想发挥其应有的作用，就必须重新定位。当绩效管理制度定位为分配制度时，必然出现上述情形，也就更谈不上对员工能力提高的引导了。所以，绩效管理制度首先应同分配制度相分离，建立以任职资格为基础，基于绩效指标的全面绩效评价体系，再通过薪酬制度、岗位轮换制度、培训教育制度、资格晋升制度等体现对员工的激励，变负向激励为正向引导，不断地提升员工的能力和工作绩效水平。

三、绩效管理的核心思想在于不断提升组织和员工绩效

绩效管理的第一要求就是不断提升组织和员工的绩效。完整的绩效管理由绩效计划、绩效事实与辅导、绩效评价、绩效反馈构成，形成一个闭循环过程(见图 1-4)。从组织层面来说，表现为绩效管理循环引导员工实现组织绩效目标和提升组织绩效水平；从个人层面

来讲，表现为不断提升的绩效改进循环，通过员工和主管的共同参与，通过绩效辅导、检查等几个环节实现员工技能的不断提高和绩效的不断提升。

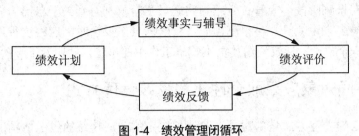

图 1-4　绩效管理闭循环

(资料来源：由赫尔曼·阿吉斯(Herman Aguinis)的绩效管理过程图改编)

四、绩效管理是一个持续沟通的过程

绩效管理是管理者和员工双方就目标及如何达到目标而达成共识，并协助员工成功地达到目标的管理方法。绩效管理不是简单的任务管理，也绝不能将绩效考核等同于绩效管理，绩效考核仅仅是绩效管理中的一个部分。绩效管理特别强调沟通、辅导及员工能力的提高，而且沟通应该是贯穿始终的，在不同的阶段沟通的重点也有所区别(见图 1-5)。

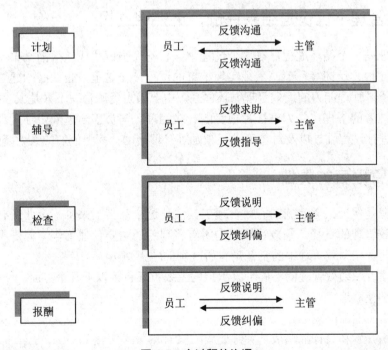

图 1-5　全过程的沟通

在计划阶段，主管与员工经过沟通就目标和计划达成一致，并确定绩效评价的标准。在辅导阶段，员工就完成绩效目标过程中遇到的问题和障碍向主管求助，作为主管有义务对员工遇到的问题提供技能上的指导或协助员工解决外部资源等问题。同时，在这一阶段，员工还应根据条件的变化，经过与主管沟通达成一致后，提出计划变更，并确定新的评价标准。检查阶段，实际上是主管收集评价数据和及时纠偏的过程，员工有责任向主管汇报工作的进展，而主管则应对员工在完成目标过程中出现的问题进行及时纠偏，避免问题的累积和扩大。在报酬阶段，主管首先应当明确员工有权利得到关于自己工作的正确评价。这种评价对于员工来说就是一种报酬，而主管在向员工反馈时，应将这种沟通视为双方共同解决问题的一个机会，通过沟通使员工找出工作中的不足，并明确下一阶段的努力方向。

五、针对不同对象应采取个性化的绩效管理方式

企业对员工的管理方式是由对员工的认识决定的。在传统的经济体制下，企业对所有员工采取同样的评价办法，依据的是按劳动付出进行分配的思想。进入知识经济时代后，随着工作中知识含量的提高和知识型劳动者的增加，工作形式也逐渐趋向多样化。知识型劳动的特殊工作方式、知识型员工的工作过程难以直接监控、知识型劳动成果难以衡量等特征都使得价值评价体系的建立变得复杂而不确定。企业必须以新的思维来对待员工，要从营销的视角来开发组织中的人力资源。从某种意义上来说，人力资源管理也是一种营销工作，即企业是站在员工需求的角度，通过提供令员工满意的人力资源产品与服务来吸纳、留住、激励、开发企业所需要的人才。所以，企业的绩效管理体系必须能够适应这种多元化、个性化的工作形式，应当能够针对不同工作性质的员工提供不同的绩效管理形式。

六、绩效管理不仅仅是结果评价，更强调过程

绩效管理是一个循环过程，在这个过程中，它不仅强调达成绩效的结果，更要通过目标、辅导、评价、反馈等环节，重视实现结果的过程。在这里，企业必须建立一个以提高管理者人力资源管理能力的绩效管理循环体系。由于人力资源管理不只是人事部门的事情，而是全体管理者的责任，作为直接管理者的一线经理，与员工一起确定绩效计划、绩效标准，对员工进行过程辅导以及对员工进行激励等管理活动，都是他们的人力资源管理责任。

七、各级管理者的责任

绩效管理是保证战略实施的有效管理工具，从这个意义上来讲，企业所有的管理者都应当承担绩效管理的责任。绩效管理成为所有管理者的主要管理工作，但是不同层次和不同职能的管理者在绩效管理中的责任是有所区别的(见图1-6)。

高层管理者在绩效管理的不同阶段承担的主要责任包括以下几个方面。

- 明确使命追求。
- 确定企业战略规划。
- 组织开发和设计战略成功关键要素(CSP)和财务评价标准。
- 组织制定企业年度经营管理策略目标，提供资源和政策支持。
- 组织制定企业一级绩效指标体系。
- 定期重点关注企业一级绩效指标变动状况，发现问题及时组织评估。
- 定期召开经营检讨会，对阶段性经营管理状况进行检讨，制定对策。
- 指标分解到部门，审核部门二级绩效指标，并确定绩效考核指标的权重。

- 与部门签订业绩合同或目标责任书。
- 组织开展中高层管理人员的中期述职。

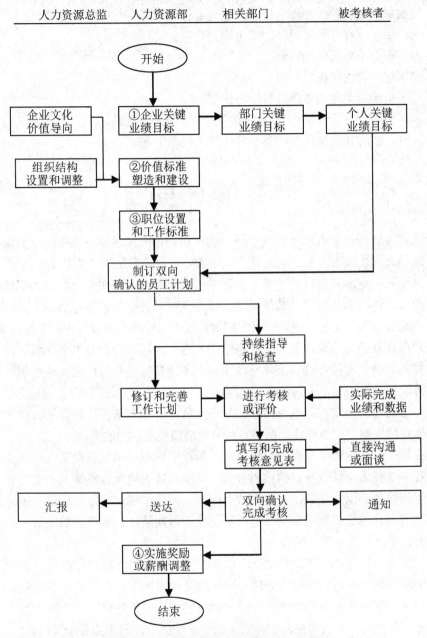

图 1-6 不同职能部门在绩效管理中的责任

(资料来源：改编自付亚和主编的《绩效管理》P77 的绩效管理控制系统图)

中层管理者的主要作用是分解部门承担的组织目标，并指导和帮助下属完成计划目标。中层管理者是绩效管理实施的关键主体之一。在绩效管理中，中层管理者承担的责任主要包括以下几个方面。

- 依据企业发布的战略规划及一级绩效指标体系，明确本部门年度及季度的战略目标和经营管理重点。
- 设计部门二级绩效指标，从部门职责响应企业战略和一级绩效指标体系。
- 根据审核通过的二级绩效指标与企业签订业绩合同或目标责任书。
- 部门绩效执行计划的设计和职位绩效指标的设计。
- 参加企业中层的中期述职。
- 组织部门绩效考核。
- 与下属沟通确定绩效改进目标与计划。

不同的职能部门在企业绩效管理系统中的责任也是不同的，只有对这些部门的责任进行清晰的定位，才能真正使各部门都参与到绩效管理中来。

本 章 小 结

从管理实践的历程来看，人们对于绩效的认识是不断发展的：从单纯地强调数量到强调质量再到强调满足顾客需要；从强调"即期绩效"发展到强调"未来绩效"。绩效实际上反映的是员工在一定时期内以某种方式实现某种结果的过程。我们一般认为绩效指的是那些经过评价的工作行为、方式及其结果，也就是说绩效包括了工作行为、方式以及工作行为的结果。绩效可以分为员工绩效和组织绩效。绩效的性质包括多因性、多维性和动态性。

绩效管理就是指各级管理者为了达到组织目标对各级部门和员工进行绩效计划制订、绩效辅导实施、绩效考核评价、绩效反馈面谈、绩效目标提升的持续循环过程，绩效管理的目的是持续提升组织和个人的绩效。

影响员工绩效的因素有：个人兴趣、与岗位的适应性、是否感到公平、企业的激励、企业考核体系的影响、工作环境、是否有相应的培训及培训的效果。

企业在绩效管理过程中存在的问题包括：绩效管理与战略实施相脱节；绩效管理仅仅被视为一种专业技术；绩效管理的核心目的不明确；认为绩效管理是人力资源管理者的管理责任；组织绩效、团队绩效、个人绩效之间存在差异；绩效管理指标没有重点；一套考核指标无法对所有的员工产生牵引作用；员工追求短期绩效，忽视长期绩效；绩效管理成为奖金分配的手段且忽视员工的参与。

在绩效管理技术方法、基础和文化方面企业经常会犯以下错误：企业目标和部门目标不一致、中后台部门难考核、考核方法和考核结果运用不当、考核结果不透明、未树立正确的考核理念、绩效考核未落到实处、绩效考核的文化未正确树立、考核体系不统一、未掌握绩效面谈的技巧、绩效考核基础薄弱、未掌握绩效管理的主要目标等问题。

在绩效管理体系介绍章节中，简单介绍了以绩效为核心的价值评价系统的五大体系；绩效管理体系在整个人力资源管理系统中的作用和定位；绩效管理的核心思想在于不断提升组织和员工绩效；绩效管理是一个持续沟通的过程；不同对象应采取个性化的绩效管理方式；绩效管理不仅仅是结果评价，更强调过程；各级管理者的责任。

第一章 绩效管理综述

自 测 题

1. 分析绩效管理与绩效考核的区别。
2. 思考我国企业绩效管理存在的问题。
3. 简述绩效沟通的意义。

案 例 分 析

绩效管理为何力不从心？

绩效管理是人力资源管理中的重要一环，在人力资源领域已经成为明星词汇，也在潜移默化中成为企业等级的一个重要标志。绩效，阐释了一个企业生存的来源——有绩效、有产出、有盈利，所以绩效管理是企业更好生存的关键点。但各企业是否真的能抓住绩效管理，发挥绩效推手作用，带动公司战略发展呢？让我们用案例来说明。

中部某大型企业随着规模扩大、业务增长，为了激励员工而从外部引进绩效管理，通过公司高层和人力资源管理部的全力助推，在集团内部成立绩效管理小组，搭建绩效考核机制。考核过程如下：月初由员工做该月的工作计划，并得到上级确认，月末首先进行自评，然后由上级进行评分，最后汇总到人力资源部，由绩效管理小组制定各等级的评定标准，根据自评与上级评分进行等级划分，共包括A、B、C、D四个等级，A级员工将获得工资的10%作为奖金，B级、C级员工不奖不罚，D级员工将扣除工资的5%作为惩罚。通过几年的推行，绩效考核机制在公司已经固化，这种考核形式也已经成了惯性，刚开始各部门的员工对绩效考核的结果很在乎，人人争当A级员工，员工工作的积极性越来越高，工作也更加高质高效地完成。

但是一年后，这种考核方式暴露出一些弊端。员工在月初做绩效考核时将各自的表单写得满满的，希望领导看到自己没有功劳也有"苦劳"，能打个高分。这样一来，考核过程中免不了人情分，而绩效管理小组由于繁重的工作量，不再那么严格地执行绩效评定标准，出现拍脑袋执行的情况。

分析： 究竟哪个环节出了问题？

该公司的绩效管理体系能坚持两年实属不易，虽然也发挥了不少作用，但不得不说，该企业绩效考核管理制度还有很大的改善空间。具体分析该企业绩效管理主要存在以下病根。

(1) 考核内容没有突出重点。

大家都知道绩效考核需要指标，而且是 KPI 指标，但是该企业的绩效文化使员工将考核内容堆砌，一一罗列，而不是根据公司目标层层分解下达的指标和重点工作计划来执行。绩效考核只是考核关键指标和重点工作，其他的日常工作只是辅助关键指标和重点工作目标达成的过程，不应该列入考核表中。

(2) 考核过程中没有重视沟通。

如果用一句话来定义绩效管理，非常简单，绩效管理是"上下级之间持续进行的对话过程"。下级与上级在制订绩效计划时需要沟通，以达成一致的考核内容与评价标准；在计划实施过程中需要沟通，以关注绩效计划的进度与员工的想法，帮助员工成长，建立工作默契；在绩效考核时需要沟通，双方对该月绩效达成情况进行检视，保证双方评价客观公正。

(3) 员工的绩效由"局外人"来定论，实施不当。

员工绩效考核结果由人力资源部来定夺，而来自各部门成员的绩效管理小组为了给每位员工公平公正地评级，需对每位员工的绩效考核数据进行复查，并计算最后成绩。但是由于跨部门的不了解，或有些工作内容无法量化评估，或缺乏可参考的数据……这时候就只能由绩效管理小组根据员工的自评与上级评分来判断，带有很大的主观性和偏差。实际上，HR在这个过程中应该充当第三方协助的角色，而不是拍案定论的法官。

(4) 人力资源部定位错误。

该企业人力资源部和其他部门的角色存在冲突，该企业认为绩效管理是人力资源部门的事情，各部门只需期初填写考核表格，期末填写完成情况，剩下的工作都是人力资源部门的事情，人力资源部则需闭门孤军奋战，完成其余所有的事情。事实上，人力资源管理者是企业人才战略开发与实施的推进者，是各部门的合作伙伴，不是人才战略机制的执行者。

(5) 忽略绩效文化建设的重要性。

由于企业人力资源管理水平有限，大部分时间花在琐碎的事务性工作上，没有精力也没有能力进行员工培训、绩效管理、薪酬设计这些增值业务。绩效考核的结果也只是为了"奖优罚差"，"赶着"员工把工作做好。至此，绩效考核只是一个空壳，没有发挥实质性的作用。

解决问题的方案：搭建与战略管理、组织管理、员工成长结合的绩效管理体系。

那么，到底怎样做才是既让公司满意，又让员工乐意接受的绩效管理呢？具体说明如下。

1. 拒绝空泛，指标来源需有据可循

根据以上情况分析，该企业绩效考核的内容太过随意，真正的绩效管理体系的搭建通常需要以下几个环节。

第一，组织梳理，为绩效考核奠定框架基础。在实施绩效管理之前，企业首先要对公司的组织结构、部门职责、岗位设置和岗位职责进行梳理。该企业的"职责空白、管理汇报关系混乱"等现象是制约绩效管理的关键。该企业让HR作为考核人，既忽略了其他各职能部门的管理者，又容易出现员工间工作重叠或职责空白。若只是为了"管"员工而考核，就不能使组织效能更优。

第二，战略梳理，层层分解，让员工明确个人对公司战略目标达成的贡献点。企业未来1~3年要往哪个方向发展？要达成什么目标？要在哪几个方面做到差异化？在哪些方面形成独具特色的竞争力？这是企业的战略规划，也是指导绩效管理工作、制定考核指标的指南针。该企业考核的是员工日常的工作项，没有融入企业战略和运营体系当中，也没有和员工职业发展结合起来。最终，员工不明确个人努力的价值，没有与公司荣辱与共的融合感，也无法促进战略目标的实现。

第三，绩效考核指标梳理。所谓关键绩效指标，一定是与战略落地、企业运营和员工成长紧密结合的，要做到关注重点，不能像该企业一样，眉毛胡子一把抓。通过提取关键绩效考核指标，形成考核表，使员工在工作中更有目标性。甚至员工在填写考核表时，还可标记出1~2项否决性指标，作为后续考核评优的必要条件，这样更能保证关键绩效指标的有效达成。

2. 动态过程，效果更佳

前面三步仅解决了考核指标来自哪里、考核指标是什么等问题，后续大量工作需要绩效互动来完成。绩效互动是绩效执行的核心环节，是指上级和下级针对如何完成绩效考核指标所进行的持续沟通，目的是帮助下级进一步理解考核指标的内涵，理解考核指标与公司战略目标的关系，理解考核指标与工作职责履行的关系，帮助员工梳理工作思路、形成工作计划、提供工作方法和工具、协调资源、提供支持，帮助员工把思想和行为逐渐调整到绩效考核的导向上来。

绩效互动不仅体现在绩效执行的过程中，在考核周期末，管理者还要与员工进行绩效面谈。绩效面谈是双方一次正式的面谈机会，在绩效面谈会上，双方对员工过去一个周期的绩效进行充分的沟通，对员工的优点、不足和改进措施达成共识。绩效面谈的关键在于双方的投入程度、开诚布公的心态以及上级关心下级的态度。

对于该企业，绩效面谈是一个新的环节，刚开始，可通过人力资源管理者在旁协助，告知绩效面谈的关键点与面谈内容，逐步养成各部门主动开展绩效面谈的习惯。

3. 规范标准，放手执行，更能皆大欢喜

对绩效的考核环节，人力资源管理者需要制定清晰的绩效考核标准，制定评价维度，每个等级都有明确的说明，这样不管是人力资源管理者来考评还是各部门管理者来考评，都能更加客观公正。此外，对于考核评优，也应设置不同的等级，针对不同员工工作内容的多少、难易程度，其评优的定位是不一样的，应有所区分。

此外，对考核人的选择，应该是最了解员工工作的人去考核，毋庸置疑应该是各位员工的直属领导，这样可为员工与上级的绩效互动创造机会。人力资源管理者保证各部门管理者的考核权力，管理者才更愿意配合执行绩效考核。人力资源管理者在汇总考核数据时进行数据审核，为考核的公平公正性增添一层保障，员工更能接受考核的结果，这样不仅各部门的工作量减少，且皆大欢喜，何乐而不为呢？

4. 结果运用需创新，激励才能更到位

目标和激励一定是关联的，有什么样的目标就要有什么样的激励。而绩效的激励形式不仅仅体现在赤裸裸的薪资上，货币奖金或惩罚是具有"胡萝卜+大棒"的效果，但是并不具有持久性，获得正激励的会很开心，获得负激励的不仅仅是不开心，很可能带来工作上的负面影响。此外，有奖金后，员工会希望有更大的奖励，否则奖金的吸引力会慢慢减弱。因此，绩效考核的激励形式需要创新。

该企业可以通过创新评优的奖励，如公费旅游、公司特色的产品、深造学习的机会、晋升调薪、评奖评优等来激励优秀员工。对获得差评的员工，重点不是在惩罚上，而是帮助其提高。对这部分员工，先进行限期提升：通过制订针对性的发展计划、开发培训为员工创造提升的机会。后期若无提高，可实行末位淘汰的机制。

总之，绩效管理是战略、组织、人的完美结合，不和战略管理、组织管理、员工成长结合的绩效管理没有价值，为了"管"人而设置的绩效考核会大失民心，最终会被企业高层抛弃，回到起点从头做起。虽然目前还很难找到一个放之四海而皆准的绩效管理体系，但以上四个方面是绩效管理体系的主线，只有遵循以上原则，企业才能轻松做绩效，让组织和员工一起成长。

(资料来源：http://news.cnfol.com/jingyingguanli/20140404/17491131.shtml)

第二章 绩效考核指标

【学习目标】

通过对本章内容的学习,使学生认识绩效考核指标在绩效管理中的作用;了解绩效考核指标设定的原则;掌握绩效考核指标的权重;掌握绩效考核指标体系的建立过程。

【关键概念】

绩效考核指标(Performance Evaluation Indicator,PEI) 关键绩效指标(Key Performance Indicator,KPI) 绩效考核指标体系(Performance Evaluation Indicator System)

【引导案例】

TH公司隶属于北京市地铁运营有限公司,负责地铁各条线路通信、信号、各系统设备的维护、检修、管理及更新、改造、科研技术开发等任务,是科技含量较高、专业性较强的单位。随着地下交通的快速发展,TH公司的业务规模和人员规模都在快速增长,传统的管理方式已经不能适应当前形势,公司管理层感觉到要向现代企业的方向发展,还有许多地方需要改进。

目前,员工认为绩效考核管理办法不合理,最主要的问题包括奖少罚多、考核指标及标准不合理、设备故障责任界定不清晰。具体来讲,绩效考核不合理有以下表现。

表现一:绩效考核指标体系不合理。表现最突出的就是直接沿用运营公司的考核指标,没有根据TH公司自身发展战略和工作重点制定考核指标,不能满足TH公司内部运营和管理的需要。此外,北京市地铁运营有限公司对TH公司的考核本身就存在不合理之处,所以TH公司更应该根据自身实际情况制定考核指标,而不是将不合理的考核指标直接往下分解。另外,TH公司实行机关和项目部联动考核。机关部门的月度联动考核虽然体现了机关与项目部/车间的连带责任,但是并没有完全反映机关部门的实际工作情况,导致机关部门工作缺乏积极主动性,工作效率不高。

表现二:绩效考核过程不合理。在对项目部考核时,设备责任界定不清,让员工承担额外责任。设备责任界定不清,一方面,是由于客观条件的限制,确实无法分清是设备原因还是人为责任;另一方面,是主观上绩效考核设计不合理,员工害怕承担责任,往往出现事故隐瞒不报。在访谈中有员工反映:"只要我不在事故现场,就不会扣我的钱。所以出了问题大家都是能躲就躲。"但访谈中我们也了解到,80%的设备责任是可以界定清楚的,而且每个项目部也有能够界定责任的专业人员。此外,多数员工认为现在缺乏权威机构对设备故障责任进行鉴定,导致鉴定不公平。

表现三:绩效考核结果及应用不合理。目前奖少罚多的考核办法让很多员工认为考核就是扣钱,包括机关负责绩效考核的管理人员,也把考核等同于罚钱。

TH公司的问题是比较常见的。通常情况下,总公司和下属分公司的利益和目标不能完全一致,一味照搬总公司的考核指标不能适应下属公司自身的发展要求。而且,下属公司经营层承担来自总公司的业绩压力,需要相当独立地处理不断变化的内外部环境的挑战,因此需要相应的调配资源的权力以便做出及时的应变。另外，公司除了进行考核以外，还必须有相应的激励措施，否则只有考核没有激励，只会打击员工的积极性，如果没有有效的激励制度，将面临业绩下滑，甚至经营人才流失等严重问题。

针对下属公司绩效考核主要面临的这些问题，在对其进行绩效管理方案设计过程中首先要改变绩效考核观念。

- 变绩效考核为绩效管理。
- 变只扣不奖为奖罚分明。
- 变压力下移为压力传递。

在设计绩效考核方案时，应遵循以下原则：战略目标引导原则——在确定考核指标时，从公司的整体发展战略出发；部门间差异性原则——由于各部门在公司中职责与管理的不同，有针对性地设计与之相符的考核指标与方式；综合平衡原则——指标体系能全面考核企业的经营情况，考核指标应在企业长期和短期、内部和外部、因和果、定量和定性之间进行平衡；可控相关原则——部门绩效指标是各部门的管理者能够控制的，部门考核指标的导向与公司整体绩效改善是相关的。

针对TH公司的实际情况，要设计出适合公司自身管理需要的考核指标，将总公司考核指标分解转化为更具体更切合本公司实际的指标；对机关部门独立考核，设计可以考核机关工作的指标，不完全联动考核；成立项目鉴定专家小组，作为独立的第三方，鉴定事故责任；公司成立故障鉴定小组，主要负责界定故障原因，明确责任主体。

如何对经营业绩实施有效的考核并能真正落实，是每个公司都要面临的重大问题。公司与项目部的利益和目标不会完全一致。要使项目部的行为符合公司的整体利益，规划部不但要推行有效的激励制度，而且要通过有效的绩效管控系统来对其行为过程进行必要的监督和约束。需要注意的是，激励与约束是一体的两面，激励不足的约束会打击执行层的进取心，而约束不足的激励将会损害公司的利益。

（资料来源：http://www.chinadmd.com/file/pt3euvvsitpepsx3ozzotrap_1.html）

第一节 绩效考核指标的形成

一、绩效考核指标的相关概念

绩效考核指标是进行绩效考核的基本要素，制定有效的绩效考核指标是绩效考核取得成功的保证。因此绩效考核既是建立绩效考核体系的中心环节，更是企业管理者关注的大问题。对于企业而言，任何员工绩效的考核都离不开绩效指标，如销售人员的主要考核指标是销售额、经理的主要考核指标是利润率、科研人员的主要考核指标是其成果转化等。讨论绩效指标，首先要区分指标与标准的区别。一般来说，指标是从某些方面对工作进行衡量评价。标准则指的是在各个指标上分别应该达到什么样的水平，与岗位有关而与员工个人无关。指标解决的是考核者需要考核"什么"的问题，标准解决的是要求被考核者做得"怎样"或完成"多少"的问题。表2-1表明了绩效考核指标与标准的区别。

第二章 绩效考核指标

表 2-1 某企业市场销售部绩效考核指标与标准一览表

项 目	类 型	绩效指标	绩效标准
销售利润	数量	年销售额 税前利润百分比	年销售额在 30 万～40 万元，税前利润率为 20%～25%
零售店销售额	数量	销售额比上年同期增长率	销售额比上年同期增长 7%～9%
竞争对手总结	质量 时间	全面性 数据的价值 时效性	囊括竞争对手全部产品 提供产品成本、广告投入等详细情况 在指定期限前提供完整总结报告
销售费用	成本	实际费用与预算之间的变化	实际费用与预算相差在 67%以内

二、绩效指标的分类

1. 根据绩效考核的内容分类

绩效考核的内容主要包括工作业绩、工作能力、工作潜力和工作态度四个方面。其中作为主观指标考核的工作潜力，一般是通过工作能力进行考核推断。

(1) 工作业绩考核指标。工作业绩就是工作行为所产生的结果，主要包括员工完成工作的数量、质量、成本费用以及为组织做出的其他贡献，包括岗位上取得的绩效与岗位以外取得的绩效。工作业绩指标表现为关键工作职责，也可能是年度的业绩，一般来说，它属于关键绩效指标。

业绩指标主要表现为：完成工作的质量指标、数量指标、成本费用指标及工作效率指标等。

(2) 工作能力考核指标。根据工作分析的相关理论我们可知，不同职务、不同岗位对人的工作能力要求是不同的。在绩效考核时，需要设计相应的能力指标，这方面的指标能够引导激励员工提高与工作相关的工作能力。

具体而言，能力指标包括体能、学识、智能和专业技能等多项内容。体能取决于年龄、性别及健康状况等因素，是属于个人特质的指标。在当前的竞争环境中，企业要求员工拥有充沛的体能投入工作，要反应敏捷、动作快、稳、准，同时还要求具有持续的耐久力。学识主要包括受教育水平、专业技术水平以及工作经验等项目。智能是指员工认识客观事物、获取知识并运用知识解决实际问题的能力，主要包括认识、记忆、分析、归纳、综合、判断及创新力。在现代工业组织中，关键人才的智能水平尤为重要，它集中地表现在人认识客观事物的深刻、正确和完整程度上，表现在人获取和运用知识解决实际问题的速度和质量上，从而影响着组织的整体绩效。专业技能包括计划能力、协调能力、操作能力、沟通交流能力、组织能力和创新能力等，它与员工的岗位有关，各有侧重点。

(3) 工作态度考核指标。罗曼·V. 皮尔(Norman Vincent Peale)的《态度决定一切》(*Attitude Is Everything*)已经传遍全世界。今天，绩效管理者对态度的共识是：不同的工作态度会产生截然不同的工作结果。在基本相同的知识结构下，如果工作态度不尽相同，其绩效也大相径庭。

工作态度指标主要表现为：敬业、勤奋、忠诚、自制、进取、协作、热情等。

2. 根据考核依据的主客观性分类

(1) 定量指标。定量指标也称硬指标，是指以统计数据为基础，把统计数据作为主要评价信息，以数量表示考核结果的考核指标。工作业绩的质量指标、数量指标、成本费用指标一般属于这类指标。随着计算机处理工具的成熟，它还可以依靠计算机来处理考核结果，以提高考核的可行性和有效性，但如果指标依据的数据来源或者计算技术不可靠，那么考核结果就会有较大的偏差。

(2) 定性指标。定性指标也称软指标，是指主要通过人的主观评价而得出评价结果的指标。软指标要解决的最大问题是评价经验的局限性和主要意志的影响。工作能力中潜力属于软指标，而工作态度则基本属于软指标。软指标能够在硬指标所需的数据不充分、不可靠的情况下，做出更加有效的判断。

3. "特征、行为、结果"指标

(1) 特征指标。特征指标主要关注工作的适应性，适用于对被考核者未来工作潜力的预测。特征指标对于难以对被考核者行为进行观察的工作，如科研、开发等工作，较为有效；而对于一些可以观察的工作来说，特征指标将注意力集中在短期内难以改变的人的特质上，容易导致考核者主观意志过强，既不利于绩效沟通，也不利于绩效改进。因为没有考虑情景因素，特征指标的预测效度较低，信度不高，不能有效考核实际工作绩效，容易使员工产生不公正感。

(2) 行为指标。行为指标主要关注工作的执行，适用于考核可以通过单一方法或程序化的方式实现高绩效的岗位。行为指标的实施有利于引导行为、绩效改进。由于高绩效行为可以清楚地确定，被考核者就更有意愿表现那些导致高绩效的行为。

(3) 结果指标。结果指标主要关注工作的结果，适用于考核可以通过多种方法而不易采取程序化的方式实现高绩效的岗位。结果指标的操作性强，但由于其有短期性和表面性，对于生产线上的员工比较适合。结果指标容易诱使被考核者为了达到一定的结果而不择手段。以医疗单位为例，如果仅仅以病人数量、门诊收入为指标来考核科室或医生的绩效，而不考虑是否有不良社会影响和有没有违反医德医风，那就可能导致整个医院绩效受损。

三、绩效考核指标的来源

绩效考核指标不是根据考评者的主观意志制定的，一般来说，绩效考核指标有以下三大来源。

1. 公司发展战略与年度经营计划

绩效考核必须坚持战略导向，在设计企业绩效指标体系的时候，必须充分研究战略规划与近年来年度经营计划。如果企业追求质量，那么它的绩效考核就应该引入产品质量指标，以及控制产品质量的过程指标。如果追求顾客满意度，就要考核顾客满意指标，考核影响顾客满意的过程指标。清晰的企业战略与明确的年度经营计划是绩效指标设计的前提，企业战略规划的实施，必须通过战略导向绩效指标的设计来实现，而根据企业战略、年度经营计划分解提炼出来的绩效指标可称为关键绩效指标(KPI)。

2．部门职能与岗位职责

通过工作分析明确工作职责，是设计绩效指标的基础性工作。绩效指标解决的是工作的哪些方面需要考核，因此必须紧密依据工作分析的结果，研究分析被考核者所在部门及岗位的工作内容、性质及完成工作所具备的条件等。在企业内，部门职能主要包括：企业设立本部门的目的、本部门职权以及本部门工作对企业战略实施的帮助。对于那些与企业战略目标、年度经营计划的关系并不是很紧密的部门和岗位，比如行政后勤部门、保安员岗位等，其部门与岗位绩效指标可以根据其部门职责与岗位职责来提取。

3．绩效沟通与改进

企业战略的实现，需要依赖绩效的持续改进。因此，绩效指标的另一个来源是企业、各部门存在的主要问题及其改进程度，被考核者绩效沟通与改进的结果等，这样才能保证指标来源的针对性和可操作性。改进指标在企业层面与部门层面又称为管理要项，在基层员工层面又可称为行为指标。

因此，绩效指标的制定过程实际上就是战略目标层层分解的过程，如图 2-1 所示。

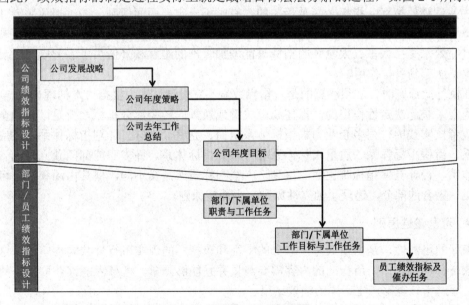

图 2-1　绩效指标的分解过程

第二节　绩效考核指标的设计

一、绩效考核指标的设计原则

1．绩效考核指标应与企业的战略目标相一致

从企业层面上来说，这一原则是指绩效指标应与企业总体战略目标保持一致。绩效考

核指标应该来源并服务于企业战略，并随着战略的改变而改变。从绩效管理工作层面上来说，这一原则是指绩效指标应与绩效目的和绩效标准保持一致。目标一致性原则，就是要求指标用于衡量组织的目标，将员工的行为引向组织目标的方向。

因此，企业在设立绩效考核指标时，应根据企业的核心竞争力和价值定位，对企业战略目标和年度目标进行科学分解，设立相应的绩效指标，从而实现对企业战略目标的细化和具体化。

2．独立性与互补性原则

独立性原则是指绩效指标的内涵和外延应该界定清楚明晰，不会发生歧义。由于任何单一指标均有其局限性，不可能全面反映企业的绩效情况，也无法全面反映企业战略的要求，所以需要指标之间相互互补，要兼顾长期与短期、定性与定量、行为和结果。因此，企业在设立指标时，要协调好独立性与互补性之间的关系，在保持指标独立性的同时，需要使用多种指标来考核绩效，使指标既保持相互独立，又保持相互补充。

3．少而精原则

绩效考核指标必须对企业战略目标进行细化，直到指标较为清晰，可以直接考核为止。指标描述不宜过粗，应该精而有效，容易被执行、被接受和被了解。抓关键而不要空泛，要抓住关键绩效指标。指标之间是相关的，有时不一定要面面俱到，通过抓住关键业绩指标将员工的行为引向组织的目标方向。指标一般控制在五个左右，太少可能无法反映职位的关键绩效水平；太多、太复杂的指标只能增加管理的难度和降低员工满意度，对员工的行为也无法起到引导作用。

在执行此原则时，必须注意的是，指标数量不宜设计过多。根据"木桶理论"，少量的瓶颈因素才是起决定性作用的，抓住属于关键或瓶颈的较少部分指标，就足以统揽全局。在绩效考核实践中，很多企业力求指标体系全面、完整，制订了计划指标体系、供应链指标体系、流程指标体系、质量指标体系等一系列指标体系。许多职能部门独立管理一个相关的体系，设计具体指标时也面面俱到，一些指标虽然定义不同，但其内涵和外延可能均有交叉、重合的部分，违反了独立性原则、少而精原则。

4．可衡量性原则

指标的可测性，是由绩效考核本身的特征和该指标的现实可行性共同决定的。这一原则要求指标明确具体，所指向的内容需要测量并且能够测量，考核者能够获取所需的考核信息，通过考核能够产生不同的绩效结果。

执行这一原则时需要注意，在实践中，有很多内容是不可衡量的，无法量化考核，如医生的医德、员工的工作潜力等。但医德、工作潜力等又不能被绩效考核拒之门外。此外，在企业考核指标中，单一的财务指标也反映不出企业竞争优势所在——核心能力，必须设立一些指标用来评价与预测，如业界认同度、标准制定能力、核心产品竞争力、市场占有率、销售额、利润、规模等。这类指标需要在明确后，采用科学、适当的考核方法进行考核。

5．素质和业绩并重原则

重素质，重业绩，二者不可偏废。过于重"素质"，会使人办起事情来束手束脚；过分重视个人行为和人际关系，不讲实效，妨碍人的个性、创造力的发挥，最终是不利于组织整体和社会的发展；过于重"业绩"，又易于鼓励人的侥幸心理，令人投机取巧、走捷径、急功近利、不择手段。一套好的考核指标，必须在"业绩"和"素质"之间安排好恰当的比例，应该在突出业绩的前提下，兼顾对素质的要求。

6．适用原则

绩效考核指标应根植于企业本身的"土壤"中，是非常个性化的。不同行业、不同发展阶段、不同战略背景下的企业，绩效考核的目的、手段、结果运用各不相同。绩效考核要获得绩效，关键并不在于考核方案多么高、深、精、准，而在于一个"适"字，即绩效考核指标要适应组织要求。同时，必须清楚认识到，现在"适"，不等于将来永远"适"，必须视企业的发展，视企业的战略规划要求，与时俱进，适时作出相应调整，才能继续适用。

二、如何应用绩效方法确定绩效考核指标

考核要素是考核对象的基本单位，是对被考核者在工作中的各项要求。每一个部门和员工都有明确的工作内容和工作要求，绩效考核指标设计应体现这些内容和要求，只有这样才能准确地引导员工行为，确保工作的顺利进行和工作目标的实现。被考核者所承担的工作内容和要求主要由工作职责来决定。工作职责是把具体工作内容划分为几个模块，并表明任职者对哪些领域的工作结果负责，这些领域也就是关键工作领域，又称为关键成果领域。制定绩效考核标准，首先就是要从关键成果领域中找出考核要素。下面就介绍几种寻找考核要素的方法。

1．工作分析法

工作分析法的实质就是要从不同员工的职业生涯和职业活动调查入手，依次分析员工、职务、职位、职责、任务与要素的全过程，并由此确定工作的性质要求和任职条件。

工作分析法的主要内容有以下两个方面。

一是对员工职务进行说明。它包括不同种类员工的工作性质、职务、责任，进行工作需要的各种资料、工作环境、社会环境、与其他工作的关联程度等。

二是对人员的要求。它包括完成工作应该具备的智力、专业知识、工作经验、技能要求等。

在工作分析法中，最重要的是分析从事某一职位的员工应具备哪些技能，履行职责时应以什么指标来评价，同时要提出这些能力和条件在评价中哪些更重要，哪些相对不那么重要。

2．问卷调查法

问卷调查法是指设计者根据需要，把要调查的内容设计在一张调查表上，写好填表说明和要求，发给有关人员填写，是一种收集和征求不同人员意见的方法。问卷调查表的设计应简单明了，表达正确，让被调查者能自行选择答案。因此，调查的问题应设计得直观、易懂，调查项目不能过多，要尽量减少被调查者的回答时间，以免降低了调查表的回收率和质量。

问卷调查法按答案的形式可以分为开放式问卷和封闭式问卷。开放式问卷并没有标准答案，被调查者可以按照自己的意愿自由回答。例如，你认为该岗位的员工应具备的最重要的能力是什么？你认为对该岗位的员工来说出勤重要吗？

封闭式问卷的构成方法可分为是非法、选择法、计分法、排列法。

- 是非法。问卷列出若干问题，由被调查者做出"是"或"否"的回答。
- 选择法。被调查者必须从两种并列的假设中选出一项。
- 计分法。问卷列出几个等级分数，要求被调查者进行判断选择。
- 排列法。被调查者要把多种可供选择的方案按重要性排出名次。

3．专题访谈法

专题访谈法是指通过面对面的谈话，口头沟通直接获取有用信息的方法。

研究者通过汇总访谈得到的资料，可以获取很多宝贵的信息。专题访谈法有个别访谈法和群体访谈法两种，两种方法各有优势。个别访谈法形式轻松、活跃，可以快速获取信息；群体访谈法以座谈会的形式进行，可以集思广益，有利于部门的团结。

4．经验总结法

经验总结法是指由许多专家通过总结经验，提炼规律性的研究方法。经验总结法一般可以分为个人总结法和集体总结法。

(1) 个人总结法是指请人力资源专家或由人力资源部的员工回顾过去的工作情况，通过分析最成功或最不成功的决策案例来总结经验，并以此为基础设计考核员工业绩的要素。

(2) 集体总结法是指请若干名人力资源专家或企业内各有关部门的管理者6~10人，集体回顾过去的工作情况，分析表现优秀员工和表现较差员工之间的差异，列出需长期考核的常用指标，并以此为基础提出考评要素。

第三节　绩效考核指标的权重与标准

权重在量上表现为绩效考核指标在总分中所应占的比重，是每个绩效考核指标在整个指标体系中重要性的体现。相对于不同的考核者或不同职位的员工来说，每项指标侧重点是不同的；同时，不同的绩效考核目的、指标及指标的权重也应该进行相应的调整。例如，在用于薪酬分配时，业绩方面的指标所占的权重较大；而在用于人事决策时，则能力方面的指标所占的权重较大。此外，绩效考核指标的权重与企业文化相互影响，权重是企业文化的表现，同时也影响着企业文化建设。因此，要根据不同的考核对象、不同的考核时期和不同的考核目的以及不同的企业文化对各项指标的权重加以确定。

一、确定权重的原则

企业确定绩效指标权重的原则主要有以下几点。

(1) 战略目标和经营重点为导向的原则。这项原则要求，影响企业战略目标实现的指标权重高，与企业经营密切相关的指标权重高，对被考核者影响较直接、较显著的指标权重高。这三类指标一般属于关键绩效指标。

(2) 系统优化原则。由于指标之间具有一定的相关性,我们在确定权重时,不能孤立地考虑单个指标,要充分考虑各指标之间的关系,权衡个体指标在指标体系中的作用和效果,合理分配权重,使各指标或目标权重比例应该呈现明显差异,避免出现平均主义。

(3) 所有绩效指标的权重之和为 100%。一般而言,权重最高为 30%,最低为 5%,各指标权重在 5%～30%,为 5% 的整数倍。

(4) 考核者的主观意图与客观情况相结合原则。

二、确定权重的方法

确定绩效考评指标权重的具体方法有很多,企业中比较常见的主要有以下几种。

1. 主观经验法

主观经验法主要依靠历史数据和专家直观判断来确定权重。这种方法需要企业有比较完整的考核记录和相应的评价结果,而且它是决策者个人根据自己的经验对各项评价指标重要程度的认识,或者从引导意图出发,对各项评价指标的权重进行分配,也可以是集体讨论的结果。

这种方法的主要优点是决策效率高、成本低,容易被人接受,适合专家治理型企业;主要缺点是由该方法获得数据的信度和效度不高,且具有一定的片面性,对决策者的能力要求很高。

2. 对偶加权法

对偶加权法是将各考核指标进行比较,然后将比较结果进行汇总比较,从而得出权重的加权方法。

这种方法比较简单,适用于比较对象不多的情况。对偶加权法示例如表 2-2 所示。

表 2-2 对偶加权法示例

	A	B	C	D	E
A		1	0	1	1
B	0		0	1	1
C	1	1		1	1
D	0	0	0		1
E	0	0	0	0	
总计	1	2	0	3	4

将考核指标在首行和首列中分别列出,将行中的每一项目与列中的各个项目进行比较,比较标准为:行中项目的重要性大于列中项目的重要性得 1 分,行中项目的重要性小于列中项目的重要性得 0 分。比较完后,对各项目的分值进行统计,即可得出各绩效考评指标重要性的排序。

3. 权值因子判断表法

权值因子判断表法，即由评价小组对各个指标进行一对一深入比较、赋值的方法。该方法步骤较多，适用于被考核者较多，考核指标较多的情况。权值因子判断表法的基本操作步骤如下。

(1) 组成专家评价小组，包括人力资源专家、评价专家和相关的其他人员。根据对象和目的的不同，可以确定不同的构成。

(2) 制定评价权值因子判断表，并由各专家分别填写。将所有绩效指标进行两两比较，确定相对轻重程度，填入该表。

一般来说，该方法采取的是 4 分制，要求专家和管理者将行中指标与列中指标进行对比，非常重要的指标为 4 分，比较重要的指标为 3 分，同样重要的指标为 2 分，不太重要的指标为 1 分，很不重要的指标为 0 分。以某电信企业客户服务中心的绩效考核指标为例，我们选定的有效指标共五个，分别是服务质量(A)、服务响应性(B)、沟通技巧(C)、服务创新度(D)、业务知识(E)。权值因子判断表如表 2-3 所示。

表 2-3　权值因子判断表

指标序号	指标名称	单项分值					总 分
		A	B	C	D	E	
1	服务质量(A)		0	0	1	1	14
2	服务响应性(B)	4		2	2	0	8
3	沟通技巧(C)	4	2		1	2	7
4	服务创新度(D)	3	2	3		3	5
5	业务知识(E)	3	4	2	1		6

(3) 进行折算打分。对各位专家所填权值因子判断表进行统计，并将统计结果折算为权重。

同样以某电信企业客户服务中心的绩效考核指标为例，经过考核小组成员打分，得出的权重如表 2-4 所示，由于计算出来的服务质量权重为 0.370，大于 0.30，因此我们按照绩效指标设定的有关要求，将其调整为 30%，并相应地调整其他指标的权重。

表 2-4　权重计算表

指标序号	考核小组成员评分结果					评分总计	平均评分	权 重	调整后权重/%
	1	2	3	4	5				
1	14	15	15	14	16	74	14.800	0.370	30
2	8	8	9	8	8	41	8.200	0.205	22
3	7	6	7	8	7	35	7.000	0.175	19
4	5	6	6	5	4	26	5.200	0.130	15
5	6	5	3	5	5	24	4.800	0.120	14
合计	40	40	40	40	40	200	40	1.000	100

三、绩效标准与绩效目标

1. 绩效标准与绩效目标的联系和区别

在每个指标的权重确定以后，还要确定每个指标的考核标准。这个考核标准解决的是要求被考核者做得"怎样"或完成"多少"的问题，它是考核员工绩效好坏的坐标，是组织期望员工达到的绩效水平。绩效标准是企业绩效考核(包括自我考核)的重要依据。在绩效管理系统中，绩效目标与绩效标准是两个不同的概念，我们在建立绩效标准时，应对它们进行区分，把握其异同之处。

(1) 两者实现程度有所不同。绩效标准应该是员工可以达成的，未达到此标准的绩效无法让组织满意。而绩效目标包括员工工作目标和个人能力目标两部分，其中，个人能力发展目标，更具有激励作用与挑战性。如果再考虑到影响目标实现的外界环境变化和许多不可抗力因素，绩效目标必须根据具体实施条件和情况的改变进行修正。这样，两者实现了循环，如图 2-2 所示。

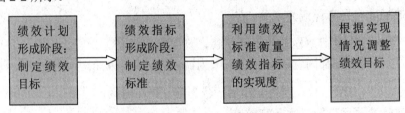

图 2-2　绩效目标与绩效标准循环图

(资料来源：赫尔曼·阿吉斯(Herman Aguinis). 绩效管理. 中国人民大学出版社，2008，P51)

(2) 两者针对的对象不同。绩效标准是基于工作而非工作者，绩效目标则是针对工作者个人的。对于知识型或管理岗位，绩效标准可以更有弹性一些，只需一些总的绩效指标就足够；而对操作性岗位，刚性、详尽的绩效指标，既给员工提供了详细的工作指导，又给考核者提供了客观的考核标准。不同工作岗位其绩效标准是有差异的，而每项工作的绩效标准只有一套。

(3) 两者制定的时间不同。绩效目标是绩效计划阶段设定的，而绩效标准是在随后的制定绩效指标阶段制定的，通常由被考评对象与部门主管、人力资源管理部门共同讨论协商后制定，它的实施主体是部门主管。

2. 绩效标准的建立以绩效目标为前提与基础

绩效标准以某一岗位的工作分析和绩效目标为基础，由管理者、专家与员工一道，结合绩效期初设定的绩效目标，拟定本绩效期内该岗位上所有员工应达到的工作水平。绩效目标是绩效标准建立的前提和基础，是建立绩效标准的重要参考，也是整个绩效期内主管与员工共同努力的方向。在绩效计划形成以后的绩效实施及绩效沟通等阶段，我们必须用绩效标准这把刻度精确的尺子，去衡量员工实际绩效目标实现的情况。在绩效管理中绩效标准是用来考核的工具。

四、如何保证绩效考核标准的有效性

良好的绩效考核标准必须具有完整性、协调性、比例性。那么，什么是合理的绩效标准？具体来讲，合理的绩效标准，应具备如下特征。

1. 绩效标准是基于工作而不是工作者

绩效标准应依据工作本身来设定，而不论是谁在做这项工作。绩效标准只应当有一套，而并非针对每个员工各定一套。它和绩效目标不同，目标应当是为个人而不是为工作制定的。所以，管理者只应制定出一套绩效标准，但对他的每位下属可设定不同的绩效目标，这些目标会根据个人的经验、技术等有所不同。

2. 绩效标准是被考评者能够达到的

绩效考评的项目是通过部门或员工的努力可以达成的，否则，过高的绩效标准会使被考评者丧失信心，标准就会失去其激励导向价值。

3. 绩效标准应是考评双方所共知的

主管和下属都应对绩效标准明确地了解，确保没有歧义。为体现标准的公平，绩效标准应是参与考评的双方都同意的。同时，因为被考评者同意的指标更容易调动起他的积极性和主观能动性，所以，绩效标准尤其应当是被考评者同意的。

4. 绩效标准要尽可能具体且可衡量

一个好的绩效考核标准应是可以度量的、有形的。如果绩效标准抽象、不够具体，它就无法客观地衡量比较，如用"工作热情高"等标准衡量销售人员，就不如用量化的销售额来衡量。因此，绩效标准的项目最好可以量化。如果在衡量时碰到实在无法量化的目标，也可以用"优、良、中、合格、不合格"之类的多阶段标准来衡量。

5. 绩效标准有时效性

绩效考评的资料必须定期、迅速地取得，如果大费周折之后才得到，则有些资料会失去自身的价值。

6. 绩效标准必须有意义

绩效考核标准是配合企业目标制定的，所用的资料也应具有一般性。

- 衡量可靠：应当以客观方式衡量行为和结果。
- 内容有效：同工作绩效的活动合理地联系起来。
- 定义具体：包括可以识别的行为和结果。
- 独立：在全面的标准中应该包括重要的行为和结果。
- 非重叠：绩效标准不能重叠。
- 全面：不能忽略不重要的行为和结果。
- 易懂：对标准的解释和命名应是一种易于理解的方式。
- 一致：应与组织目标和文化保持一致。

- 更新：应根据组织的变化定期进行审查和改进。

7．绩效标准是可以改变的

绩效标准应随着组织的变化而做出定期的审查和改进。也就是说，标准可以因新方法的引进，或因其他工作重要性的变化而变动。但是，标准不能仅因为员工无法达到而改变。

8．绩效标准要具有全面性

绩效考核标准应尽可能地反映被考核者工作的全貌，要尽可能周到全面。但全面并不意味着越多越好，绩效考核标准的多少，并没有一个确定的数字作为答案。如果工作职责简单明了，就可以设立单项绩效标准；若内容复杂，就要设立多项标准。

对员工素质要求较高的岗位，绩效标准的制定可以有一定弹性，这是因为知识型员工能够自己处理好各种细节问题，只需要为他制定一些总的绩效标准就够了；而其他的岗位，一般应设定比较全面的、详细的绩效标准。

9．绩效标准要具有独立性

绩效考核的标准在同一层次上应该相互独立，没有交叉。绩效考核标准体系是由多个层次构成的，独立性原则要求同一层级上的标准 A 和标准 B 不能相互重叠，也不能存在因果关系。

10．绩效标准要具有简明性

有些管理者认为，由于企业从事的生产经营活动是多元化的，因此考核标准也应是复杂的、专业化的。然而，并不是所有被考核者都能了解这些标准，因此就会对其产生怀疑，或由于理解上的差异而造成考核的失误。在实际操作中，最简单的考核标准往往却是最有效的。

11．有效绩效考核标准的优点和用途

- 有效绩效考核标准是确定可以达到的目标概率的尺度。
- 有效绩效考核标准是根据下列目的进行个人行为测量的方法：补偿、员工发展、工作分配、晋升、执行纪律或降职。
- 符合绩效考核标准可提供员工个人发展的物质奖励。
- 符合绩效考核标准可提供部门发展的物质奖励。
- 符合绩效考核标准可提供工作行为方面创造性研究的物质奖励。
- 有效绩效考核标准可提供自我评价和改进的方法。
- 有效绩效考核标准是进行预测的工具：确定工作量、减少费用、目标之间的平衡。
- 有效绩效考核标准是与全体组织和部门进行比较的工具。

由此，我们可以对什么是有效的绩效考核标准有一个简明、正确的认识，这种认识是制定标准、执行标准的前提，只有合理的绩效标准，才能推动目标的实现。

五、如何构建完善的绩效考核标准体系

绩效标准就好比一把度量绩效的尺子，如果尺子上没有刻度或刻度不准，是不能测量

长短的，因此，绩效标准必须是一把刻度精确的尺子。另外，绩效标准还要拉开档次，能有效地区分员工绩效的优劣，否则也就没有测量的必要了。总之，确定精确的绩效标准，用以衡量绩效目标的实现情况，是企业绩效管理开展的一个关键环节。

1. 绩效标准的种类

不同的企业类型、不同的岗位特征以及不同的绩效考核目标，对于定义绩效标准的依据自然会有所不同，主要可以归纳为以下几类。

(1) 竞争性分析：对竞争者的活动进行系统分析，以帮助自己提高工作业绩。

(2) 最佳运作：以寻找和企业经营方式相关的最佳运作为目标开展工作。

(3) 绩效比较：对企业和各部门的业绩进行评估并和评估结果进行纵向、横向的比较。

(4) 标准设定：这种方法对建立恰当的、有伸缩性的绩效标准提供了相应的指导。

在设定绩效目标时，通常需要考虑两类标准，即：基本标准和卓越标准。

基本标准：这种标准是每个被评估对象经过努力都能够达到的水平。并且，基本标准对一定的职位来说，应当是可以有限度地描述出来的。评估的结果主要用于一些诸如基本工资等非激励性的人事政策中。

卓越标准：这个标准设定的水平并非每个被评估者都能达到，只有一小部分被评估对象能达到。卓越标准通常是没有"天花板"的，不能够有限度地描述出来。

由于卓越标准不是人人都能达到，所以它的作用主要是为了识别、树立角色榜样。它的评估结果可以作为一些激励性人事政策的依据，如额外的奖金、分红、晋升、培训等。管理者要知道，即使是一个最普通的职位也有许多卓越表现的标准，通过对卓越标准的设定，会使被评估者愿意设立更高的努力目标。卓越标准代表着组织所鼓励的行为，对做出这些行为的员工，组织会给予相应的奖励。

2. 设定绩效标准的原则

绩效标准是对被考评者的目标要求，同时也是被考评者努力的方向。绩效标准是否合理将对一定时期员工的努力方向和工作积极性有重要影响。在定义时，可参考如下几个原则。

1) SMT-ABC 原则
- S——具体(Specific)：目标是不是具体的，清晰的。
- M——可衡量(Measurable)：目标是不是可衡量的。
- T——定时(Time)：目标有无时间要求。
- A——可实现性(Achievable)：目标能否达到。
- B——以竞争对手为标杆(Benchmark)：目标有没有与竞争对手相比较。
- C——客户导向(Customer oriented)：目标有没有体现内、外部客户的需求。

2) 5W2H 原则
- What(要做什么)：目标是什么。
- Why(为什么要做)：目标是不是有力支撑着部门的目标。
- When(何时去做，何时结束)：目标的时限。
- Where(在何地做)：在哪里完成。
- Who(由谁来做)：目标的责任人是谁，涉及哪些相关人。

- How(如何做)：目标执行的手段或关键措施是什么。
- How much(做到什么程度，需要多大代价)：目标做到什么程度，需要什么资源支持，会有什么风险和障碍。

3) SUMMIT 原则
- S——具体的(Specific)：目标是不是具体的、清晰的。
- U——有用的(Useful)：目标是不是有价值的。
- M——可管理的(Manageable)：目标是不是可控的、可实现的。
- M——有意义的(Meaningful)：目标是不是具有激励性的。
- I——具有整合性的(Integrated)：目标是不是相辅相成的，与其他的计划能否相符。
- T——有形的(Tangible)：目标是不是明确输出在纸面上的。

总的来说，绩效标准应做到定量要准确，内容要先进合理。

(1) 定量要准确：绩效标准能用数量表示时尽可能用数量表示。
- 各标准评定时的起止水平应合理确定。
- 各标准间的差距应是明确的，评分应是等距的。
- 设定的等级层次数量应是合理的。

(2) 内容要先进合理。①先进，是指绩效标准要科学反映企业的技术水平、管理水平，不会使绩效考评出现满分的现象。②合理，是指绩效标准既不能太严，使员工考核分数都很低，人人自危，士气低落；也不能太宽松，使考评者无法区分绩效优劣。总之，还是应以多数员工能达到的水平为考评的基本标准。

3．绩效标准的制定

要有效地制定绩效标准，就必须明确"谁来制定""制定多少项"以及"怎么制定"。

(1) 由谁来制定绩效标准。绩效标准应当由被考评的部门或员工个人事先与管理者共同讨论后制定，并作为管理和执行的依据为员工所接受。这样做有两个目的。

一是希望借由员工的亲身参与来激励他们达到，甚至是超越制定的标准。

二是员工会对他们协助制定的标准做出更多的承诺。

(2) 绩效标准应制定多少项。绩效标准到底要多少项并不是确定的。决定绩效标准项目多少的还是主管，要看主管觉得需要多少标准才能将他对下属的要求说清楚。但通常情况下，绩效标准项目多比少好，因为这样不但可以让员工更清楚地了解工作的全貌，而且也可以使主管从各个方面来考核下属。因此，企业对绩效标准的制定不应有数量上的限制。

4．从哪几方面考虑绩效标准

绩效标准可以从以下四个方面来考虑：数量、质量、成本和时间。

5．量化绩效标准和非量化绩效标准

由于绩效目标有定量目标和定性目标，所以，绩效标准也应当有量化的标准和非量化的标准。量化的标准比较容易评价，可采用加减分法、规定范围法，且客观性较强。而在对非量化标准的考核中，就很容易出现主观随意性，考核结果会受到考评人员的价值观、知识水平、经验、关系等因素的影响，考核结果可能会丧失公正和客观。因此在设定非量化标准时，应设计一些详细的操作指南、技术规范指导和考核参照标准，尽可能增加考核标准的客观性和可操作性。

1) 定性指标标准的确定

因为描述性指标反映的被考核者的业绩往往是笼统地涵盖多方面内容，而考核者仅凭着对被考核者的业绩的总体感觉给出一个印象分，由于种种原因，这种感觉很可能会出现误差。要使定性指标能够比较精确地进行考核，就得对指标的达成状况进行尽可能详尽的描述、细分，再针对每个方面制定具体、可衡量的绩效标准，分出等级，如优、良、合格、差等，如表 2-5 所示。

表 2-5　某企业管理人员定性指标绩效标准表

标准项目	内　容	优	良	合　格	差
思想素质	1.理论联系实际 2.深入群众和现场 3.对人对己一分为二	1.能够理论联系实际 2.主动深入 3.严于律己	1.能运用 2.能深入 3.有自知之明 4.能正确待人	1.有差距 2.不主动 3.对人严，对己宽	1.轻视理论或实践 2.不愿深入 3.自以为是
品德素质	1.团结协作 2.谦虚求实 3.如实反映情况	1.主动 2.虚心好学 3.实干主动	1.能够 2.愿学 3.不能实干	1.勉强 2.随大流 3.不够如实	1.不能 2.骄傲自满 3.欺上瞒下
责任心	1.守职尽责 2.敢挑重担 3.关心整体	1.非常尽职 2.主动抢挑 3.主动关心	1.相当尽职 2.自觉承担 3.能关心	1.不太尽职 2.勉强承担 3.不太关心	1.敷衍职责 2.推卸回避 3.漠不关心
劳动态度	1.劳动纪律 2.服从调配	1.自觉遵守 2.愉快	1.能遵守 2.能服从	1.偶有违反 2.讨价还价	1.经常违反 2.强制

(资料来源：www.hr.com.cn)

2) 定量指标标准的确定

量化指标标准的设计，需要考虑两个方面的问题：一是指标标准的基准点，确定基准分；二是等级间的差距。定量指标标准的确定一般有两种制定评价标准的办法，一是加减分法，二是规定范围法。

(1) 加减分法。加减分法一般适用于目标任务比较明确，技术比较稳定的情况。采用累进的办法，达到规定标准工作量的，给予统一的加分分值，尤其是关键指标项目，如获奖、建议被纳入决策执行等情况，鼓励员工在一定范围内做出更多贡献的情况。加减分法确定定量标准，主要是根据以往的工作记录和企业的目标计划来具体确定的。以某企业销售经理的销售回款实现率为例，其权重为 30 分，以 24 分为基准分，回款率每增 1%加 2 分，每减 1%扣 1 分，30 分封顶，15 分保底。

(2) 规定范围法。规定范围法是经过数据分析和测算后，考核双方根据就标准达成的范围约定来进行评价的一种方法。仍然以某企业销售经理的销售回款实现率为例，其权重为 30 分，回款率在 90%~100%得 29~30 分；在 80%~90%得 25~28 分；在 60%~80%得 20~24 分；小于 60%，得 15~19 分。

第四节 绩效考核指标体系的建立

单个的指标只能反映绩效的某个方面,我们必须建立一个绩效指标体系,来考核企业整体绩效。

一、绩效指标体系简述

企业的绩效指标体系是一组既独立又相互联系,并能够较完整地表达绩效考核的目的和考核对象系统运行目标的考核指标。

从纵向来看,企业组织是由不同的部门以及不同层次和类别的个体组成的,企业目标分解成部门目标和个体目标,目标有不同的层次,考核目标实现程度的绩效指标也有不同的层次,这些不同层次的指标便形成了绩效指标体系,整体反映企业全部经营行为,考核企业经营业绩状况,并为企业战略的实施提供动力。从横向来看,根据不同岗位的工作性质分别设立绩效指标,建立科学有效的岗位绩效考核指标体系。

二、建立绩效考核指标体系的步骤

1. 确定分层分类的岗位职责,提炼出合适的绩效指标

选择考核指标的一个重要标准就是被考核人所承担的工作内容和绩效职责。在分层分类考核时,可以对比较复杂的职位进行一定的合并,并根据企业的规模和实际情况,确定管理幅度和管理层次。对不同类型的工作内容,或同一类型工作的不同层级,其岗位职责也各不相同。我们要根据考核目的,对被考核对象所在岗位的工作内容、性质、完成这些工作所应履行的岗位职责和应具备的能力素质、工作条件等进行研究和分析,从而了解被考核者在该岗位工作所应达到的目标、采取的工作方式等,初步确定出绩效考核指标。

(1) 从质量、数量、时间和成本四个维度进行绩效指标的提炼(见图2-3)。

数量	质量	时间	成本
○开发客户数量	○计划差错率	○逾期百分比	○预算偏差百分比
○人员参与数量	○核算正确率	○预期时间	○预算外生产开支
○完工产品数量	○员工流失率	○完成工作计划时间	○节约金额
○完成报表数量	○返工百分比	○产品开发周期	○单位成本降低率
○提交表格数量	○重复检测百分比		
○起草文件数量	○故障发生率		
○旷工消耗时间	○订单处理正确率		
	○客户满意度		

图2-3 绩效指标

- 数量:一般采用个数、时数、次数、人数、项数、额度等表示。

- 质量：一般采用差错率、核算结果、及时性、满意度、准确性、达成率、完成情况、合格率、不合格率、周转次数等表示。
- 时间：一般采用完成时间、批准时间、开始时间、结束时间、最早开始时间、最迟开始时间、最早结束时间、最迟结束时间等表示。
- 成本：一般采用费用额、预算控制等表示。

(2) 从"投入—过程—产出"的角度提炼指标(见图 2-4)。

考虑完成某项职责需要投入的资源、履行的过程，或工作产生的结果。

- 当某项职责的产出比较明确，易于统计和评价，且被考核者的努力能够对产出产生较大影响时，通常建议采用"产出"的"结果类"指标。
- 当某项职责的产出不明确，或不易于量化，或被考核者的努力对产出产生的影响较小，或不可控时，通常适合采用"投入"的"工作量类"指标，或"过程"的"效率类"指标。

示例：

职责描述：组织XX业务的品牌建设与营销活动，开展产品宣传、方案推广，并直接开展对客户群体的现场营销。

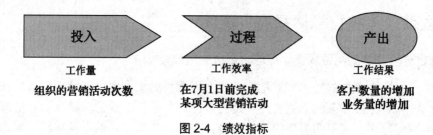

图 2-4　绩效指标

在提出指标时，对于同一条职责可从多个维度思考，提炼多个指标，但并非每条职责都一定需要从所有维度提炼出指标。应综合考虑对该项职责履行的重点关注点，以及各维度提炼指标的可行性进行思考。每条职责最终选定的指标不宜过多，可能是该条职责推导出的某一个或多个维度的单独指标，也可选择将多个维度的指标整合成一个综合性指标(以避免考核指标过多过细分散权重)，指标提取示例如表 2-5 所示。

2．进行指标有效性的测试，建立绩效指标库

根据绩效指标设计的基本原则，对提炼出来的绩效指标进行有效性测试，对所设计的绩效考核指标进行论证，使其具有一定的科学依据。通过指标的有效性测试，剔除不合格的指标后，剩下有效的绩效指标就组成了该岗位的绩效指标库，作为最终入选绩效指标体系的备选指标。需要注意的是，指标库并不一定能够完全涵盖最终确定的每个岗位的绩效考核指标。许多指标往往是在下一个步骤中通过不同的操作方法逐一产生，并补充到这个指标库中，指标库的建立在很大程度上体现了企业文化的要求。企业岗位指标库的示例见本章末的案例分析。

3．进行指标的重要性排序，确定不同指标的权重

根据 20/80 原则，将那些体现了本岗位 80%工作成果的重要指标排在前列，或者将体现

第二章 绩效考核指标

考核周期内本岗位重点工作的指标排在前列。同时要注意的是，在不同考核目的的考核体系中，同一指标的权重并不相同；不同的工作岗位，考核指标的权重也会有所不同。如行政管理部门的绩效目标并不能完全量化，业绩方面的权重会相对业务部门较小点，而对于工作态度的要求则相对较高。

职责要求	可能的指标				最终确定的指标（示例）
	时间	成本	质量	数量	
▪公司人力资源的统一规划	▪人力资源需求分析报告的延误时间	▪公司人工总成本预算达成率	▪人力资源规划与组织战略的匹配程度 ▪人力资源统筹与配置的可操作程度 ▪核心人才发展满意度	▪核心人才流失率	▪人力资源需求分析报告的延误时间
▪完善核心岗位员工招聘	▪招聘方案制定的延误时间（或次数）	▪年度招聘预算达成率	▪招聘人员试用期转正率（还没有识别人才的能力、关键人才评估机制） ▪招聘需求满足率	▪建立有效招聘渠道的数量	▪招聘需求满足完成率
▪推行全员培训	▪各期培训计划实施的延误次数	▪年度培训预算达成率	▪员工培训满意度 ▪员工（知识、技能）适岗率 ▪满足组织发展与变革需求（文化、理念）的评价 ▪核心人才储备达标率	▪培训计划的（课时）达成率 ▪年度人均培训小时数	▪技能适岗达成率

图 2-5　绩效指标

三、衡量绩效指标的有效性

企业推行绩效管理的时候都会关注一个根本问题——效果如何，这就带来了另外一个问题：如何衡量绩效管理是否有效？或者：如何检验一个考核指标的有效性？有些人说看年终报表是否比没有推行的时候增长了，问题是导致经营性指标变化的因素太多，很难分清是否是绩效管理带来的效果。有人说看员工士气是否有变化，这就更难衡量了，非常难定性。那么我们有什么方法吗？我们先分享一个"猫和老鼠"的故事。

【案例 2-1】猫鼠契约

有人家里闹鼠患，主人就采用了最传统的方式，从动物收容所领了一只猫回来，把这只猫洗干净喂饱后，还准备了一个漂亮的猫舍，就安顿在家里。主人告诉猫说："请你来就一件事情，发挥你的专业特长抓老鼠，并且你每抓一只老鼠就奖励你一条鱼。"

猫回忆起流浪的日子，真是苦不堪言啊！整天臭烘烘地到处流浪，饱一顿、饿一顿，还要遭遇人的驱赶和恶狗的追咬，猫满怀着感恩之情上岗了。说也凑巧，一只老鼠大摇大摆地出来觅食了，平时都很安全，不料今天竟然有只猫守在这里，结果猫蹿上前一把就把老鼠按在了爪子下。老鼠回头一看，倒吸了一口凉气，竟然是只可怕的猫，于是老鼠开始哀求说："猫大哥，且慢下口，你抓我做什么？"

猫说道："我是猫啊，抓老鼠是我的天职，并且主人对我这么好，我怎么能不尽心工作，而且每抓一只老鼠就奖励我一条鱼。"

老鼠听完就说:"猫大哥且听我一言。岂不闻人有句古话'飞鸟尽,良弓藏,狡兔死,走狗烹',我们老鼠是有限的,经不住你这么抓呀,总有抓完的时候。到时候主人还养你何用?"

冷不丁听老鼠这么一说,猫也愣住了。

老鼠接着说:"主人对你的奖励措施是什么?"

"抓住一只老鼠奖励一条鱼。"猫回答道。

"猫大哥,要不这样,我们商量一下,以后我定点出来,你把我抓住,我装死,保证一动不动,保证不被主人发现,主人奖励给你的鱼,咱俩分,你拿大头,我拿小头,你看如何?"

猫一听,分析得很有道理啊,于是猫和老鼠就签订了契约,随后猫和老鼠的游戏就开始上演了。

第二天,主人正在看电视,老鼠就跑了出来,被猫抓住了,主人一看很高兴,马上奖励了一条鱼。主人正在做饭,老鼠又跑了出来,再次被猫抓住,主人一看又给了一条鱼。刚开始几天,主人非常开心:"养的这只猫真管用啊!收容所这么多只猫,当时没有选错啊。"

结果这样过了好几天,天天如此。时间长了,主人就嘀咕了:"我家怎么有这么多老鼠,一天抓好几只还抓不完?"于是就多留了个心眼。

这天晚上主人正在做饭,猫鼠游戏又上演了。主人一看老鼠很眼熟啊,头上有撮白毛。一想中午就是这只老鼠,怎么还没死?心里一下子就明白了。于是大怒,对着猫训斥道:"该死的猫,欺骗组织,欺骗领导。不想想你以前是什么样子的?"

故事到此结束了,大家认为问题出在谁身上呢?

有人说老鼠不对,教唆了善良的猫,使它变成了一只恶猫。有人说猫不对,没有职业道德,欺骗领导。也有人说,猫没有问题,因为它是在规则范围内做事的。

现在我们一起分析一下。先看老鼠。老鼠为了保命,干得最多、最累,风险最大,还分得最少,老鼠有问题吗?——没问题。

争议比较大的是猫,我们看看主人对猫的要求是什么——是抓老鼠,猫抓了吗?抓了,一天到头卖力地抓。抓到老鼠的奖励是什么?一条鱼,该不该给呢?该给!

其实这样的故事,天天都在企业上演。

【案例2-2】弄虚作假,原因何在

有一家鞋业企业,近年来品牌运作非常成功,市场对该品牌的认可度逐年上升,年均增长在50%以上,因此给生产带来巨大的压力。过去该公司的生产模式是典型的大批量少品种,生产部门排产按同类并单生产,每批订单为5万双、8万双,生产周期为10天、15天。这种生产方式下虽然月产量月月创新高,但是订单交付率却是长期在50%左右徘徊,因为客户的订单并不是按5万双、8万双这样下的,而是品种需求越来越多,单个订单的量不大,只要3000双、5000双。这就要求企业的生产系统更有弹性,生产组织模式需要一个根本性的变化,即由大批量少品种的组织生产模式调整为多品种小批量的生产方式,所以该企业开始推行精益生产方式,随之而来的是企业组织结构和生产模式等都跟着改变。当然这个过程绝不是一蹴而就的,在这个调整过程中,生产系统有一段时间是很不稳定的。

由于生产线员工的工资大多为计件工资,生产的不稳定性造成了员工收入的不稳定,

原来一个月收入可以到 1200~1500 元，现在收入只有 1000~1200 元，员工出现了不稳定的现象。这时周边的小厂获悉该企业的状况，纷纷到这家企业来挖人。大家知道小厂都愿意挖大厂的员工，大厂的班组长到小厂就可以做车间主任，大厂的车间主任到小厂就可以做厂长。最严重的时候企业有三个大门，每天都被若干个小厂的招聘台包围起来，就是定向挖这家企业的员工。这些小厂给员工每个月 1000 元的保底工资，同时还给予超额奖励，干得多可以多拿，两边一对比，造成员工流失率非常高。面对这种情况，人力资源部出台了紧急应对措施，主要有两条：一是工资出台保底工资，也给予员工 1000 元的保底工资；二是出台超额累进奖励计件工资，这条措施比小厂的更加优厚，每天完成基准保底产量后，每多干 50 双每双奖励 5 角钱，每多干 80 双每双奖励 8 角钱，依次类推，干得越多奖励幅度越大。根据测算，最优秀的员工一天可以做 350 双左右。

首先问一个问题：人力资源部出台这项措施的初衷有没有问题？大家几乎都会回答没有问题。但在这项措施出台以后，会发生什么问题呢？

有人很快就反应过来了："几个人会把他们的产品累计到一个人身上，那个人拿到超额工资后大家再分，这样就可以拿到更多的钱。"结果也是如此。刚开始几个月大家还比较听话，3~4 人一个组，到后来十几个人一组，几十个人一组，把产品累计到一个人身上。人力资源部拿到报表一看，吓了一跳，一个人一天的产量有几千双，"乖乖，我们公司出神仙了，这产量一个人一天工作 18 小时，一周工作 7 天也干不出来呀！"

然后就听到人力资源部的人在办公室里破口大骂："这些员工素质就是低，我们为他们着想，你看他们怎么对我们的，弄虚作假，欺骗组织！"

其实企业管理者下次想骂员工的时候，先冷静一下，有时候员工不作假是不行的。员工为什么会作假？是企业逼着他们作假，他们不作假说明智商有问题。

【案例 2-3】补漏出措施，这样合理吗

自来水公司的水是靠管网来运输的，自然就有水的损耗，主要是地下管网渗漏。全国平均水损耗为 15%左右，有些管理得不好的城市会高达 30%甚至 40%，如果做得好可以降到 12%，这样这个水厂的效益就会好。那么为了提高自来水公司的经营业绩，及时发现并填补漏洞就很重要。自来水公司都会有一个找漏点的部门。找漏点是非常辛苦的工作，大白天是找不到漏点的，因为如果不是管网爆管，它的声音是非常小的，因此一般是在夜深人静的时候，顺着管网边走边听，才有可能找到漏点。于是自来水公司就出台了一项考核措施：按找到漏点后挽回的损失金额的一定比例对找到漏点的当事人进行奖励。

还是那个问题，设计这项考核指标的初衷有没有问题？没问题。但是会导致什么结果呢？有人说他们会在管网上弄个洞，蓄意破坏，的确出现过这种问题。

还有就是在考核开始后，员工的行为发生了改变。找到了漏点，如果是之前的话应该是马上开挖，查找漏点，修补后再回填。但是自从出台考核政策后，员工行为不一样了。找到漏点后，先让大家散开，拿个桶来，掐着秒表，测算漏水量，为什么？因为挽回的损失额与他的奖励有关。还有就是把查找漏点的坑挖大一些，这样可以推算漏了多长时间，挽回了多少损失。至于回填成本，不用考虑，那是工程部的事。这是不是考核的初衷与员工的行为又发生背离了？

再回到开始提出的问题：如何检验绩效管理的有效性，其实检验的方法就是观察员工的行为是否与你的期望一致。如果一致，说明考核有效；如果发现员工的行为与希望的不一致甚至背离，就要考虑设置的考核方法是否有效。

第五节　绩效考核指标的属性信息

一项完整的 KPI 还应包含指标性质、指标说明、信息来源、指标计分规则、考核频率等五项属性。

一、指标性质

指标性质一般包括定量、定性、加分、减分、加减分等性质。

(1) 定量指标：以数字信息作为评价依据的指标，例如收入、利润。建议对于能够进行定量化评价且数据具备可靠性、较易获取的指标，优先将其作为定量指标。

(2) 定性指标：以事先约定的描述性评价标准作为评价依据的指标。建议对于过程性、辅助性、难以量化或量化评价存在不可靠性、评价成本较高的指标，将其设置为定性指标，并界定明确的分级评价标准以尽量降低评价的主观性。

(3) 加分、减分、加减分指标：不以权重进行考核的指标，按照事先设定的加减标准对指标进行加减分。建议对于非经常性发生的事件，但对企业会产生较大影响的指标，将其作为加减分项，以提高被考核者的重视程度。

二、指标说明

指标说明要把指标解释清楚，不能产生歧义。

如果是定量指标应明确其计算公式及统计口径，写清楚公式中的分子、分母分别是什么，界定分子、分母中的关键词，特别是容易产生误解、非专业名词或在企业内未达成共识的词语。如果指标中存在一些特殊情况需要剔除或者特殊处理，也需要进行说明，如"违规问题整改率"中需要整改的问题数量需剔除因客观原因无法整改的问题。

对于定性指标，须界定明确的评价维度及标准以尽量降低评价的主观性。撰写定性指标评价标准时，需从以下角度进行思考：该项指标可以从哪些方面进行评价？该项指标应重点关注什么？该项指标在理想状态下应达到什么样的效果？

加减分指标应明确加分及减分的具体事项和界定标准。

三、信息来源

定量指标、加减分指标若能直接从企业的信息系统中获取数据，则须填写具体的系统名称；若由手工台账统计，则须填写能提供该数据的部门名称；若无任何一方能提供该项指标数据，则该项指标不建议纳入绩效考核中。

定性指标须明确具体的评价者，一般情况下为"直接上级"，部分服务性质的指标可由服务对象进行评价。例如，培训相关的指标可由培训对象进行评价。

第二章 绩效考核指标

四、指标计分规则

(1) 定性指标的计分规则一般为分段评分,根据事先确定的度量表的描述,确定每一阶段结果的评价得分,如表 2-6 所示。

表 2-6 定性指标的计分规则

超越预期	达到预期	略低于预期	远远低于预期
100 分、95 分	90 分、85 分、80 分、75 分	70 分、65 分、60 分	60 分以下
• 目标的完成所使用的资源(成本)低于计划范围 • 目标达成的时间低于计划时间 • 目标完成的质量超越了预期的成效 • 目标的完成具有较高的创新性 • 对于被考核者的总体表现非常满意	• 目标的完成所使用的资源(成本)在计划范围内 • 目标在计划时间内完成 • 目标完成的质量达到了预期的成效 • 目标的完成具有一定的创新性 • 对于被考核者的总体表现比较满意	• 目标的完成所使用的资源(成本)超过计划范围 • 目标未能在计划时间内完成 • 目标完成的质量未能达到预期的成效 • 目标的完成缺乏创新性 • 对于被考核者的总体表现不太满意	• 目标的完成所使用的资源(成本)远超过计划范围 • 目标的完成时间远远超过了计划时间 • 目标完成的质量远未能达到预期的成效 • 目标的完成完全没有创新性 • 对于被考核者的总体表现非常不满意

(2) 定量指标、加减分指标的计分规则须参照部门绩效合同和部门绩效指标库进行明确填写。

定量指标的计分规则通常分为四种,体现不同的考核导向,在撰写指标时可根据实际情况选择并适当差异化,如图 2-6 所示。

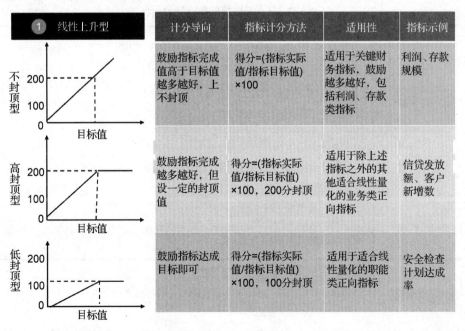

图 2-6 四种定量指标

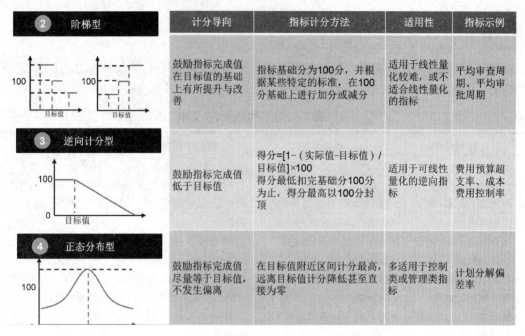

图 2-6 四种定量指标(续)

加减分指标需明确界定在什么样的情况下加/减多少分，原则上不设置加分项，除非该项指标目标的达成难度非常大，且达成以后对企业的经济效益或声誉有非常重大的提升作用。若设置加分项，原则上均设置封顶值。所有的减分项也设置封顶值，以避免由于单项指标减分过多导致被考核者对其他指标的达成动力不足。表 2-7 所示为某金融企业的部分加减分指标。

表 2-7 关键绩效指标计分示例

关键绩效指标	指标性质	指标说明	信息来源	计分规则
不良贷款率	减分	(次级类贷款+可疑类贷款+损失类贷款)/各项贷款余额×100%	风险管理部	在目标值以内不扣分；超过目标值，每超出1%减4分，减分20分封顶
操作及违规问题整改不力次数	减分	属于本人分管工作范围的，内审部及风险管理部要求整改的操作及违规问题，未在规定的时间内及时组织整改完成，按次数进行扣分	直接上级	每发生一次减5分，减分20分封顶
业务牌照申请数	加分	实际获取的业务牌照数量	直接上级	每发生一次加分事项，加3分，加分10分封顶

五、考核频率

原则上经营单位的业绩指标一般为月度考核或季度考核，若由于特殊原因无法季度考核，则按半年度考核。企业的管理部门一般为半年度或年度考核，管理层级越高考核的频率越低，每年度考核一次即可。

本 章 小 结

绩效指标是进行绩效考核的基本要素，其来源主要有三个方面：一是企业战略规划与年度经营计划，二是部门职责与工作分析，三是绩效沟通与改进。根据考核的内容，绩效指标可以分为工作业绩、工作能力、工作潜力和工作态度四个方面；根据考核依据的主客观性，绩效指标可以分为硬指标和软指标两个方面。

绩效指标的设计是绩效管理中技术性较强的工作之一。绩效指标的设计必须遵循以下几个方面的原则：目标一致性原则、独立性原则与互补性原则、细化原则与少而精原则以及可衡量性原则等。绩效考核设计的依据主要有三：一是绩效考核的目的。不同的考核目的，绩效指标的选择有所不同。二是被考核者承担的工作内容和要求。三是取得考核所需信息的便利程度。绩效指标设计的步骤有：一是进行工作分析；二是绩效特征分析；三是绩效特征分析；四是进行理论验证；五是对要素进行调查，确定指标；六是修订并完善指标。

确定绩效指标后，我们要对指标赋予权重，并设定每项指标的绩效标准。

确定指标权重时，需要按照以下原则：一是战略目标和经营重点为导向的原则；二是系统优化原则；三是所有绩效指标的权重之和为100%；四是考核者的主观意图与客观情况相结合原则。

设定绩效考评指标权重的具体方法有很多，企业中比较常见的主要有主观经验法、对偶加权法和权值因子判断表法。主观经验法适用于专家治理型企业，对偶加权法简单易行，而权值因子判断表法适用于指标较多的情况。

本章最后对绩效标准的建立进行了讨论。绩效标准是绩效考核的坐标，它的作用是引导员工的行为以获得高绩效和促进绩效考核公平。要遵循目标性、客观性、准确性、显著性、可行性、先进合理性、双向性、可变性等原则，分描述性和量化性指标建立指标标准。

自 测 题

1. 简述绩效指标、绩效目标与绩效标准三者之间的关系。
2. 绩效考评指标权重设定的方法有哪些？
3. 绩效考核标准设定应遵循什么原则？
4. 描述性指标评价标准设定时应注意什么问题？
5. 简述构建绩效指标体系的基本过程。

案 例 分 析

某企业的绩效管理误区

周先生担任 H 公司新产品开发部主管已经有 3 个月的时间了，这家刚成立不到一年的公司将周先生外聘进来负责该部门的管理事务。3 个月下来，周先生发现，本部门的员工虽然平时工作忙忙碌碌，对新产品开发也不乏优秀的创意，可是最后的结果，不是上层领导通不过，就是好的创意如强弩之末，浅尝辄止。周先生也想尽办法激励属下员工开发好的新产品，同时也与员工们一同探讨、设计，可是没有人知道问题究竟出在哪里。后来周先生经从事人力资源管理的朋友点拨，方才明白原来问题出在部门内部甚至整个公司都缺乏一种完善有效的绩效评估体系。

没有绩效评估，企业无法对员工的行为进行实时监控，无法对员工的贡献做出准确、合理、公正的评价；无法为员工的培训需求提供依据；也就无法为员工制定自己的职业生涯规划提供合理、客观的数据依据，从而打击了员工工作的积极性，损害了员工的创造性。在如今，企业界和学术界都高喊"以人为本""人力资源是企业最重要的资源"之时，绩效评估的重要性也随之鲜明地摆在每一位经理人的面前。绩效评估不仅使个人的能力、技能有较大的提高，同时使公司的整体人员素质也不断地进步。在个人不断进步的同时，公司也持续受益，同时为企业进行实时监控、最优化利用资源提供了有力的保障；也使各部门及其运作流程都时刻以实现企业战略目标为方向。

在周先生与其他经理的建议下，公司实施了绩效评估。但是，周先生在进行绩效评估时又遇到了麻烦。研发部门的工作任务是研究开发、设计出好的产品，迎合客户需要，占领新的市场，使企业扩大市场占有率，增强企业品牌知名度等。但是，对这种工作内容要确定客观的量化的绩效评估指标真是有困难，因为它不像生产部门的"月平均产量达到 5000～10000 件"，或是营销部门"月销售额平均 6000 万元"那样有一个明确的量化的评估指标。如何来说明什么是好的新产品？怎样来衡量产品的创造性？进行团队作业，由个体组成的团队绩效又该如何评估？这些难题摆在周先生面前，使他无所适从。

其实，关键绩效评估能很好地解决这些难题。因为并不是所有的绩效评估指标都能被量化，也并不一定只有量化的东西才是可以被衡量、被验证的，事实上，通过行为性的指标也同样能起到衡量和验证绩效的作用。也就是说，关键绩效评估是建立在定量化或者行为化的评估指标上的起关键作用的绩效评估。试想，如果清楚了新产品开发部的主要任务是什么，界定了哪些是"好的新产品"的表现，或者"创造性"有哪些实际表现，那么，周先生的困惑不就迎刃而解了吗？

一、什么是关键绩效

关键绩效又可称为关键绩效指标，是指用于沟通和评估被评价者主要绩效的定量化或行为化的标准体系。通俗地说，是指对于企业的生存与发展起关键作用的一些员工行为和表现。它体现了对企业目标有增值作用的绩效评估标准。基于关键绩效进行绩效评估，就可以保证真正对企业有贡献的行为受到鼓励，使绩效评估公平、公正，有据可依，真正实现企业业绩的提高。可以说，关键绩效是连接个体绩效与企业目标的一个桥梁。

既然关键绩效是一种有利于企业生存、发展、竞争的行为体系，那么它在企业界是否是统一的呢？答案当然是否定的。绩效评估旨在提高企业的运作效率，使企业的运作方式不偏离企业的战略目标。而关键绩效正是基于企业的战略目标而制定的可量化目标，一旦企业战略目标得以确定，关键绩效就可以为企业提供明确而直观的方法用以衡量企业各项战略目标达成与否。因此，不同的企业，因其愿景、价值观、使命以及战略目标的不同而决定了它们的关键绩效的各异。

企业中的关键绩效指标主要由以下三个层次构成。

(1) 企业关键绩效指标，它是由企业的愿景、价值观、使命和战略目标决定的，不同的企业有不同的关键绩效指标。例如：

A 公司的一个关键绩效指标是利润第一。

B 公司的一个关键绩效指标是客户满意度优先。

C 公司的一个关键绩效指标是市场占有率第一。

D 公司的一个关键绩效指标是员工满意度优先。

(2) 部门关键绩效指标，它是根据企业关键绩效指标和部门职责来确定的。

(3) 岗位关键绩效指标，它是由部门关键绩效指标落实到具体岗位的业绩衡量指标。因此关键绩效不仅因企业的不同而不同，也因部门与岗位的不同而各异。主要根据工作分析来确定。例如：

新产品设计工程师的关键绩效指标与关键绩效标准如下。

上级评估：

创新性——至少有三种以上产品与竞争对手不同；体现公司形象；使用高质量的材料、恰当的颜色和样式；代表和提升公司形象。

客户评估：

性价比——产品的价值超过它的价格；相对竞争对手产品的偏好程度——在不告知品牌的情况下对顾客进行测试，发现选择本公司产品比选择竞争对手产品的概率要高；产品独特性；产品耐用性；提出的新观点的数量等指标。

二、关键绩效评估的重要性

正如我们在前面所述的，关键绩效评估解决了绩效评估中评估标准清晰化、标准化的问题。它的重要性在以下几点中可窥见一斑。

1. 使绩效评估客观、公正、有效

关键绩效指标为企业的绩效评估提供了更为客观、公正的基础性数据，极大限度地避免了各级主管因各种人为因素而造成的评估偏差，使绩效评估客观、公正，保证了员工对立足于关键绩效指标而建立的绩效评估系统的认同。从而使绩效评估更有效率，以至真正实现企业内全面业绩的提高和改进。

2. 提高员工的工作效率

有了关键绩效这个评估标准，员工们一方面对企业的战略目标、远景规划有了实实在在的认识和了解，同时，根据或对照关键绩效，员工们更清楚自己该做什么，哪些行为是最重要的行为，是对企业发展有利的行为，工作的目标是什么，该怎么做来达到目标等，从而有利于提高员工的工作效率，使得整个企业像上足发条的机器一样有序、平稳、高效地向着目标运作。

3. 增进员工与管理人员的沟通

在很多企业中都存在这样的情况：员工与主管之间由于工作职责、工作权限、工作内容等的不同，双方在目标和行为等方面难免会出现偏差。在绩效评估中也会因标准模糊或不明确而引起歧义，从而使部门乃至企业内部摩擦不断，严重地阻碍了部门工作的充分开展，削弱了企业发展、运作的有效性。而关键绩效评估的出现，为员工与管理人员明确了一致的目标，为其间的信息沟通构建了一个平台。通过在关键绩效指标上达成的承诺与共识，员工与管理人员就可以就工作目标、工作期望、工作表现和未来发展等问题进行沟通。关键绩效评估是绩效评估沟通的基石，是企业中上下级关键绩效沟通的共同辞典，有了这样一本辞典，员工与管理者在沟通时就有了共同的语言。

4. 增强企业的核心竞争力

就上述提到的，关键绩效指标在企业中有三个层次，遵循这三个层次发展，可以确保企业内每个岗位都按照企业要求的方向努力，使众多分散的个人力量通过这种方向牵引逐级向上传递，最终在企业内部形成一股强大的企业合力，从而使企业的核心竞争力明显提高。

三、如何进行关键绩效评估

1. 分析并确定企业的关键绩效指标

在关键绩效指标的三个层次中，企业关键绩效指标尤为重要，因为另外两个关键绩效指标都是依据企业关键绩效指标来确定的。企业关键绩效指标是一个总纲，具有方向性、指导性的作用，如果企业关键绩效指标制定得不合理，将导致后续的关键绩效指标可操作性差，影响整个企业的关键绩效评估。因此，进行关键绩效评估的第一步就是要经过深入的调查、分析及论证，制定出与企业现实状况和发展战略相适应的企业关键绩效指标。

2. 分析并确定部门的关键绩效指标

在确定了企业的关键绩效指标之后，第二步就是要分析并确定各个部门的关键绩效指标。部门的关键绩效指标则是依据企业的关键绩效指标制定，是对企业关键绩效指标的分化和细化，具有具体性、操作性的特点。各部门的主管协同人力资源部，依据企业关键绩效指标与工作分析建立部门关键绩效指标，并对相应部门的关键绩效指标进行分解，确定相关的要素目标，分析绩效驱动因数(技术、组织、人)，确定实现目标的工作流程，分解出各部门级的关键绩效指标，以便确定评价指标体系。

3. 分析并确定岗位的关键绩效指标

第三步就是请各部门的主管和人力资源部的人员一起再将部门的关键绩效指标进一步细分，分解为更细的关键绩效指标及各岗位的业绩衡量指标。这些业绩衡量指标就是员工考核的要素和依据。这种对关键绩效指标体系的建立和测评过程本身，就是动员全体员工朝着企业战略目标努力的过程，也必将对各部门管理者的绩效管理工作起到很大的促进作用。

一般来说，关键绩效指标有四种类型：数量、质量、成本和时限。在建立绩效指标时，我们可以尝试回答这样一些问题。

(1) 通常在评估工作产出时，我们关心什么？(数量、质量、成本、时限)

(2) 我们怎么来衡量这些工作的数量、质量、成本和时限？

(3) 是否可以用数量或百分比来衡量工作产出？
(4) 如果没有数量化的指标来评估，那么能否描述一下工作成果完成得好是什么样的状态？
(5) 有哪些关键的衡量因素？
(6) 可以由谁来评估？

只要回答了这些问题，那么部门和岗位的关键绩效指标就比较容易确定了。

另外，在确定关键绩效指标时需要遵循 SMART 原则，即"具体性"(Specific)、"可度量性"(Measurable)、"可实现性"(Attainable)、"现实性"(Realistic)、"时限性"(Time-bound)。在制定关键绩效指标时一定要遵循上述这些原则。例如前面提到的新产品设计，通常要求"产品具有创新性"，但这是个抽象模糊的概念，我们需要把它细化得出具体的可度量的指标——在性能上提供竞争对手所没有的三种以上的功能，至少设计三种外观不同的款式等。

4. 制定关键绩效的具体标准

在确定了关键绩效指标后，需要制定相应的标准。一般来说，指标指的是从哪些方面对工作产出进行衡量或评估；而标准指的是在各个指标上分别应该达到什么样的水平。另外，在确定关键绩效的具体标准时，最好采取全员参与的方式，让每一位员工都投入到标准的制定工作中。这样，一来使员工对关键绩效标准有更好的理解，二来可以提高员工的工作积极性。

5. 使每一位员工事先都明白关键绩效的标准

采取全员参与的方式，将关键绩效的标准为每一位员工所认识、熟知和理解，从而更好地达到评估的目的。因此，让员工事先都清楚地了解关键绩效的标准十分重要。

6. 定期进行关键绩效评估

制定了关键绩效指标和标准后，定期的评估当然是最重要的。在评估过程中，要注意识别被评估者的工作业绩这一点，通过有关记录的数据和事实等正确有效地识别员工的工作产出，然后对照关键绩效标准进行评估。另外，评估的时间和频率也是需要严格把握的。一般来说，每年评估一至两次为宜。

7. 及时反馈关键绩效评估的结果

最后，及时反馈评估的结果是评估工作得以起作用的关键。因为绩效评估不光在于评估员工的工作业绩，借此为加薪、升职提供依据，从而达到激励员工的目的；绩效评估更重要的目的在于改进业绩上，如果没有及时的反馈，那么关键绩效评估也就流于形式了。

许多企业的运作效果不好，究其原因，往往是没有有效的绩效评估，尤其是没有关键绩效评估。关键绩效评估的最大优点是企业花较少的代价获得较大的收获。

阅 读 材 料

企业主要部门绩效指标库示例如表 2-8～表 2-18 所示。

表 2-8　董事会关键绩效考核指标

序号	KPI 指标	考核周期	指标定义/公式	资料来源
1	年度利润总额	年度	经核定后的企业合并报表利润总额	财务部
2	主营业务收入	年度	经核定后的企业合并报表中的主营业务收入额	财务部
3	主营业务收入增长率	年度	$\dfrac{\text{考核期末当年主营业务收入}}{\text{考核期前一年主营业务收入}} \times 100\% - 100\%$	财务部
4	净资产收益率	年度	$\dfrac{\text{净利润}}{\text{净资产}} \times 100\%$	财务部
5	企业战略目标实现率	年度	$\dfrac{\text{考核期内已实现的战略目标数}}{\text{考核期内应实现的战略目标数}} \times 100\%$	董事会
6	董事工作报告通过率	年度	$\dfrac{\text{股东大会审议通过的董事报告数量}}{\text{董事会提交股东大会审议的报告数量}} \times 100\%$	董事会

表 2-9　监事会关键绩效考核指标

序号	KPI 指标	考核周期	指标定义/公式	资料来源
1	财务审查计划按时完成率	年度	$\dfrac{\text{规定时间内完成财务审查的工作量}}{\text{财务审查计划完成的工作量}} \times 100\%$	监事会
2	财务状况调查计划完成率	年度	$\dfrac{\text{规定时间内完成财务调查的工作量}}{\text{财务状况调查计划完成的工作量}} \times 100\%$	监事会
3	经营管理监督会议召开次数	年度	考核期内召开经营管理监督会议的次数	监事会
4	各项监督检查报告提交及时率	年度	$\dfrac{\text{规定时间内提交监督检查报告的数量}}{\text{规定时间内应提交的监督检查报告的总数}} \times 100\%$	监事会
5	列席董事会会议的次数	年度	考核期内列席董事会会议的次数	监事会
6	监事工作报告通过率	年度	$\dfrac{\text{股东大会审议通过的监事报告数量}}{\text{监事会提交股东大会审议的报告数量}} \times 100\%$	监事会

表 2-10　总经理办公室关键绩效考核指标

序号	KPI 指标	考核周期	指标定义/公式	资料来源
1	部门工作计划按时完成率	月/季/年度	$\dfrac{\text{规定时间内实际完成计划任务数}}{\text{规定时间内应完成计划任务数}} \times 100\%$	总经理办公室
2	文书记录起草差错次数	月/季/年度	发生影响文书记录质量的严重错误次数	总经理办公室
3	总经理日程安排合理性	月/季/年度	总经理对日程安排表示不满意的次数	总经理办公室

续表

序号	KPI指标	考核周期	指标定义/公式	资料来源
4	印鉴违规使用次数	月/季/年度	没有按照制度规定使用印鉴的次数	总经理办公室
5	文件传递及时性	月/季/年度	考核期内没有及时传递文件的次数	总经理办公室
6	会议准备的充分性	月/季/年度	因会议准备不足而造成会议延误或会议中断的次数	总经理办公室
7	档案资料归档及时率	月/季/年度	$\dfrac{\text{规定时间内归档的文件数}}{\text{规定时间内应归档的文件总数}} \times 100\%$	总经理办公室
8	企业宣传网站更新频率	月/季/年度	考核期内企业宣传网站每周更新的次数	总经理办公室

表2-11 战略规划部关键绩效考核指标

序号	KPI指标	考核周期	指标定义/公式	资料来源
1	战略规划方案编制及时率	年度	$\dfrac{\text{规定时间内编制完成的战略规划数}}{\text{规定时间内应编制完成的战略规划总数}} \times 100\%$	战略规划部
2	战略规划方案通过率	年度	$\dfrac{\text{通过审核的战略方案数}}{\text{考核期内提交战略方案总数}} \times 100\%$	战略规划部
3	行业分析报告提交及时率	年度	$\dfrac{\text{规定时间内提交的行业研究报告数}}{\text{规定时间内应提交行业研究报告总数}} \times 100\%$	战略规划部
4	战略项目进度控制	年度	战略项目按进度计划执行	战略规划部
5	业务流程改善计划按时完成率	年度	$\dfrac{\text{规定时间内已完成的计划工作量}}{\text{规定时间内计划完成的工作量}} \times 100\%$	战略规划部
6	提出并被采纳的建议数	年度	就当前企业运营过程中存在的问题提出改善建议并被采纳的次数	战略规划部

表2-12 企业管理部关键绩效考核指标

序号	KPI指标	考核周期	指标定义/公式	资料来源
1	规范化管理推进计划按时完成率	年度	$\dfrac{\text{规定时间内已完成的规范化管理工作量}}{\text{规定时间内计划完成的工作量}} \times 100\%$	企业管理部
2	经营管理计划分析报告提交及时率	年度	$\dfrac{\text{规定时间内提交的分析报告数}}{\text{规定时间内应提交的分析报告总数}} \times 100\%$	企业管理部
3	内部管理评估报告提交及时率	年度	$\dfrac{\text{规定时间内提交的评估报告数}}{\text{规定时间内应提交的评估报告总数}} \times 100\%$	企业管理部

续表

序号	KPI 指标	考核周期	指标定义/公式	资料来源
4	内部管理培训计划完成率	年度	$\dfrac{\text{规定时间内完成的培训课时数}}{\text{规定时间内计划完成的课时数}} \times 100\%$	企业管理部
5	合同档案归档及时率	年度	$\dfrac{\text{规定时间内完成归档的合同档案数}}{\text{规定时间内应归档的合同档案总数}} \times 100\%$	企业管理部
6	提出并被采纳的建议数	年度	就当前企业运营过程中存在的问题提出改善建议并被采纳的次数	企业管理部

表 2-13　技术部关键绩效考核指标

序号	KPI 指标	考核周期	指标定义/公式	资料来源
1	工作目标按计划完成率	年度	$\dfrac{\text{实际完成工作量}}{\text{计划完成工作量}} \times 100\%$	技术部
2	技术创新使标准工时降低率	年度	$\dfrac{\text{改进前标准工时} - \text{改进后标准工时}}{\text{改进前标准工时}} \times 100\%$	财务部
3	技术创新使材料消耗降低率	年度	$\dfrac{\text{改进前工序材料消耗} - \text{改进后消耗}}{\text{改进前工序材料消耗}} \times 100\%$	财务部
4	技术改造费用控制率	年度	$\dfrac{\text{技术改造发生费用}}{\text{技术改造费用预算}} \times 100\%$	财务部
5	重大技术改进项目完成数	年度	当期完成并通过验收的重大技术改进项目总数	技术部
6	技术服务满意度	年度	对技术服务对象进行随机调查的技术服务满意度评分的算术平均值	人力资源部
7	外部学术交流次数	年度	当期进行外部学术交流的次数	人力资源部
8	内部技术培训次数	年度	考核期内进行内部技术培训的次数	人力资源部

表 2-14　研发部关键绩效考核指标

序号	KPI 指标	考核周期	指标定义/公式	资料来源
1	研发项目阶段成果达成率	年度	$\dfrac{\text{各项目实施阶段成果达成数}}{\text{计划达成数}} \times 100\%$	研发部
2	科研项目申请成功率	年度	$\dfrac{\text{项目申请成功数}}{\text{项目申请总数}} \times 100\%$	研发部
3	研发成本控制率	年度	$\dfrac{\text{实际技术改造费用}}{\text{预算费用}} \times 100\%$	财务部
4	新产品利润贡献率	年度	$\dfrac{\text{新产品利润总额}}{\text{全部利润总额}} \times 100\%$	财务部

第二章 绩效考核指标

续表

序号	KPI 指标	考核周期	指标定义/公式	资料来源
5	项目开发完成准时率	年度	$\dfrac{开发实际周期}{开发计划周期}\times 100\%$	研发部
6	科研课题完成量	年度	当期完成并通过验收的课题总数	研发部
7	科研成果转化效果	年度	当期科研成果转化次数	研发部
8	产品技术稳定性	年度	投放市场后产品设计更改的次数	研发部
9	试验事故发生次数	年度	当期试验事故发生次数	研发部

表 2-15 采购部关键绩效考核指标

序号	KPI 指标	考核周期	指标定义/公式	资料来源
1	采购计划完成率	季/年度	$\dfrac{考核期内采购总金额}{同期计划采购金额}\times 100\%$	采购/仓储部
2	采购订单按时完成率	季/年度	$\dfrac{实际按时完成订单数}{采购订单总数}\times 100\%$	采购/仓储部
3	成本降低目标达成率	季/年度	$\dfrac{成本实际降低率}{成本目标降低率}\times 100\%$	财务部
4	订货差错率	季/年度	$\dfrac{数量及质量有问题的物资金额}{采购总金额}\times 100\%$	生产/质检部
5	采购资金节约率	季/年度	$\left(1-\dfrac{实际采购物资资金}{采购物资预算资金}\right)\times 100\%$	财务部
6	采购质量合格率	季/年度	$\dfrac{采购物资的合格数量}{采购物资总量}\times 100\%$	生产部
7	供应商履约率	季/年度	$\dfrac{履约的合同数}{订立的合同总数}\times 100\%$	采购/仓储部

表 2-16 供应部关键绩效考核指标

序号	KPI 指标	考核周期	指标定义/公式	资料来源
1	采购计划完成率	季/年度	$\dfrac{采购计划完成量}{同期采购计划总量}\times 100\%$	供应部
2	到货及时率	季/年度	$\dfrac{规定时间内到货批次}{采购总批次}\times 100\%$	供应部
3	采购质量合格率	季/年度	$\dfrac{质量合格的采购批次}{采购总批次}\times 100\%$	供应部
4	供应商开发计划完成率	季/年度	$\dfrac{实际开发数量}{计划开发数量}\times 100\%$	供应部
5	采购成本降低目标达成率	季/年度	$\dfrac{成本实际降低率}{成本目标降低率}\times 100\%$	供应部

续表

序号	KPI指标	考核周期	指标定义/公式	资料来源
6	物资供应及时率	季/年度	$\dfrac{物资供应及时的次数}{需要物资供应的总次数} \times 100\%$	供应部
7	物资发放准确性	季/年度	考核期内物资发放出错的次数	供应部
8	物资保管损坏量	季/年度	物资保管损坏量折合成金额计	供应部
9	运输安全事故次数	季/年度	物资供应运输过程中发生安全事故的次数	供应部

表2-17 生产管理部关键绩效考核指标

序号	KPI指标	考核周期	指标定义/公式	资料来源
1	生产计划达成率	季/年度	$\dfrac{实际产量}{计划产量} \times 100\%$	生产管理部
2	内部利润达成率	季/年度	$\dfrac{实际完成的内部利润额}{计划完成的内部利润额} \times 100\%$	财务部
3	劳动生产效率	季/年度	$\dfrac{产出数量 \times 标准工时}{日工作小时 \times 直接人工数量 - 损失工时} \times 100\%$	生产管理部
4	交期达成率	季/年度	$\dfrac{交货期无误次数}{交货总次数} \times 100\%$	销售部
5	产品抽检合格率	月/季/年度	$\dfrac{实际合格数}{抽样产品总数} \times 100\%$	质量管理部
6	生产成本下降率	季/年度	$\dfrac{上期生产成本 - 当期生产成本}{上期生产成本} \times 100\%$	财务部
7	生产设备利用率	年度	$\dfrac{开机总工时 - 外部停机总工时}{开机总工时} \times 100\%$	设备部
8	生产安全事故次数	季/年度	考核期内生产安全事故发生的次数合计	生产管理部

表2-18 工艺管理部关键绩效考核指标

序号	KPI指标	考核周期	指标定义/公式	资料来源
1	新产品工艺设计任务完成准时率	季/年度	$\dfrac{实际设计周期}{计划设计周期} \times 100\%$	工艺管理部
2	工艺试验及时完成率	月/季/年度	$\dfrac{按时完成工艺试验次数}{工艺试验总次数} \times 100\%$	工艺管理部
3	工艺工装文件差错率	月/季/年度	$\dfrac{出错的工艺工装文件份数}{工艺工装文件总份数} \times 100\%$	工艺管理部

续表

序号	KPI指标	考核周期	指标定义/公式	资料来源
4	工艺工装文件出错损失	季/年度	因本部门提供的工艺工装文件错误造成的经济损失金额	生产管理部 财务部
5	标准工时降低率	根据实际	$\dfrac{\text{改进前标准工时} - \text{改进后标准工时}}{\text{工艺改进前标准工时}} \times 100\%$	工艺管理部
6	工艺改进成本降低率	根据实际	$\dfrac{\text{改进前生产成本} - \text{改进后生产成本}}{\text{工艺改进前生产成本}} \times 100\%$	生产管理部 财务部
7	部门管理费用预算达成率	季/年度	$\dfrac{\text{实际发生费用}}{\text{费用预算总额}} \times 100\%$	财务部

(资料来源：彭剑锋. 绩效指标体系的构建与维护. 上海：复旦大学出版社，2008)

第三章　绩效计划

【学习目标】

通过对本章内容的学习,掌握以下知识点:绩效计划在绩效管理系统中的作用;绩效目标设定时应遵循的基本原则;绩效计划与绩效目标的关系;制订绩效计划的基本程序和方法;避免绩效计划流于形式的方法。

【关键概念】

绩效计划(Performance Plan)　绩效目标(Performance Objective)

【引导案例】

作为家电行业的领导厂家之一,A 企业长期依靠对产品质量、销售(包括广告)和生产的投入取得成功,随着竞争的加剧,近年来在新产品研发上的投入也不断加大,构建了一定规模的研发队伍,并引入经过不同行业验证的 IPD 研发模式。但是,在绩效管理上,A 企业还是继续采纳以前的模式。

每年年底和次年年初,都是企业绩效经理石先生最紧张和头疼的时期,总经理将绩效管理工作完全授权给人力资源部下属的绩效管理科。在 2~3 个月的时间内,石先生要根据总经理对下年度总体目标的指示,经过自己的理解加工,将企业目标分解为市场体系、研发体系、生产体系、财经体系等的分目标,并要和这些体系的主管副总、各个职能部门经理分别进行一对一沟通,达成一致,最后总经理拍板。在各大主要体系的绩效目标制定中,市场、生产和财经体系相对容易,研发是最难的。

为了达成企业目标(企业目标没有书面文件,有时候也不是太明确),哪些指标是最重要的?哪些是次要的?各占多少权重?指标值设定多少才合适?跨部门的目标如何处理?研发体系很多东西很难量化,如何设定目标?很多部门对石先生提出的指标有异议,甚至以人力资源部门不懂业务为由拒绝接受。

这些都是整天萦绕在石先生脑子中的问题。虽然这几年石先生花了不少时间来了解各个部门的业务,包括产品和技术、IPD 研发管理体系、市场营销、供应链等业务知识,但还是被各个部门主管认为不行。绩效目标的达成率影响部门的考评,并直接和各个部门的工资、奖金挂钩,所以各个副总和部门经理对选取什么指标以及目标值设定都非常重视,都从自己部门的角度出发对指标的合理性进行"可行性研究",尽量避免设定过高的绩效目标导致本部门最终的绩效考核分数不高。

但是,这些指标最终要石先生来综合衡量,以便和企业最终目标一致。虽然总经理有一些指示,但都是零散和不系统的,指标全靠石先生和各部门的"诸侯"经讨价还价确定。有时候石先生明明知道研发部门避重就轻地选择一些好量化、容易达到的指标,比如"出勤率""客户问题解决率""新产品开发周期"等,而将一些指标以不好衡量、难以量化、不确定性程度太高为由推卸掉,比如"关键技术掌握程度""员工能力培养""产品领先度""新产品竞争力"等,但苦于自己专业知识不足,拿不出足够的理由来反驳。

第三章 绩效计划

> 还好,绩效目标终于定下来了。对于这份自己都不太满意的计划,各个副总、部门经理总算没有意见。总经理公务缠身,没有太多时间参与绩效计划的制订,在各副总和各部门都达成一致的情况下,大笔一挥签字同意,由人力资源部门下达给各部门执行。各个部门再根据同样的方法往下传递。各大部门都有自己的行政管理办法,他们会用各自的方法搞定,和企业绩效管理部门的关系不大。
>
> 每到季度考核和年度考核,石先生的工作是采集各种绩效数据,计算出各大系统和部门的绩效考核结果,和目标对比打分。通常情况下,各个部门都能达到目标,相应地每年的工资和奖金都稳步增长。一切都表明,绩效管理制度似乎运行不错,指标完成率在90%~110%,并且每年的计划准确率都在提高。但是企业总体目标却总是达不到,总经理非常不满意。一些目标,比如技术积累、新产品竞争力、竞争地位等"软性目标",反倒感觉和竞争对手的差距越来越大。
>
> (资料来源:http://www.higet.com.cn/5publication/pop/w080405.htm,有删减)

在实际工作中,有些企业在绩效管理的实施上,准备工作是不充分的,甚至有些杂乱无章。在这些企业里,绩效管理只有被用到的时候才被提及。每到年底,HR部门都处于忙碌之中:忙着做表格,忙着发表格,忙着收表格,忙着存档表格。一通忙碌下来,工作没有少做,时间用了不少,怨言却多。不但员工不满意,就连平时和平共事的经理们都在挑毛病,企业高层似乎也在怀疑人力资源部门工作的质量,怀疑人力资源经理的能力。

之所以出现这么多的问题,就是因为企业在做绩效管理体系的时候没有很好地进行绩效计划,没有把绩效管理当作一件重要的工作来做,忽视了绩效管理的重要性,并小看了计划在绩效管理中所扮演的重要角色,最终导致绩效管理方案实施效果不理想。因此,在实施绩效管理前,企业管理人员应花足够多的时间对绩效管理做出计划,对绩效管理实施方案进行全面细致的规划,使绩效管理的执行有切实的依据和可操作性,保证其落到实处。

第一节 绩效计划概述

一、绩效计划的概念

绩效计划是管理者与员工共同讨论,就实现目标的时间、责任、方法和过程进行沟通,以确定员工以什么样的流程,完成什么样的工作和达到什么样绩效目标的一个管理过程。绩效计划的核心包括两部分内容:一是确定实现目标的流程和工作计划;二是建立员工的考核量表。

员工考核量表的建立是部门目标、期望和要求的压力传递过程,同时也是牵引工作前进的关键。通过员工考核量表的牵引使得部门所有员工向一个方向努力,形成合力共同完成部门所承担的目标。

员工考核量表的建立过程是一种沟通和协调过程,部门负责人在与员工共同设定具体的绩效计划时,一般应根据部门的工作计划和季度计划,围绕本部门的业务重点、策略目标和KPI制定本岗位的考核量表。员工最终的考核量表应当以与部门负责人共同协商确定后的计划为依据。

二、绩效计划在绩效管理系统中的作用

1. 绩效计划是绩效管理系统中最重要的环节

绩效管理是一个完整的系统，这个系统包括四个重要的环节：绩效计划与目标、绩效辅导与实施、绩效考核、绩效反馈与沟通。计划、实施、考核、反馈几个步骤往复循环，最终实现组织和员工的绩效改进。如果管理者仅仅只盯住绩效管理系统的一个环节，那么，绩效管理是不能很好地发挥作用的。不完善的绩效管理系统甚至还会阻碍企业的发展。绩效计划是绩效管理的起点，是进行绩效管理的基础和依据，同时也是对绩效管理的全面系统设计。绩效计划是在绩效管理期间开始的时候由管理者和员工共同制定的绩效契约。绩效计划有丰富的内容，但员工绩效计划的核心就是设定每个岗位的绩效目标。这样在随后的绩效实施阶段，被管理者的工作就有了明确的目标，管理者也可以根据绩效计划对员工的工作进行有效监督和检查。

2. 绩效计划可保证员工和组织目标的顺利实现

简单地说，绩效计划就是制定目标、明确责任，为管理工作和考核工作提供目标、标准和依据。因此，如果没有有效的绩效计划，绩效管理系统的绩效实施与辅导阶段员工的工作就失去了目标，管理者的管理活动和考核活动也失去了目标、依据和标准，绩效反馈的面谈也失去了针对性，组织目标和员工目标都将无法实现。

绩效计划是通过以下程序来保证组织和员工目标顺利实现的。首先，通过绩效计划，组织目标被层层分解，落实到每个部门和每一个岗位，确保了员工的工作目标和组织目标是协调一致的，从而整个绩效管理过程就有了明确的目标。其次，通过绩效计划，管理者和员工进行了双向沟通，员工绩效实施过程中可能存在的问题和碰到的困难已较为清晰，员工的绩效目标，实现目标的行为、方式、过程和手段以及需组织提供的资源和支持也达成一致。这样，在随后的绩效实施阶段，员工就能知道自己该如何做以达成目标，并形成合力促进组织目标的实现。

3. 科学合理的绩效计划有利于时间的节约

我国有句古话叫"凡事预则立，不预则废"，意思是说，要想成就任何一件事，必须要有明确的目标、认真的准备和周密的安排。没有准备的盲目行动，只能是虽忙忙碌碌却一事无成。绩效管理工作作为一个系统工程，必须要求科学的、周密的绩效计划，做计划不是在浪费时间，而是节省时间，提高效率。最终结果仅仅是计划的目的之一，过程本身就很有价值，即使最终结果没有完全达到预期的目标，计划也会迫使人力资源主管认真思考要干什么和怎么干，搞清这两个问题本身就具有价值。凡是认真进行计划的主管都将会有明确的方向和目的，即使偏离方向，损失也会减至最小，这就是计划过程本身的价值。

三、绩效计划的制订原则

不论是企业进行经营业绩计划，还是员工进行绩效计划，在制订绩效计划时应该注意以下原则。

第三章 绩效计划

1. 价值驱动原则

制订绩效计划要与提升企业价值和追求股东回报最大化的宗旨相一致,突出以价值创造为核心的企业文化。

2. 流程系统化原则

绩效计划应与战略规划、资本计划、经营预算计划、人力资源管理等管理程序紧密相连,配套使用。

3. 与企业发展战略和年度绩效计划相一致原则

设定绩效计划的最终目的,是为了保证企业总体发展战略和年度生产经营目标的实现,所以在考核内容的选择和指标值的确定上,一定要紧紧围绕企业的发展目标,自上而下逐层进行分解、设计和选择。

4. 突出重点原则

员工担负的工作职责越多,所对应的相应工作成果也越多。但是在设定关键绩效指标和工作目标时,切忌面面俱到,而是要突出关键,突出重点,选择那些与企业价值关联度较大、与职位职责结合更紧密的绩效指标和工作目标,而不是整个工作过程的具体化。

通常,员工绩效计划的关键指标最多不能超过 6 个,工作目标不能超过 5 个,否则就会分散员工的注意力,影响其将精力集中在最关键的绩效指标和工作目标的实现上。

5. 可行性原则

关键绩效指标与工作目标,一定是员工能够控制的,要界定在员工职责和权利控制的范围之内,也就是说要与员工的工作职责和权利相一致,否则就难以实现绩效计划所要求的目标任务。同时,确定的目标要有挑战性,有一定的难度,但又可实现。目标过高,无法实现,不具激励性;目标过低,不利于企业绩效成长。另外,在整个绩效计划制订的过程中,要认真学习先进的管理经验,结合企业的实际情况,解决好实施中遇到的障碍,使关键绩效指标与工作目标贴近实际,切实可行。

6. 全员参与原则

在绩效计划的设计过程中,一定积极争取并坚持员工、各级管理者和管理层多方参与。这种参与可以使各方的潜在利益冲突暴露出来,便于通过一些政策性程序来解决这些冲突,从而确保绩效计划制订得更加科学合理。

7. 足够激励原则

考核结果与薪酬及其他非物质奖惩等激励机制紧密相连,拉大绩效突出者与其他人的薪酬差距,打破分配上的平均主义,做到奖优罚劣、奖勤罚懒、激励先进、鞭策后进,营造一种突出绩效的企业文化。

8. 客观公正原则

要保持绩效透明性,实施坦率的、公平的、跨越组织等级的绩效审核和沟通,做到系统地、客观地评估绩效。对工作性质和难度基本一致的员工的绩效标准设定,应该保持大体相同，确保考核过程公正，考核结论准确无误，奖惩兑现公平合理。

9. 综合平衡原则

绩效计划是对职位整体工作职责的唯一考核手段，因此必须要通过合理分配关键绩效指标与工作目标完成效果评价的内容和权重，实现对职位全部重要职责的合理衡量。

10. 职位特色原则

与薪酬系统不同，绩效计划针对每个职位而设定，而薪酬体系的首要设计思想之一便是将不同职位划入有限的职级体系。因此，相似但不同的职位，其特色完全由绩效管理体系来反映。这要求绩效计划内容、形式的选择和目标的设定要充分考虑到不同业务、不同部门中类似职位各自的特色和共性。

四、如何正确理解绩效计划

我们可以从两方面来理解绩效计划。一种是把"计划"理解为一个名词，那么绩效计划就是一个关于工作目标和衡量标准的契约；另一种是把"计划"看成一个动词，那么绩效计划就是管理者与员工共同沟通和讨论，最后对员工的工作目标和标准达成一致意见，形成契约的过程。

1. 对绩效计划存在的误解

(1) 做计划就是在浪费时间。

其实做计划不是在浪费时间，而是在节省时间，提高效率。

(2) 做计划可以消除变化。

做计划不能消除变化，无论主管如何计划，变化总是要发生的。制订计划是为了预测变化，制定有效的应变措施。

(3) 做计划会降低灵活性。

计划应当是一种持续进行的活动，有的计划是可以做得更灵活的。

2. 运筹帷幄，决胜千里

马克思曾说过："世界上最蹩脚的建筑师从一开始就比最灵巧的蜜蜂高明的地方，是他在用蜂蜡建筑蜂房以前，已经在自己的头脑中把它建成了。"其实，把房屋在头脑中建成的过程就是一个计划的过程，它在有形无形中指导着我们的日常生活。

计划由于所处的层次不同，可分为组织计划、团队计划、员工个人计划。在不同层次上计划的表现形式也大不相同，有宗旨、目标、战略和策略、政策、程序、规则、规划和预算等。

美国加利福尼亚大学的教授哈罗德·孔茨(Harold Koontz)是这样阐述计划的："计划是从我们现在所处的位置到达将来预期目标之间的一座桥梁。它把我们所处的此岸，和我们要去的彼岸连接起来，以克服这一天堑。有了这座桥，本来不会发生的事，现在就可能会发生了。虽然我们很少能准确预测未来，虽然那些超出我们控制能力的因素可能干扰最佳计划的产生，但是除非我们搞计划，否则就完全听凭自然了。"

第三章 绩效计划

3. 绩效计划是关于工作目标和衡量标准的契约

有人认为绩效考核是绩效管理中最重要的环节。那么,大家好好想一想,如果在进行绩效考核时,不知道考核的依据是什么,不知道什么是好的绩效,什么是坏的绩效,那么绩效考核的结果会怎样?

在绩效管理循环开始时,管理者和员工要对工作目标和标准应达成一致的契约。在契约中应至少包括以下几方面。

- 员工在本次绩效期间内要达到的工作目标。
- 达成目标的结果。
- 应从哪些方面去衡量这些结果,衡量的标准是什么。
- 关于员工工作结果的信息从何处获得。
- 员工各项工作目标的权重。

4. 绩效计划是一个双向沟通的过程

绩效计划不能只是纸上的契约,如何达成这个契约是很重要的。建立契约的过程是一个双向沟通的过程,即管理者和员工在这个过程中都负有责任。建立绩效契约不仅仅是管理者对员工工作的要求。

在这个双向沟通的过程中,管理者应向员工解释和说明以下问题。

- 组织的整体目标是什么。
- 为了完成组织整体目标,我们所处部门的目标是什么。
- 为了达到目标,对被管理者有什么期望。
- 对被管理者完成工作的时限和衡量标准应如何制定。

被管理者要向管理者表达以下问题。

- 对自己的工作目标和如何完成工作的认识。
- 自己对工作的疑惑和不解之处。
- 对自己工作的计划和打算。
- 完成工作所需的资源及可能遇到的问题。

5. 参与和承诺是制订绩效计划的前提

在制订绩效计划时,要充分体现员工参与,并要使其做出正式的承诺。为什么要如此呢?

社会心理学家指出,当人们亲身参与制定了某项决策时,他们一般会倾向支持的立场,并且即便在外部力量干预下,也不会轻易改变立场。有研究表明,人们是否坚持某种态度取决于两种因素:一是在形成这种态度时参与的程度;二是是否公开表态。例如:如果你朋友买的一件衣服你参与了意见,当别人批评时,你会尽可能地维护他。

绩效计划的主要目的就是要让组织中不同层次的员工对组织目标达成一致,使大家朝着一个共同的目标努力。因此,管理者和员工能否就绩效计划问题达成一致是关键所在。

第二节　绩　效　目　标

一、绩效目标的重要性

制订绩效计划是绩效管理的首要环节，而制定绩效目标则是制订绩效计划的关键环节。员工绩效目标是在绩效考核期初的绩效计划阶段，员工根据自己的工作对象、任务、自身能力，结合部门目标、组织目标和上一期的实际工作绩效，在部门主管的指导下，设定未来努力工作会达成的行为水准、结果水准。它是员工工作努力的方向，是企业目标与绩效管理实践相联结的纽带，为制定绩效标准以及绩效管理的其他相关活动提供了基础条件和评价标准。

1. 明确了员工工作努力的方向

与工作说明书相比，绩效目标对员工的工作提出了具体明确的要求和期望，同时也将工作任务落实到岗位和个人层面，为员工提供了一个明确考核期工作方向的机会。一般情况下，员工会选择向组织期望的方向努力。

2. 企业目标与绩效管理实践相联结的纽带

绩效目标反映绩效考核的要求，不同的绩效目标类型，反映出绩效考核的不同要求。绩效考核目标要与企业目标有机相连，但在现实中，有些企业虽然提出了令人震撼的战略目标，并配有实现战略目标的规划，但与企业实际脱节，其绩效目标往往与具体的管理活动，特别是人力资源管理活动相脱节。绩效计划能够将企业目标与绩效管理实践有效联系，有助于企业目标的实现。

3. 为其他管理相关活动提供条件和标准

第一，绩效目标可细化为具体的考核指标和标准，为衡量和讨论绩效提供可理解和接受的基本依据。第二，企业目标、部门目标与个人目标相一致，促使员工明白自己工作在组织中的价值，也明白自己在组织中的角色。第三，有利于员工自我管理和自我发展。明确的绩效目标能帮助员工自我管理和监督，增强自我发展的意识和能力。尤其是当前知识型员工的管理中，这显得更为突出和重要。

二、绩效目标建立的原则

确定绩效目标的重要指导原则是 SMART 原则，如图 3-1 所示。SMART 是五个英文单词首字母的缩写。

S 代表具体(Specific)，即目标要明确、清晰地描述出员工在每一工作职责下所需完成的具体任务，应避免模糊不清的目标。

M 代表可衡量(Measurable)，即目标要尽量量化，不能量化就要细化，就是说指标不能用数字表现的就要把它分解到最小的具体组织单位。

A 代表可实现(Attainable)，即目标通过尽最大努力的情况下最终可以达成，目标必须是能够实现的,避免设立无效目标。

R 代表相关性(Relevant),即目标必须与组织战略保持相关一致性。一是上级目标必须在下级目标之前制定,上下级目标保持一致性,避免目标重复或断层;二是员工的绩效目标要与所在团队尤其是与个人岗位工作职责相联系。

T 代表有时限性(Time-bound),即指标须在特定的期限内完成,保证目标完成的时效。

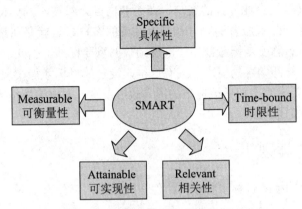

图 3-1 绩效目标设计的 SMART 原则

符合 SMART 原则的绩效目标举例如下。
- 在 2009 年 6 月 30 日前,全面完成对上海地区的货款回收工作(货款回收率 100%)。
- 2009 年第二季度交货准时率比当年第一季度提高 2%。
- 完成每月财务报告,并在每月底把报告上交总经办。

根据 SMART 原则,设立的绩效目标必须包括以下几个主要问题。
- 对绩效目标描述要具体明确。
- 明确指出目标实现的时间期限。
- 明确界定目标达成的标尺,比如成本、速度、比率、数量、质量等。
- 实现绩效目标的关键途径和方法,对员工个人而言,是其技能、能力和价值观的应用以实现其绩效目标。
- 员工绩效目标实现过程中,谁承担主要的职责,谁提供必要的支持。
- 明确设定考察的次数或时间间隔。
- 如何跟踪目标进展状况。

三、绩效目标的来源

绩效目标的设立主要受企业的战略目标、企业文化以及部门与岗位职责和流程目标的影响。具体来说,员工绩效目标有四个来源。

(1) 企业战略目标或部门目标。企业战略目标的落实,往往是按照组织架构,自上而下地层层分解。因此,在制定绩效目标时,尤其要关注企业战略目标、部门目标,确保员工的绩效目标来源于其部门或团队的绩效目标,部门或团队的绩效目标来源于部门或团队所承担的组织目标的分解。只有这样,才能保证每个员工会按照企业要求的方向去努力,企业目标才能得到落实。

(2) 部门及岗位职责。岗位职责具体描述了一个部门或团队或岗位在企业中所发挥的作用或扮演的角色，即这一部门或团队或岗位对组织做出怎样的贡献。一般来说，由于岗位的职责是依附在相对稳定的岗位，因而不易发生变化。

(3) 内外部客户的要求。根据组织内的业务流程关系，如果一个部门或岗位为另一个部门或岗位提供产品或服务，则后一个部门或岗位就是前一个部门或岗位的客户，所以现代企业中，客户不仅仅是指企业外部的客户，在企业内部，只要不同岗位间构成了交换产品或服务的关系，接受产品或服务的一方就是提供者的客户，这就是所谓的内部客户。客户对这些产品和服务的满意度是衡量部门或岗位绩效的重要标准。因此，在设定绩效目标时，一定要兼顾到内部和外部顾客的需求，只有这样，设定的目标才能实现预期的效果。

(4) 绩效改进的要求。上期考核提出的绩效改进要求，工作中存在的突出问题，需要在本期绩效目标制定时加以考虑。

四、绩效目标的类别

尽管企业组织中的绩效目标多种多样，但一般来说，可分为以下几种不同的类别。

1. 短期目标与长期目标

根据绩效目标完成所需要的时间长短，绩效目标可分为短期绩效目标与长期绩效目标。短期绩效目标可在几个星期或几个月内完成，一般不跨年度。长期的绩效目标一般为 3～5 年，甚至更长的时间。长期绩效目标对应的是绩效规划。短期目标应该是通过员工努力能够达到的目标，不可定得过高，如果很难实现，会打击整个团队的自信心与士气；同时，短期目标也可经常修订，因为有时目标未必合理。短期目标是为长期目标而定，最终目标是长期目标。

2. 组织目标与个体目标

绩效目标有不同层面，组织绩效目标是指包括企业的、部门的、团队的一种集体绩效目标，个体绩效目标是指落实到员工个体的目标。组织绩效目标一般层层分解为个体绩效目标，个体目标构成组织目标，两者互为一体(见图3-2)。

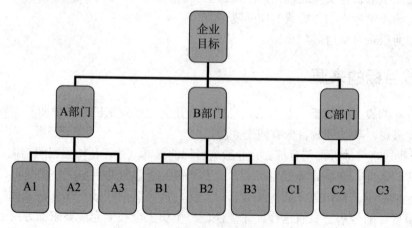

图3-2　某企业目标体系图

第三章 绩效计划

3. 结果型目标和行为型目标

结果型目标是指员工在一定条件下必须达到的阶段性结果,是可衡量的结果。一般具体业务部门的绩效目标以定量为主。如市场份额提高、销售额提高及销售成本的下降等。行为型指标是员工为完成组织绩效目标必须表现出来的工作行为,如团队合作、客户服务等。

4. 常规(维持)目标与创新目标

常规(维持)绩效目标指帮助员工把绩效维持在目前可接受的水平上,是最低标准。创新目标一般是为特定工作需要而设立的绩效目标,目的是激发创造力、新思维,或者鼓励采取新方法或新思路,大多是一种探索性的绩效目标。

五、设定绩效目标的程序

目标是计划制订时选择方案的依据,是考评的标准,是控制的导向。在整个管理过程中,目标具有举足轻重的地位。绩效管理目标是绩效管理的起点,将绩效目标做好,就意味着绩效管理已经成功了一半。尽管许多企业在对管理者的宣传中不断地强调绩效目标和绩效计划阶段的重要性,但真正能把绩效目标做好的企业并不多。除了企业设定计划和目标不规范外,管理者对绩效目标设定方法不熟悉也是重要原因之一。

1. 绩效目标设立框架

绩效目标设立的步骤就是管理者和员工就工作目标、应负责任、绩效衡量标准等方面进行讨论,最终达成共识的全过程。

绩效目标设立应包括绩效目标来源、绩效目标种类以及一个支撑要素即员工、管理者和组织的参与。

- 绩效目标的设立来源于公司的战略目标和经营理念,绩效目标不但是基于战略的目标,同时还受岗位责任和流程目标的影响。
- 绩效目标类别的划分将直接影响到考核标准的设立。
- 绩效目标确定以后,要判定它是否符合要求,是否是一个可考核的绩效目标。
- 绩效目标的设立应有组织、管理者和员工三方的共同参与作为依托。

2. 绩效目标的设定方法和程序

在了解了绩效目标的来源和分类后,下一步就是要掌握绩效目标的设定方法了。通常使用的方法有传统目标设定和参与式目标设定两种。

(1) 传统目标设定方法。即目标由高层管理者制定,然后落实到组织的各个层级上,层层分解为子目标。

传统目标设定方法的特点如下。

- 是一种单向的过程,是由上级指定好后下达给下级。
- 其实这种方法的可操作性并不大,如果最高层管理者只是采取泛泛的语言确定组织的目标,那么在这些模糊目标转化为具体目标的过程中,会经过层层传递,最终使得它丧失了清晰性和一致性。

(2) 参与式目标的设定方法。这套系统不同于传统目标设定方法的地方是：它是由上级和下级共同设定具体的绩效目标，共同对目标的进展情况进行定期检查，是自上而下再由下而上的反复过程。管理者不是用目标去控制下属，而是用它来激励下属。

由于各个层级的员工都亲自参与了目标的制定，所以目标是"自上而下"和"自下而上"的双向转化过程。在此过程中，不但每一层的目标都与下一层的目标连接在一起，而且每个员工都有一个具体的个人绩效目标。因此，每个员工对组织做出了什么贡献是显而易见的，当所有员工都实现了各自的目标，则他们所在部门的目标就会实现，最终使组织整体目标的达到成为现实。

3．设定目标的四要素

要素一：要使用精确的描述性的语言。

尽量使用精确的描述性的语言，不要用形容词或副词，因为形容词和副词会因不同人的不同理解而产生不同的含义。

例如："两日内回答客户的问题。"这样的目标是很精确的。"给顾客提供专业的服务。"这个目标的用词就很含糊，什么叫"专业"，难以量化。

要素二：使用积极的动词。

应当用"增加""取得"等积极的动词。不要用那些被动的动词，如"了解""熟悉"，了解什么和熟悉什么是你不能把握的，没办法进行量化的。

要素三：确保目标说明的准确。

例如："希望你在团队中增加客户满意度的意识。"本来客户满意度就是个难以衡量的参数，现在还要设立增加意识这样的目标，就更难把握了。意识增加多少算增加，增加到什么程度算增加，事实上，这很难衡量。

要素四：采取简单而有意义的衡量标准。

不要采用很复杂、很模糊的衡量标准，一方面不便于员工的理解和接受，另一方面也不利于管理者的操作和控制。

4．设计目标时应考虑的四个方面

(1) 目标的战略相关性。是指工作目标和组织战略目标的相关程度。

(2) 目标是否存在缺陷。在设计绩效目标时，一定要考虑是否存在的缺陷。如果某企业的绩效目标仅注重于某一类目标，而排斥另一些同样重要的目标时，就可以说企业的考核体系存在着缺陷。

(3) 是否存在目标的污染。目标不仅会存在缺陷，还会被污染。有时一些不能为员工所控制的外部因素会影响他们的工作业绩。

(4) 目标的可靠性。这是指一项目标的稳定性或一贯性，或是指个人在一段时间里维持某一工作水平的程度。

六、设定绩效目标的方法

企业在设定绩效目标时，常常有这样一种说法："考核什么其实没有关系，关键是定多少，考核销售收入这个指标能有什么争议，关键是老板要定得高高的，员工想定得低低的。"

第三章 绩效计划

从理念上希望目标的设定有一定的挑战性，又不脱离实际，解决方法叫"跳起来，够得着"。目标不能定得太低，很容易实现，这样目标的激励性就没了；但是又不能太高，怎么努力都达不成，这样目标也会失去意义，因此必须要跳一跳才能够得着。很多人听到这里，怎么听怎么觉得有道理，回去一操作傻眼了："什么叫跳起来？什么叫够得着？谁知道跳了没有，能跳多高？"绩效管理还强调上下级共同确定目标，然而最后都成了上级和下级谈判。

通常企业在确定目标值时会综合考虑三个方面的因素：历史增长情况、战略预期和企业的需求。

历史增长情况：一般考虑企业过去几年业务的增长情况，平均增长速度，行业是否有周期波动，是否有季节波动。例如，养殖企业通常有大小年，好两年差一年，以丰补歉；房地产行业销售也有"金九银十"之说，一季度通常是销售的淡季，二季度普遍回升，三季度是销售的高峰时期。

战略预期包括：①对市场需求增长情况的判断。在整个"十一五"期间，建设工程行业由于中国经济整体的增长对基础设施投入增加、城镇化建设的速度加快、房地产行业的迅猛发展，整体的年市场总量的增长率保持了每年20%左右的增长速度，那么如果是从事这个行业的企业，其目标应该要体现市场的整体增长水平。②竞争对手(标杆企业)的表现。如2008年中国举办"奥运会"，给中国的体育用品市场带来了巨大的商机。几乎全世界都有一个规律，即奥运会主办国体育用品市场在"奥运会"前5年开始进入高速增长时期，"奥运会"后3年仍然保持一定的增长，那么从事体育用品行业的企业确定增长率时就要考虑，体育用品市场每年的规模整体有30%的增长。③宏观经济的变化。比如2008年"金融危机"袭来，政府迅速出台了40000亿元的刺激经济措施，随后又明确产业升级的大方向，提出七大战略新型产业，通过这些相关的行业可以预期市场需求总量是增长的；再如2010年中国陆续出台了一系列的针对房地产过度发展的财政、金融方面的限制性政策，可以预期在这样的行业中增长率是偏低的。④自身能力的评估。企业自身的产能水平、人力资源储备和梯队建设情况、财务资源状况等都将直接影响目标值的确定。

企业的需求包括股东、董事会和经营层对企业增长的心理预期，公司在战略上对三个层面业务的组合定位，哪些是企业第一层面的核心业务，这一层面对企业近期业绩关系重大，是企业获得稳定增长的前提和保证；哪些是第二层面正在成长的业务，这是企业快速发展和创业性质的特质，是企业未来获得新的收入的来源，一个增长良好的公司需要；哪些是第三层面企业未来业务选择的种子，基本处于概念状态，未来的发展前景尚不明朗，需要做少量投入进行尝试。

通常建议管理者们综合考虑以上因素，但是没有确切的答案。绩效管理在设计目标时要通过上下级共同沟通的理念虽然很理想，但在管理实务中由于双方的立场不同，并不是能轻易取得一致的，绩效管理的双方出于自身利益的考虑，绩效计划制订的过程并不是考核者与被考核者间波澜不惊、愉快地确定了目标。所以在企业中老板与中层管理者达成一致目标的过程更多是讨价还价的过程，以下几种方法仅供参考。

1. 博弈

这是企业中最常用的一种方法。老板说："我们明年的目标是3亿元。"下属马上反驳：

"最多 2.5 亿元,去年兄弟们这么拼命也就完成了 2.2 亿元,今年有点增长就不错了,打死就只能干这么多了。"随后双方就开始意志力的较量,老板威胁:"你做不到我收拾你!"下属也不甘示弱:"去年形势那么多困难,今年前景也不看好,你要逼着我做 3 亿元,反正做不到,你看谁行呢请谁做,我愿意让位。"一番唇枪舌剑后,老板说:"我也不说 3 亿元了,你也别咬着 2.5 亿元,大家都让一步,2.8 亿元。"下属一定装得满肚子委屈,勉强答应道:"好吧,你都说到这个份儿上了,那就 2.8 亿元吧。"

谈判结束后,老板回到办公室暗自高兴:"其实 2.5 亿元已经很满足了,但是对下属一定要压一压,潜能才能发挥,必须一开始把目标值拉得高高的,留点回旋的余地,一开始就说 2.8 亿元,下属肯定就从 2.3 亿元开始阻击,压一压愣是多出来 3000 万元。"

下属心中也同样盘算,其实 3 亿元也能完成,但是目标值是年年加码,今年定高了,明年在这个基础上再加日子就难过了,一定要顶住压力少定一些。很多下属通常都会留一手,甚至有的人到年底打电话给代理商:"现在不允许给我打款,12 月 15 日我们定年度目标,谁打款就是跟我过不去,1 月 1 日全部给我打回来,一天都不准耽误。"这是企业最常用的方法,通过博弈达到均衡。有些企业博弈时间短,有些企业博弈时间很长,从 10 月就开始,到次年 2 月还没有定下来。

2. 从最容易的地方寻找突破口

一般定年度目标的时候,谁最关键呢?第一个人最关键!开会讨论定目标时,第一个人有很强的示范作用,开头定得好不好直接决定整个确定目标过程的导向,如果第一个人是死硬派坚决不同意,卡住了,后面人就很难办了,其他人就会琢磨:"他都做不到,我们怎么做得到呢?你拿他没办法,凭什么我们好欺负?"然后找出一大堆冠冕堂皇甚至八竿子打不着的理由来搪塞。虽然现场大家都不说话,但是无一例外都会用眼神默默地支持第一位:"你要顶住啊!你要顶不住我们都跟着倒霉。"

为了避免出现这种局面,一般确定年度目标前,老板都会请人吃饭。不过这个饭可不好吃,按照流程一般都是先讲感情,酒过三巡菜过五味,大家吃得很开心,感情到浓时,老板发言了:"明天开会定目标你不许反对,有什么条件有什么要求现在说,明天会场必须跟我保持高度一致,你要敢唱反调看我怎么收拾你!"老板提前把几个关键的人搞定了,第二天开会,不从那位死硬派入手,先把这几个"托"搞定,形成一定的氛围,后面的工作就容易多了。有人觉得这种方法太"黑"了,不地道,那么可以尝试下面这种方法。

3. 目标不能讨论,但是实现目标的手段可以讨论

企业确定目标值的本质是董事会的要求,是股东的要求,更是市场竞争的要求,这个目标本身是没有讨价还价的余地的,因为目标不能达成,企业将难以在竞争中立足。因此目标本身是不能讨论的,但是实现目标的手段和方法可以讨论。公司确定目标 3 亿元是不能讨论的,但是怎么完成这 3 亿元是可以讨论的。很多企业的管理人员要资源都不会要,纯粹是傻帽儿的方式:"人手少干不了!""时间这么紧张干不了!""投入的钱太少了干不了!"其实换个角度思考一下就明白了,"什么都有了还要管理人员干什么?"企业经营本身就是在资源有限的情况下的决策。因此换个思路就会海阔天空,目标先承诺,然后再算账,"要完成 3 亿元的目标,需要开发多少个代理商、需要新增多少家门店、需要增加多少个促销人员、需要做多少广告支持、需要做多少 POP,领导你看这个工作计划怎么样?"

这个时候资源自然就会配置下来了。

江苏一家集团公司，2004年年底确定2005年度目标时，把下属产业的老总们全部集中到北京小汤山度假村，关起门来预备开一天的会议确定各个产业的年度目标。会议开始后，老板说："木业公司明年的目标是8亿元。"木业公司的老总立刻站起来反驳道："老大，不可能，2004年我们拼了老命才6亿元，您看2005年的形势更加恶劣，进入这个市场的国内外品牌实力都非常强劲，广告投入又大，8亿元说什么都不可能完成，我们算过细账，最多6.5亿元。"第一个产业目标没有定下去，老总接着转向第二个产业："IT公司老总，你2005年要做2亿元。"IT产业的老总立刻站起来说道："老大，您不是不知道我们这个产业竞争有多激烈，而且我们进入这个产业时间很短，2004年才不过完成8000多万元，怎么可能翻一番多？绝对不可能完成。再说了木业公司是集团主导产业，发展时间长、兵强马壮，投入的资源也是优先保障，在集团就是长子，相比起来我们的条件是差远了，他都完不成，我们怎么可能完成呢？"一番唇枪舌剑双方各不相让，僵持了一段时间后气氛降低到了冰点，两个产业定不下去，其他产业就不用说了。会议进行了两个小时，老板宣布休会，今天不开了，明天再安排。散会后老板把人力资源总监叫过来："你给这两个人打电话，今天无论如何必须赶到这里，包直升机也必须赶过来。"晚上9点两人到了，老板开门见山地说道："我现在遇到一个问题，木业公司明年要做到8亿元，IT公司要做到2亿元，这个目标不要讨论了，你们就谈怎么干，需要什么资源，有什么要求，年薪多少？"一番紧急磋商后，凌晨三点半全部谈妥，通知人力资源总监当场签合同。第二天一早会议继续进行，各个产业的负责人经过昨天的僵持以后都拭目以待，看看今天老板是否会让步。老板首先发言："同志们，今天的议程稍微作一下调整，增加一个议程，首先我们宣布一项人事任免。"说着指向木业公司和IT公司的两位总经理："你们两位请起立，我宣布你们两位被解职了，现在请离开会场，人力资源部给你们办手续，该赔偿多少就赔偿多少，现在请你们离开。"在众人惊诧的目光中，老板接着说："同志们，我来给你们介绍两位新同事，这位是新任的木业公司总经理，这位是新任的IT公司总经理，大家认识一下，以后你们在一起共事应该多亲近亲近，也希望你们两位尽快进入角色。"宣布完毕后，老板接着说："接下来我们继续按会议议程确定明年的目标，木业公司8亿元，IT公司2亿元，有没有问题？"答案当然是没有问题。接着再定其他产业，其他产业老总一看这种架势，纷纷表态："没问题，老板你说多少就多少！"就这样，一天的会议半天就结束了。

前面的几种办法有一个共同的特点，就是从上向下强压下来。真正能做多少、有多少能力还没有发挥、做到什么程度，是上级清楚还是任职者本人清楚呢？换句话说就是谁更清楚底牌呢？答案是确定的，当然是任职者本人，那么怎样才能让他们把底牌亮出来呢？

4. 自己选择套餐计划

企业制定一组薪酬套餐，其中有不同的组合，目标值不同，任职者的固定收入部分有所差异，同时业绩相关的提成比例也有差异，对应其领导的下属部门的薪酬总额也有差异，设计好后由任职人自己选择，如表3-1所示(表中金额的单位为元)。

这组套餐的设计思想借鉴了中国的一项著名的制度——"高考制度"。考生在填写高考志愿时，如果第一志愿报顶级院校，如果考不上，一下子就会掉到一个二类院校。因此考生在填写志愿时就会认真权衡。填报志愿前的几次模拟考试成绩中到底有没有水分，真实水平在什么程度，是考生自己清楚还是家长或者老师清楚呢？当然是考生本人。因此在填报志愿时他就会反复权衡自己的底牌是多少，是报顶级院校呢，还是退而求其次，填报一个一流院校。

表 3-1 薪酬套餐

薪酬套餐	比例	套餐一	套餐二	套餐三	套餐四
销售收入目标(加权销售收入)		1.3 亿	1.4 亿	1.6 亿	1.7 亿
税前净利润目标(加权净利润)		2000000	2800000	3200000	5100000
岗位工资+技能津贴+专家津贴		9000	10100	11100	12300
经营绩效提奖比例		3.06%	4.24%	4.42%	5.82%
上半年销售收入目标	40%	52000000	56000000	64000000	68000000
上半年利润预算目标	30%	600000	840000	960000	1530000
实际年薪酬总额		180000	252000	288000	459000
销售目标、税前净利润目标保底比例	80%				
全年经营绩效奖总额		61200	118680	141480	296640
部门年薪总额上限		3656000	3935892	4076000	4741000

如果任职者选择套餐二实际做到套餐三水平，与选择套餐三实际做到套餐三水平比较，哪个收入高呢？当然是选套餐三高。同理，如果任职者选择了套餐三实际做到了套餐二水平，与选择了套餐二实际做到套餐二水平比较，哪个收入高呢？当然是选套餐二高。这个套餐设计中还有一个重要的技巧，不但包括了任职者本人的薪酬，还包括整个部门的薪酬额度。因此设计好这个套餐后，任职者会如何做呢？

第一，任职者会非常慎重地选择套餐，因为选对了获得的收益水平高，这个时候他就会把自己的底牌仔细盘算一下，把自己的下属全部召集起来，每个人亮出自己的底牌，选错了大家都受影响。当任职者做出选择后，他的底牌实际上就亮出来了。

第二，任职者如果说"我房子已经买两套了，儿子也已经大学毕业，我何必这么累，选低一些的套餐，轻松点，多点时间享受一下生活"可以吗？答案是否定的，因为这个套餐是将他本人的收益方式与团队的收益方式联系在一起的，任职者本人没有经济压力，但是他的下属还要供房、供车、养孩子。反之，任职者认为"我要选激进点，赌一把，选择最高的收益"可以吗？同样，他的下属把底牌都拿出来，汇总后发现差距太大，你可以赌，我们赌不起！上下级是一条绳上的蚂蚱，最终促使任职者做出理性的选择。

第三，企业定完目标后上级常常面临这样的压力，"领导目标定了，要完成这个目标你要给我加人啊"，加还是不加呢？加人，有些领导盲目用人，人工成本有可能就上去；不加，下级就会抱怨"领导不支持工作，目标完成不了别怪我"等。现在套餐中同时确定了部门的薪酬总额，加还是不加的权力在各业务负责人，如果判断需要增加人手就加，反正人工成本是锁死了，不会造成无效成本的增加；如果判断现有人员可以完成，下属们愿意多挣点钱，就多分担一些工作。上下级都避免陷入无谓的人员讨价还价中，更重要的是当下级面临这类问题的选择时，实际上是将其从一个"执行者思维"推到了"经营者思维"，有利于对下属的培养。

第四，如果所有的任职者都选择了最低的套餐有没有问题呢？当然也没有问题，人力资源部门在设计套餐时，可以把公司的底线设计在其中，任职者怎么选择公司的底线都可以守住。

第五，有些任职者做到半年时发现今年的任务无法完成了，干脆来个破罐子破摔，今年不要奖金了，把业绩打到最差，明年再来个大幅度的差额提升，一下子把今年的损失都补回来。如何避免这种放任行为呢？在设计方案时可以加入一些中间节点，半年度或者季度即可。

第三节 绩效计划的制订流程

一、全员绩效基础理念培训

绩效管理要想真正走向成功，真正为企业战略的实现提供保障，那么就必须让每个员工都理解并接受绩效管理。实际上，绩效管理应该是每个员工都渴求的管理举措。很多企业，经理人或者员工抵触甚至对抗绩效管理，实际上是他们没有正确认识绩效管理，当然也不乏绩效管理的推行者把绩效管理给搞错了。绩效管理的真谛不在于考核，而在于改善行为，最终提升绩效。通过正确的绩效管理，能够改善提升员工的绩效，能够帮助员工更好地发展自我，更好地胜任工作。

通过全员绩效管理理念的培训，员工就能够积极主动地参与绩效管理活动。让每个员工都认识到，参与绩效管理是每个员工的权利，也是每个员工的基本义务。这样就为绩效计划的有效制订奠定了坚实的基础。

二、诠释企业的发展目标

绩效管理是为企业战略服务的，那么绩效计划也应该来自于企业战略，经理人和员工都应该了解企业的战略、了解企业发展的具体目标，因为绩效计划实际上就是来源于企业发展目标的层层分解。

同时，企业领导诠释企业发展目标还可以增强员工的主人翁意识，增强员工的主动精神。员工对企业发展目标了解得越多，就越容易认同企业的发展目标。通过企业发展目标的层层分解，最终就能够形成各个岗位的绩效计划与目标。

三、将企业发展目标分解为各个部门的特定目标

部门目标来自于企业战略目标的分解。不但企业的发展目标可以分解到生产、销售等业务性部门，而且对于财务、人力资源等业务辅助性部门，其工作目标也与整个企业发展目标紧密相连。

管理人员要善于根据企业的发展目标分解出本部门的目标。有了部门目标，才能够进一步分解制定每个员工的岗位目标。

例如公司的整体经营目标如下。

- 将市场占有率扩展到60%。
- 在产品的特性上实现不断创新。
- 推行预算，降低管理成本。

那么，人力资源部作为一个业务支持性部门，在上述的整体经营目标之下，就可以将自己部门的工作目标设定如下。

- 建立激励机制，鼓励开发新客户、创新、降低成本的行为。
- 在人员招聘方面，注重在开拓性、创新精神和关注成本方面的核心胜任素质。
- 提供开发客户、提高创造力、预算管理和成本控制方面的培训。

四、员工为自己制订绩效计划草案

在设定绩效计划之前，员工应该对本岗位的工作描述进行回顾，重新思考职位存在的目的和主要工作职责。经理人可以根据岗位的实际变化调整工作职责。制订绩效计划，员工首先要非常清楚自己所在岗位的工作职责。

清楚自己岗位的主要工作职责之后，员工要根据部门的目标，结合自身实际，草拟自己的绩效计划与目标。绩效计划的主要内容不仅包括工作任务目标，还包括要达到的绩效具体标准、主要考核指标、工作目标的权重、工作结果测量方法等。

这个步骤非常重要，一方面可以培养员工的绩效计划意识，另一方面也可以了解员工对自己、对岗位、对绩效计划的认知和定位。

五、绩效计划的沟通

绩效计划是双向沟通的过程，绩效计划的沟通阶段也是整个绩效计划的核心阶段。管理人员和员工都应该确定一个专门的时间用于绩效计划的沟通，并且要保证在沟通的时候最好不要有其他事情打扰。在沟通的时候气氛要尽可能宽松，不要给人太大的压力，把焦点集中在开会的原因和应该取得的结果上。

为了使员工的绩效计划能够与企业的目标结合在一起，管理人员与员工将在绩效计划沟通中就企业的战略目标、公司的年度经营计划进行沟通，并确保双方对此没有任何歧义。因此，第一步，管理人员和员工都需要重新回顾企业的目标，保证在绩效计划会议之前双方都已经熟悉了企业的目标。第二步，回顾一下已经准备好的各种信息，在讨论具体的工作职责之前，管理人员和员工都应该回顾一下上一个绩效期间的评估结果等。第三步，管理人员与员工必须经过充分的交流，对员工在本次绩效期间内的工作目标和计划达成共识。

六、管理人员协助员工制订具体行动计划

如果说绩效计划说明我们想做的事情，那么行动计划说明我们怎样去实现绩效计划。也就是说，每个绩效计划都要有一个行动计划。管理人员要善于协助员工就绩效计划制订详细周密的行动计划。同时，管理人员在以后的绩效辅导与事实过程中，还应该及时监督并控制员工行动计划的实施情况。

七、绩效计划的审定和确认

在制订绩效计划的过程中，对计划的审定和确认是最后一个步骤。在这个过程中要注意以下两点。

第一，在绩效计划过程结束时，管理人员和员工应该能以同样的答案回答几个问题，以确认双方是否达成了共识。这些问题如下。

- 员工在本绩效期内的工作职责是什么？
- 员工在本绩效期内所要完成的工作目标是什么？
- 如何判断员工的工作目标完成得怎么样？
- 员工应该在什么时候完成这些工作目标？
- 各项工作职责以及工作目标的权重如何？
- 哪些是最重要的？
- 哪些是其次重要的，哪些是次要的？
- 员工的工作绩效好坏对整个企业或特定的部门有什么影响？
- 员工在完成工作时可以拥有哪些权力？可以得到哪些资源？
- 员工在达到目标的过程中会遇到哪些困难和障碍？
- 管理人员会为员工提供哪些支持和帮助？
- 员工在绩效期内会得到哪些培训？
- 员工在完成工作的过程中，如何去获得有关他们工作情况的信息？
- 在绩效期间内，管理人员将如何与员工进行沟通？

第二，当绩效计划结束时，应达到以下的结果。

- 员工的工作目标与企业的总体目标紧密相连，并且员工清楚地知道自己的工作目标与企业的整体目标之间的关系。
- 员工的工作职责和描述已经按照现有的企业环境进行了修改，可以反映本绩效期内主要的工作内容。
- 管理人员和员工对员工的主要工作任务、各项工作任务的重要程度、完成任务的标准、员工在完成任务过程中享有的权限都已经达成了共识。
- 管理人员和员工都十分清楚在完成工作目标的过程中可能遇到的困难和障碍，并且明确管理人员所能提供的支持和帮助。

最后形成了一个经过双方协商讨论的绩效考核指标量表，该文档中包括员工的工作目标、实现工作目标的主要工作结果、衡量工作结果的指标和标准、各项工作所占的权重，并且管理人员和员工双方要在该文档上签字确认。企业的绩效考核指标量表示例见本章阅读材料2。

本 章 小 结

绩效计划是绩效管理流程中的第一个环节，是绩效管理的基础。绩效计划在绩效管理系统中的作用主要在于：绩效计划是绩效管理系统中最重要的环节；绩效计划保证员工和组织目标的顺利实现；科学合理的绩效计划有利于时间的节约。

制订绩效计划要把握以下原则：价值驱动原则、流程系统化原则、与企业发展战略和年度绩效计划相一致原则、突出重点原则、可行性原则、全员参与原则、足够激励原则、客观公正原则、综合平衡原则和职位特色原则。

一般情况下，绩效目标建立的原则要遵循 SMART 原则，也就是具体、可衡量、可实现、相关性和有时限性。那么，绩效目标的来源主要有：企业战略目标或部门目标、部门及岗位职责、内外部客户的要求和绩效改进的要求。

绩效计划制订通常要依照以下流程：全员绩效基础理念培训；诠释企业的发展目标；将企业发展目标分解为各个部门的特定目标；员工为自己制订绩效计划草案；绩效计划的沟通、管理人员协助员工制订具体行动计划；绩效计划的审定和确认。

自 测 题

1. 什么是绩效计划？绩效计划在绩效管理过程中发挥什么作用？
2. 为什么在绩效计划过程中，必须重视员工的参与和承诺？
3. 如何制订绩效计划？
4. 制定绩效目标应遵循什么原则？
5. 在制订绩效计划沟通过程中应注意哪些问题？

案 例 分 析

CW 公司的绩效管理

CW 公司是某集团全资子公司，成立于 20 世纪 80 年代，2009 年从原公司脱离出来，调整了主营业务，重新注册成为以综合物流为主营业务的物流公司。经过几年的快速发展，公司的盈利能力逐年提高，综合管理水平不断进步，在国内物流市场竞争日趋激烈、营改增试点影响、油价高企等多重压力下，2012 年实现营业收入 4 亿元，净利润 1200 万元，营业规模保持年约 40%的增长，在全国各地拥有 20 家分支机构。公司对现有人员进行职位调整和职位优化，加强对分子公司负责人任免考核管理；制订了初步的后备人才培养战略计划，任命了部分年轻干部进入各级管理层，初步搭建完成人才梯队。

CW 公司总经理由集团对其考核，采用 KPI 绩效考核。集团拥有 20 多家全资、控股企业，年初将集团战略目标经过层层分解产生可操作性的战术目标，包括财务指标、非量化重点工作、工作创新等管理指标下达给各经营单元包括 CW 公司，与 CW 公司总经理签订年度业绩合同。季度、年终根据各项指标完成情况进行考核，季度考核的主要内容为 CW 公司的 KPI 完成情况；年度综合考核则包括 KPI 考核、述职考核、素质能力考核。年中时，根据半年业绩完成情况及市场环境进行 KPI 调整，如当年有调整，年终时就按照调整后的 KPI 进行考核。

集团的绩效考核小组由董事会成员、集团人力资源部、经营部、财务部、审计部、下

第三章 绩效计划

属业务单元管理者如 CW 公司总经理等共同参与，相当于采用了评价委员会的工作绩效评估方式，不同职位分值权重不同，如董事长权重为 40%、董事权重为 20% 等。

管理指标打分(含素质能力考核)：被考核人个人述职，进行工作总结并对 KPI 及 KPI 之外的工作进行自评，由绩效考核小组打分，按相应权重汇总计算得分。财务指标按 KPI 完成情况进行打分。所有的考核分数按权重相加，发放年终奖时作为参照依据。

公司助理总经理、副总经理由总经理为考核负责人，绩效考核采取定性和定量相结合、业绩考核与个人能力素质评估相结合的方法，被考核人描述工作职责、写工作总结，由考核人对被考核人工作绩效、态度、能力各方面进行评估评分。

对部室和业务单位的考核，将公司整体的 KPI 考核指标分解到各部室和业务单位，总部职能部室经理、各业务单位负责人与公司总经理签订年度绩效管理合同，总部部室 KPI 指标主要包括日常管理工作指标和管理创新指标，每月根据绩效完成情况由分管副总和总经理进行打分。业务单元的 KPI 指标分为财务指标、经营管理指标和安全生产指标，每月根据指标完成情况进行打分。根据考核分数得出绩效系数，按照绩效系数计算各部室和业务单元员工的绩效工资。年中时，根据半年业绩完成情况及市场环境对各机构的 KPI 进行调整，如当年有调整，年终时就按照调整后的 KPI 进行考核，根据考核结果对受约人进行奖惩。CW 公司对下属各机构的考核，与集团公司对 CW 公司的考核基本相同。

普通员工考核，由部门经理按照部室的每月 KPI 系数，参考员工提交的工作总结及日常工作的观察等对员工履行职责、完成任务的情况实施考核，调整员工绩效工资系数。年终时，员工填写 CW 公司"绩效考核表"，描述工作职责、写工作总结，由考核人对被考核人工作绩效、态度、能力各方面进行评估评分。部室副经理与经理各按 50%的权重计算评分，此项考核结果作为升职、定薪的重要依据。

优势与劣势

1. CW 公司业绩考核的优势

(1) 目标明确，有利于公司战略目标的实现。公司实施 KPI 考核制度已有多年，对公司战略目标的实现起了很大作用，过去几年，在市场竞争激烈、油价不断上涨的不利环境下，公司连年超额达成 KPI 目标，发展迅速。

(2) 集团对 CW 公司业务控制比较强，提供各种支持。每个季度的业绩考评，集团绩效考核小组成员全部参加，对 CW 公司在经营中出现的问题及时进行监控，并根据半年业绩完成情况及市场环境进行目标调整，从集团层面上统筹进行资源调配和风险控制，实现效益最大化，在资金等方面对 CW 公司的发展提供保障。

(3) 绩效考核与薪酬联系紧密，产生正向激励效果。对部室和经营机构实行 KPI 业绩考核，每月根据考核系数发放绩效工资。绩效考核与薪酬管理直接挂钩以来，对各单位的经营管理起到了较好的促进作用，各业务单位负责人在业务及成本费用等方面的管控意识有了明显提高，对于基层管理人员的激励效果也逐步展现出来。同时，2012 年加强了对经理人员考核结果的管理，对绩效考核不合格者及时调岗或撤职。

2. CW 公司业绩考核的劣势

(1) KPI 指标比较难界定。绩效考核体系的根本出发点是实现公司目标，但 KPI 目标值的设定很难做到准确，KPI 指标设计不够完善，而且设定后往往还需要进行重新调整，这又增加了协调成本。另外，在 KPI 设计时，重视量化指标的设置，甚至只对公司的财务指标做简单分解，忽略管理指标的设定，使之成为例行公事或主观判断的指标。

(2) 绩效考核的标准设计不合理。对管理考核指标，缺乏必要的考核手段，绩效考核标准设计不合理甚至没有标准、标准可操作性差或主观性太强，无法得到客观的考核结果，而只能得出一种主观印象或感觉，由这样的标准所得的考核结果有失公平、公正和准确性。

(3) KPI 并不是对所有岗位都适用，对员工没有实施有效的绩效考核。绩效指标逐级进行分解，公司指标、部门指标，最后是岗位的指标。但对于职能型部门和岗位，绩效周期较长，用 KPI 指标很难进行考核。CW 公司的绩效考核只考核到管理层、部室及业务经营单元，对员工没有形成有效的考核。

(4) 集团对 CW 公司的控制严，错失了发展机会。集团每个季度对 CW 公司进行 KPI 绩效考核，过于关注选定指标的完成率，不能及时根据环境的变化而进行调整，更加关注集团自身的战略目标而限制了 CW 公司对外的发展，使 CW 公司错失了很多机会。

绩效考核体系改善意见

KPI 法适于比较容易定量化考核指标的岗位，如生产型或销售型的工作，而不适于职能性工作和事务性岗位。KPI 指标不是普通绩效指标，要围绕公司战略目标和实际经营状况出发。HR 部门应组织各部门对现有的绩效管理体系进行诊断，从绩效指标、管理者的工作方式、绩效考核程序、奖惩措施的兑现程度等各个方面进行满意度调查，找出绩效管理体系中存在的不足，并加以改进。

1. 明确公司战略目标，制定合理的 KPI

明确公司战略目标，制定财务指标、非量化重点工作、工作创新等管理指标等 KPI 时，要认识企业财务指标对战略的重要性，也要重视管理指标，对财务指标与管理指标进行有效的度量与监测，及时发现公司面临的问题，并实施相应的调整，形成管理者和员工双方认可的业绩合同和绩效考核表，为绩效管理打下坚实的基础。

2. 制定客观的考核标准

绩效考核标准设计应科学合理，对每个管理指标都有清楚的得分界定，尤其是定性的考核指标，这样，不同的评价者就不会产生意义相差很大的理解，使考核结果更具连贯性、更准确。

3. 采用多种考核方式，对员工实施有效的绩效考核

加强对员工的绩效考核，对不同的人员采取不同的考核方法，业务单元的员工可采用 KPI 考核方法，将业务单元的 KPI 分解下达；职能部室员工的工作都是无法量化的工作，可采用员工自评、管理团队考核工作业绩、部门评估素质能力的方式对员工进行考核，即员工总结自己所做的工作，以及自己的工作对部门的 KPI 做出了什么贡献，把部门工作与员工绩效结合起来。

4. 进行有效的绩效沟通和绩效反馈，注重绩效考核对培训开发的影响

绩效考核的主要目的是为了了解员工绩效中的优势与不足，并加以改进和提高，因此，在绩效评估后，要根据被考核者的绩效现状，与被考核者进行绩效面谈，进行绩效反馈，结合其个人发展计划，共同制订绩效改进计划和发展计划。HR 也要据此设计相应的培训计划，以达到改进和提高绩效的目的。

(资料来源：http://www.597.com/News/15201433114035.html)

第三章　绩效计划

阅 读 材 料

材料1：绩效制度合理，皆大欢喜

××公司是一家国企改制的地产公司，公司接了个硬件项目，为客户建设一间实验室，因为是新增业务，又非主营，公司内部没有熟悉这方面业务的人，于是从外边聘请了一位监理顾问，负责项目质量监控，公司自己的项目经理则负责项目进度和人员调控等事务，项目预计要做1年。

顾问引进的最初，关于项目的绩效考核，我们这样规定：因为监理顾问不算是公司的人，他只负责出具详细的项目质量考核表，列明工程每一阶段、每一项细节必须达到的标准，该质量考核表由甲方(即客户方)确认过，视为工程的目标考核方案，交给项目经理，由项目经理分解到各个项目实施人员身上，项目监理每周到现场巡查两次，发现有不符合要求的直接扣分。

公司根据项目监理的巡查报告，扣项目经理绩效分，绩效分直接折合成绩效工资。项目经理有分解绩效扣分的权限，换句话说，项目经理可以将他项目的绩效扣分直接分摊给具体的责任人。

这一体系刚刚设计出来时，我们都认为是合理的，但是这种考核体系实行了一段时间之后，问题出现了。

一个最明显的问题就是：项目组的人普遍对项目监理非常排斥。他到项目现场例检时，项目组的人不是忐忑不安，就是满怀敌意。项目监理每发现一个不合规的地方，具体负责人和他周围的人都会群起解释，不允许扣分，项目经理在中间再打圆场，做项目组成员的工作，要求大家尊重项目监理。项目监理本身并不是公司员工，他拿的是咨询费和监理费，项目能否验收和他并没有直接的利害关系，发现大家都对巡检不满后，他开始降低巡检的次数和巡检的要求。几次下来，甲方率先发现了这一情况，几次抽查都不合格，责令我们改正，否则就要解除合同，让我们赔偿他们的先期投入。投诉函发到公司，项目部的总监找了项目经理和项目监理来讨论，两人也是互相推卸责任，总监没有办法，找了我去商量对策。

我也想不出什么办法，就说，我先去现场了解一下情况，看看问题究竟出在哪里。

等我到了现场，项目经理和项目监理都开始紧张了，因为他们并不知道是项目总监私自叫我来的，还以为是公司派我来的。于是两人争着解释问题，吵吵闹闹了半天之后，我忍无可忍了，说："一个一个来。"

我先找了项目监理，到隔壁房间，寒暄了两句，然后问他一个问题："你觉得项目出现这么大纰漏的原因有哪些？"

项目监理说："别的我不知道，就我这边吧，首先，公司除了你和×总(×总是我公司副总，他和项目监理很熟，项目监理来公司也是他推荐的，不过他不分管项目部)，其他的人我都不认识，有问题都没处反映；其次，项目组的人都反对我巡检，我甚至怀疑项目经理也暗地里反对，和项目组成员一起阻碍我工作；最后，我每次提交的巡检报告，交到项目部后都没反应，也不知道你们收到没有，对巡检有没有意见，没有任何人告诉过我。"

最后他说："经理，这个项目出了这么大问题，我要说自己没责任那肯定不对，但是你要说责任全部都在我，那也肯定不公平。"

我又找了项目经理来问，项目经理则说："经理，你知道，我不太懂工程项目，我只负责项目进度控制，现在出了这么大问题，你应该和项目监理多沟通，他负责项目质量啊。"

我听得有点生气，就说："他虽然负责项目质量，但是质量是你项目组的人在实施，你如果不配合，他有三头六臂也没用。现在问题已经出了，我们先不要追究是谁的责任，要先想想有什么办法可以弥补，毕竟项目才做了三分之一都不到。"

项目经理说："那你要去找项目监理商量。"

我说："我刚刚已经问了项目监理，他的意思是说，你和项目组的成员都不配合他的巡检。"

项目经理当然不承认，说自己一直很配合他。我说："那行，你告诉我你怎么配合他的，有什么书面记录？他提交给你的巡检报告，你都是怎么处理的，有什么跟踪记录？我虽然不懂工程，但是我知道这个项目有很多地方要求是非常专业的，你项目组的人有就专业问题咨询过监理意见么？你接受过他指导么？你要是没接受过就说明你很懂项目，你懂项目你为什么会把项目做得这么差？你如果说自己不懂项目，那你为什么不向懂行的人请教？你不懂又不请教，还好意思说自己一直很配合他的工作。"

我平时不会这么锋利地说话，只是觉得这个时候如果不能在气势上压倒对方，我后边的工作就很难做了。

项目经理哑口无言。

然后我说："YM(项目经理的名字)，我们来谈谈吧，你认真地告诉我，你觉得项目出现这么大纰漏，究竟是哪些原因造成的？"

项目经理沉默了一阵，才说："好吧，我也老实跟你讲，监理那个人，清高得很，每次来项目组检查都是一副高高在上的样子，拽不兮兮的。他的工作方法也让人很抵触，次次巡检都扣分，没有一次例外的，你也知道，那个分一扣下来，就要罚钱的。我有几次跟他商量，说细节的地方不要太讲究，能过就行，他不仅没答应，还把我教训一顿，当我小学生啊！他不知道我们有工期卡的嘛！"

我说："他扣分有没有依据？"

项目经理说："依据是有，就是那个考核方案嘛，可是他要求那么多，一丁点儿做得不到位都不行，我们哪受得了！"

我说："那是甲方的要求，不是他的要求，他当初比着甲方要求做出来考核表，给你看过，你也是首肯了的，现在来说人家做得严格，有什么用？"

项目经理一副破罐子破摔的样子，说："我知道，我承认我们也有错，但是他那个检查标准，项目组的人抵触得很厉害，我又不懂，不知道怎么去说服他们，没办法的事。"

我想了想，说："监理那个项目目标责任书列明的细则，你到底看过没有？"

项目经理有点心虚，小声地说："经理，你也知道，我不是做工程的，那个东西我不懂，我只负责控制项目进度。"

我大概知道问题出在哪里了，转头就去找项目总监。

正好项目总监去甲方那里赔礼道歉，被甲方骂得狗血淋头、灰头土脸地出来，遇到我，说："经理，这个事情怎么办啊，要不要报到公司去啊？"

我说:"先不报公司了,我有个办法,你看行不行。我刚刚找项目经理和监理聊过了,我知道问题出在哪里。问题的关键还是出在项目经理身上。他的位子没摆正,他一心想的是把项目做完,但是并没有把项目质量放在心上,因为他觉得那是项目监理的工作。"

项目总监本来已经一肚子窝囊气,这个时候终于忍不住跳起来,大骂道:"这个混蛋!那项目做完了质量不过关还不是验收不了,项目没验收就不算完成,他在想什么呢?!脑袋被驴踢了啊!"

我说:"那个时候就不是项目经理的错了,是项目监理的问题,至少他是这么认为的。他和项目监理的矛盾在于,项目监理每次一挑剔项目质量有问题,他势必就要负责整改,一整改就要耽搁项目进度,他当然不愿意;此外,项目巡检报告如果说有问题,就要扣分,一扣分绩效工资就没了,他怎么会愿意。从这个角度来说,我相信项目监理的话,项目经理是暗地里站在项目组成员一边,反对他巡检的。但又不是项目经理的问题,是我们自己针对这个项目设计的管理制度造成的。换了任何一个人在这个位子上,都会有这种结果。"

项目总监说:"那我们怎么调整?"

我说:"这样,两条路,第一条,把这个项目承包给项目监理,由他全权负责,自己组建团队,把项目干完;同时调高他的报酬,改变报酬支付方式,他原来是按月领顾问金,我们调高他顾问金额,然后改成项目按里程碑方式支付,每完成一个里程碑,支付一期顾问金。"

项目总监说:"那原来的项目经理呢?"

我说:"他既然口口声声说自己不懂工程,我也不为难他,直接把他调回项目部,跟其他项目去。"

项目总监说:"如果他不愿意呢?"

我说:"不用管他愿意不愿意,路是他自己走出来的。这是第一条路。第二条路,你去找项目经理谈话,把打算将项目承包给项目监理、把他调回去做其他项目的事和他说一下,看他的反应,如果他不愿意,你就让他自己拿个方案出来。"

项目总监说:"搞了半天你是想逼他自己想办法解决和项目监理的矛盾啊?"

我说:"是,这件事严格说来,确实不是项目监理的错,因此没有道理要他让步。我们做好项目经理撂挑子的打算,实在不行就把项目承包给监理,多算他一点费用,省心。"

项目总监觉得有道理,当天下午就去找项目经理谈。

第二天项目经理给我打电话,说想约我到甲方那边去,有点事跟我讲。

我拖到下午去了甲方那里,项目经理一看见我热情得不得了,正好项目监理也在,说是例行的巡检时间到了,他过来巡检。项目经理马上主动要求陪他一起巡检,并且强烈要求我也参加。

我就跟着项目监理巡检,这一次真是乾坤大挪移,项目监理不管说什么,项目经理都在旁边附和,有具体责任人想要辩解两句,项目经理就说了:"弟兄们,我知道你们也很辛苦,但是要照项目监理的要求来,我们已经被甲方严重地警告了,再要做不好,不仅这个合同要丢掉,公司还要被罚款,好几十万元啊,大家都担不起这个责任啊。"

项目监理在丈二和尚摸不着头脑的状态中结束了当期的巡检,写了巡检报告交给项目经理。项目经理看了一遍之后当场拍着胸膛保证说:"监理你放心,我三天之内给你整改完毕。"

等监理走了以后，项目经理找了我去会议室，开门见山地说："经理，我们项目总监想调我回去，把这个项目包给项目监理做，你帮我说说话，让他打消这个念头行不行？"

我就知道他会这么说。

公司的项目部实行目标考核，项目经理的基本薪资并不高，但是项目管理奖和项目提成非常高，现在这个工程项目因为当初谈判的时候合同金额定得很高，换句话说就是利润空间很大，同时公司考虑到是新项目，需要项目经理花很多时间和精力，因此提成也设得比其他项目都高。所以尽管这个项目并不是公司主营项目，做了也不会增加项目经验值，但当时也是好几个项目经理争着要来，这位项目经理是费了很多力气才争取到的。

现在项目做了一半，出了大纰漏，别的人也许不知道原因出在哪里，但项目经理自己心里是有数的，只不过他以为总监和他一样不懂工程，可能看不出问题，所以想要蒙混过关。

现在项目总监要调他走，把项目承包给监理，他立刻认识到，不管项目总监有没有发现问题的症结在哪里，他现在提出来的这个方法是肯定能够提高项目质量的，如果后期的工程质量明显比前期的工程质量高(这是非常有可能的，项目监理是个很懂工程的人，甲方对他的工作态度和工作质量很赞赏，唯一不满的一直是我们项目组成员的实施能力)，他到时候的处境就尴尬了。

损失了提成是其次，项目总监很可能会因此评估他项目管理能力不行，或者说，不善于整合资源(善于整合资源是项目经理的重要考核指标)。而且，有了这么个不成功的案例作为背景，对他将来竞争其他优势的项目，也是个大妨碍。

我说："总监的考虑其实也对，主要是你不懂工程管理，做起来也很费劲。"

项目经理赶紧说："我不懂监理懂啊，我保证百分之一百配合他，而且也可以顺便跟他多学习一点新知识，开拓下眼界。"

我就等他这句话，于是我说："那也行，我去替你和项目总监协调一下，可能会调整下相关的制度，方便你和项目监理配合做项目。"

我回来之后找到了项目总监，把项目经理的事情大概汇报了一遍，然后说："现在项目经理那里不是问题了，但是项目监理那里，估摸着也要做一些变动才行。他是个专业工程师，要求高是本能，但我们的人都不是专业人才，事情做出来和监理要求有出入那是肯定的，我的意思，只要不是太离谱儿让甲方的人不满意，差不多就放他们过。"

项目总监也赞同，我们开始商量，最后决定将已有的绩效考核制度和工作管理制度调整如下：

其一，确定项目监理每周将巡检报告电子档发送给项目总监一份，抄送项目经理。巡检报告的书面文档经项目经理签字后，由项目监理直接交给我，由我负责统计汇总做绩效考核。

其二，调高项目监理的顾问金，但是改成按里程碑方式支付，不再像从前那样按月支付。

这一条的修正相对来说险恶一些，它有两个作用，其一，让项目监理自己去权衡哪些问题是应该提出来的，哪些问题是可提可不提的。如果项目监理只是项目的质量把控人员，为了表示他的专业素养，他肯定是见到任何问题都会毫不犹豫地提出来的，这样确实很耽搁项目进度，激起项目组成员反对也是情理当中的事。这样对甲方来说当然是好的，不过，话又说回来，我们做企业的，都要面临生存的压力，看重质量是理所应当的，但总有一些方法，是可以减少成本的同时也不损害甲方利益的，我是希望项目监理能够站在项目的角度，保证项目质量的前提下，也兼顾到工程的进度。所以我将他和项目进度捆绑在一起，迫使他在提出整改意见的时候，也思考他所发现的问题的属性，权衡下是否有必要提出来。此外，将项目监理的顾问金支付周期和项目进度捆绑在一起，也有助于消除他和项目经理之间的隔阂，因为共同受到项目进度的约束。这个时候，在项目经理看来，他和项目监理就变成了同一根绳上的蚂蚱，项目监理成了帮助他保质保量快速完成项目的伙伴，而不再是挑剔找茬的人。

同时，为了避免项目监理和项目经理合作的不愉快，以至于为了不耽搁项目进度而忽略项目质量，我在提高项目监理顾问金的同时，也提出另外一项要求：在工程期间，以及工程竣工一年内，凡属因监理质量监管不力造成工程质量问题，导致甲方损失或甲方投诉乙方(我公司)，将扣减监理顾问金或对监理给予质量罚款，如果给乙方造成损失的，监理还应负责赔偿。

其三，要求针对项目监理巡检报告发现的问题，项目经理必须要有完整的整改记录，包括整改负责人和具体完成时间，整改报告每两周汇总一次，提交项目总监审查。

其四，项目经理作为项目全局控制人，必须要对项目质量和进度同时负责，因此，项目巡检扣分带来的绩效损失，项目经理和项目组具体责任人按照5∶5的比例分摊，不允许再像从前那样全部摊给具体责任人。

其五，作为对前期工程出现纰漏遭到甲方投诉和警告的处理，项目经理主动出资请项目组全体成员吃洗心革面饭，并发表声情并茂的演讲，承认错误，要求改进。

最后这一条是项目经理自己要求加上去的，说是要给全项目组，包括他自己在内提个醒，以后不能再无知者无畏。

随后几个星期，几项制度修正意见逐步落实，项目进度开始恢复正常，第二里程碑提前两星期申请验收，并且顺利通过。为此项目总监特意组织项目部吃饭庆祝，会上项目监理说："从前我在单位做监理，视野还是太狭窄，这次跟着你们做项目，获益良多，也看到自己很多不足。你们的人还是比较专业的，至少在处理问题方面。"

我因为有幸参加这次庆功宴，听到监理这番话，仔细琢磨，真是意味深长，我不知道监理心里究竟是怎么想的，他和我交流的很少，毕竟不是一个级别的人(他是副总的朋友，我只不过是个经理)。但是有一点我可以肯定，他说这话的意思，应该不完全是在赞扬我们做项目的能力。

受邀出席的甲方联系人对项目总监说："这个项目进度和质量都让我们很满意，你们项目经理很能干啊！"

项目总监事后跟我感慨，说："制度这个东西啊，确实是门学问。"

我笑着说道："谁说不是呢。"

从这件事中我学到两个道理：①我们在设计规则的时候，如果不能使团队成员的利益点趋同，一定会有纠纷产生；②团队领导必须对团队整体产出负责，团队成员承担的责任不能大于团队领导。

后记：在项目中期因为制度调整，我和项目总监调高了项目监理的顾问金，这件事当时并没有报到公司。我们当时的打算，是因为项目组还有一个编制未到位，费用还有空间，我们原本是打算直接用这部分费用来抵扣调高的监理顾问金。没想到项目由于提前验收，根据甲方和公司签署的合同，公司得到了甲方一笔奖励金，这笔奖励金原本是不计在项目利润里边的,现在凭空多出来,完全是意外之财,项目总监用他抵扣了调高的顾问金之后,还有不少剩余。所以做到最后,整个项目利润比先前预算得还要高。

项目完成之后项目经理写项目总结,向公司提建议说,今后再遇到这类工程项目,完全可以比照这样的方式进行操作,并且强烈建议和原来那位项目监理继续合作。回想当初他们相看两相厌的情形,真是怎么也想不到会有这样的结局,而这种结局是好还是坏呢?用苏格拉底的话来说,"只有上帝知道"。

(资料来源:http://www.jobcn.com/hr/detail.xhtml?id=195031)

材料2:企业岗位绩效考核量表示例(见表3-2至表3-16)

表3-2 总经理绩效考核指标量表

被考核人姓名			职位	总经理	部门	
考核人姓名			职位	董事长	部门	
指标维度	KPI指标	权重		绩效目标值		考核得分
财务类	净资产回报率	15%		考核期内净资产回报率在___%以上		
	主营业务收入	15%		考核期内主营业务收入达到___万元		
	利润额	10%		考核期内利润额达到___万元		
	总资产周转率	5%		考核期内总资产周转率达到___%以上		
	成本费用利润率	5%		考核期内成本费用利润率达到___%以上		
内部运营类	年度发展战略目标完成率	10%		考核期内年度企业发展战略目标完成率达到___%		
	新业务拓展计划完成率	5%		考核期内新业务拓展计划完成率在___%以上		
	投融资计划完成率	10%		考核期内投融资计划完成率在___%以上		
客户类	市场占有率	5%		考核期内市场占有率达到___%以上		
	品牌市场价值增长率	5%		考核期内品牌市场价值增长率在___%以上		
	客户投诉次数	5%		考核期内控制在___次以内		
学习发展类	核心员工保有率	5%		考核期内达到___%		
	员工流失率	5%		考核期内控制在___%以内		
本次考核总得分						
考核指标说明	1.成本费用利润率 $成本费用利润率=\dfrac{利润总额}{成本费用总额}\times 100\%$ 2.品牌市场价值 品牌市场价值数据经第三方权威机构测评获得					
被考核人 签字: 日期:			考核人 签字: 日期:		复核人 签字: 日期:	

第三章 绩效计划

表 3-3 生产总监绩效考核指标量表

被考核人姓名			职位	生产总监	部门	
考核人姓名			职位	总经理	部门	
指标维度	KPI 指标	权重	绩效目标值			考核得分
财务类	净资产回报率	10%	考核期内净资产回报率在___%以上			
	主营业务收入	10%	考核期内主营业务收入达到___万元			
	生产成本控制	10%	控制在预算之内			
内部运营类	年度企业发展战略目标完成率	10%	考核期内年度企业发展战略目标完成率达到___%			
	生产计划完成率	10%	达到___%			
	产品质量合格率	10%	达到___%			
	产品废品率	5%	控制在___%以内			
	生产设备完好率	5%	考核期内达到___%			
	劳动生产率	10%	比上一考核周期提高___%			
	生产安全事故发生率	5%	重大安全生产事故为 0,一般性安全生产事故控制在___‰以内			
客户类	客户满意率	5%	考核期内客户满意率在___%以上			
	员工满意度	5%	考核期内员工满意度在___分以上			
学习发展类	培训计划完成率	5%	考核期内培训计划完成率达到___%			
	员工流动率	5%	考核期内员工流动率控制在___%以内			
	核心员工保有率	5%	达到___%以上			
本次考核总得分						
考核指标说明	员工满意度指标获得通过发放关于被评价人的员工满意度调查问卷,计算员工满意度得分的算术平均值					
被考核人签字: 日期:			考核人签字: 日期:		复核人签字: 日期:	

表 3-4 营销总监绩效考核指标量表

被考核人姓名			职位	营销总监	部门	
考核人姓名			职位	总经理	部门	
指标维度	KPI 指标	权重	绩效目标值			考核得分
财务类	净资产回报率	10%	考核期内净资产回报率在___%以上			
	主营业务收入	10%	考核期内主营业务收入达到___万元			
	销售收入	10%	考核期内销售收入达到___万元			
	销售费用	5%	考核期内销售费用控制在预算之内			
	货款回收率	5%	考核期内货款回收率达到___%			

续表

指标维度	KPI 指标	权重	绩效目标值	考核得分
内部运营类	年度企业发展战略目标完成率	10%	考核期内年度企业发展战略目标完成率达到____%	
	销售计划完成率	10%	考核期内销售计划完成率达到____%	
	合同履约率	5%	考核期内合同履约率达到____%	
	销售增长率	5%	考核期内销售增长率达到____%	
内部运营类	市场推广计划完成率	5%	考核期内市场推广计划完成率达到____%	
客户类	市场占有率	5%	考核期内市场占有率达到____%	
	客户保有率	5%	考核期内客户保有率达到____%	
	客户满意率	5%	考核期内客户满意率在____%以上	
学习发展类	培训计划完成率	5%	考核期内培训计划完成率达到____%	
	核心员工保有率	5%	考核期内核心员工保有率达到____%	
本次考核总得分				
考核指标说明	销售增长率 $销售增长率=\left(\dfrac{当期销售额或销售量}{上期(或去年同期)销售额或销售量}-1\right)\times 100\%$			
被考核人 签字：　　日期：		考核人 签字：　　日期：		复核人 签字：　　日期：

表 3-5　客服总监绩效考核指标量表

被考核人姓名		职位	客服总监	部门	
考核人姓名		职位	总经理	部门	

指标维度	KPI 指标	权重	绩效目标值	考核得分
财务类	净资产回报率	10%	考核期内净资产回报率在____%以上	
	主营业务收入	10%	考核期内主营业务收入达到____万元	
	客服费用控制	10%	客服费用控制在预算范围之内	
内部运营类	年度企业发展战略目标完成率	10%	考核期内年度企业发展战略目标完成率达到____%	
	客服工作计划完成率	10%	考核期内客服工作计划完成率达到____%	
	客服标准有效执行率	10%	考核期内客服标准有效执行率达到____%	
	客服流程改善目标达成率	10%	考核期内客服流程改善目标达成率在____%以上	

续表

指标维度	KPI指标	权重	绩效目标值	考核得分
客户类	客户投诉处理满意率	10%	考核期内客服投诉处理满意率达到____%以上	
	投诉解决率	5%	考核期内投诉解决率达到____%	
	部门协作满意度	5%	考核期内部门协作满意度达到____分以上	
学习发展类	培训计划完成率	5%	考核期内培训计划完成率达到____%	
	核心员工保有率	5%	考核期内核心员工保有率达到____%	
本次考核总得分				
考核指标说明	1.客服流程改善目标达成率 客服流程改善目标达成率 = $\frac{客服流程改善目标达成的项数}{客服流程改善目标设定的项数} \times 100\%$ 2.投诉解决率 投诉解决率 = $\frac{解决的投诉数}{投诉总次数} \times 100\%$			
被考核人签字： 日期：	考核人签字： 日期：		复核人签字： 日期：	

表3-6 行政总监绩效考核指标量表

被考核人姓名		职位	行政总监	部门	
考核人姓名		职位	总经理	部门	
指标维度	KPI指标	权重	绩效目标值		考核得分
财务类	净资产回报率	10%	考核期内净资产回报率在____%以上		
	主营业务收入	5%	考核期内主营业务收入达到____万元		
	办公用品费用控制	5%	考核期内办公用品费用控制在预算范围之内		
	行政成本控制	10%	考核期内企业行政成本控制在预算之内		
内部运营类	年度企业发展战略目标完成率	10%	考核期内年度企业发展战略目标完成率达到____%		
	行政工作计划完成率	10%	考核期内行政工作计划完成率达到____%		
	行政工作流程改善目标完成率	10%	考核期内行政工作流程改善目标完成率达到____%		
	后勤工作计划完成率	10%	考核期内后勤工作计划完成率达到____%		
	行政办公设备完好率	5%	考核期内达到____%		

续表

指标维度	KPI 指标	权重	绩效目标值	考核得分
客户类	内部员工满意率	5%	考核期内内部员工满意率达到____%	
	后勤投诉次数	10%	考核期内后勤投诉次数不得高于____次	
学习发展类	培训计划完成率	5%	考核期内培训计划完成率达到____%	
	核心员工保有率	5%	考核期内核心员工保有率达到____%	
本次考核总得分				
考核指标说明	行政办公设备完好率为 行政办公设备完好率=$\dfrac{完好设备台数}{设备总台数}\times 100\%$			
被考核人 签字：　　日期：		考核人 签字：　　日期：		复核人 签字：　　日期：

表 3-7　战略规划主管绩效考核指标量表

被考核人姓名		职位	战略规划主管	部门	战略规划部
考核人姓名		职位	战略规划部经理	部门	战略规划部

序号	KPI 指标	权重	绩效目标值	考核得分
1	战略规划方案提交及时率	20%	考核期内战略规划方案提交及时率达到____%以上	
2	行业调研计划按时完成率	15%	考核期内行业调研计划按时完成率达到____%以上	
3	行业分析报告提交及时率	15%	考核期内行业分析报告提交及时率达到____%以上	
4	经济运行情况分析报告提交及时率	15%	考核期内经济运行情况分析报告提交及时率达到____%以上	
5	各类报告提交通过率	15%	考核期内各类提交的报告通过率在____%以上	
6	业务流程改善计划按时完成率	10%	业务流程改善计划按时完成率在____%以上	
7	提出并被采纳的建议数	5%	考核期内提出并被采纳的建议数在____项以上	
8	统计数据资料完好率	5%	考核期内统计数据资料完好率达到____%	
本次考核总得分				

续表

考核指标说明	1.行业调研计划按时完成率 行业调研计划按时完成率=$\dfrac{规定时间内完成的调研任务数}{调研计划要求完成的任务数}\times100\%$ 2.各类报告提交通过率 各类报告包括行业调研报告、经济运行分析报告及战略规划方案等，其计算公式如下。 各类报告提交通过率=$\dfrac{通过审核的报告数}{提交的报告总数}\times100\%$
被考核人 签字：　　　日期：	考核人 签字：　　　日期：　　　　复核人 签字：　　　日期：

表3-8　企业管理主管绩效考核指标量表

被考核人姓名			职位	企业管理主管	部门	企业管理部
考核人姓名			职位	企业管理部经理	部门	企业管理部
序号	KPI指标	权重	绩效目标值			考核得分
1	工作目标按计划完成率	20%	考核期内工作目标按计划完成率达到____%			
2	规范化管理推进计划按时完成率	15%	规范化管理推进计划按时完成率达到____%以上			
3	经营管理计划分析报告提交及时率	15%	考核期内经营管理计划分析报告提交及时率达到____%以上			
4	内部管理评估报告提交及时率	15%	考核期内企业内部管理评估报告提交及时率达到____%以上			
5	管理数据收集完整性	10%	考核期内管理数据收集过程中无缺失情况发生			
6	部门协作满意度	10%	考核期内部门协作满意度达到____分以上			
7	提出并被采纳的建议数	10%	考核期内提出并被采纳的建议数达到____项以上			
8	合同档案归档及时率	5%	考核期内合同档案归档及时率达到____%以上			
本次考核总得分						
考核指标说明	1.工作目标按计划完成率 工作目标按计划完成率=$\dfrac{实际完成工作量}{计划完成量}\times100\%$ 2.管理数据收集完整性 管理数据收集完整性通过对考核期内管理数据收集过程中有无重要管理数据缺失情况进行评价					
被考核人 签字：　　　日期：	考核人 签字：　　　日期：			复核人 签字：　　　日期：		

表 3-9 技术部经理绩效考核指标量表

被考核人姓名			职位	技术部经理	部门	技术部
考核人姓名			职位	总经理	部门	
序号	KPI 指标	权重	绩效目标值			考核得分
1	部门工作计划完成率	20%	部门工作计划完成率达到____%			
2	技术改造费用控制率	15%	技术改造费用控制率在____%以下			
3	部门规章制度建设	10%	部门制度建设完善并得到____%执行			
4	标准工时降低率	10%	技术创新使标准工时降低____%以上			
5	材料消耗降低率	10%	技术创新使材料消耗降低____%以上			
6	技术改进项目完成数	10%	重大技术改进项目完成数在____项以上			
7	技术方案提交及时率	5%	技术方案提交及时率达到____%			
8	技术方案采用率	5%	提交的技术方案被采用的比例达到____%以上			
9	外部学术交流次数	5%	考核期内进行外部学术交流的次数在____次以上			
10	内部技术培训次数	5%	考核期内进行内部技术培训的次数在____次以上			
11	部门员工管理	5%	部门员工绩效考核平均得分在____分以上			
本次考核总得分						
考核指标说明	1.技术方案提交及时率 技术方案提交及时率 = $\dfrac{及时提交方案数}{计划提交方案总数} \times 100\%$ 2.技术方案采用率 技术方案采用率 = $\dfrac{被采用的技术方案数}{提交技术方案总数} \times 100\%$ 3.部门员工管理 部门员工绩效考核平均得分以年度综合测评得分为基准					
被考核人 签字:　　日期:			考核人 签字:　　日期:		复核人 签字:　　日期:	

表 3-10 研发部经理绩效考核指标量表

被考核人姓名		职位	研发部经理	部门	研发部
考核人姓名		职位	总经理	部门	
序号	KPI 指标	权重	绩效目标值		考核得分
1	研发项目阶段成果达成率	15%	研发项目阶段成果达成率在____%以上		
2	项目开发完成准时率	15%	项目开发完成准时率在____%以上		
3	部门规章制度建设	10%	部门规章制度建设完善并得到____%执行		
4	研发成本控制率	10%	项目研发成本控制率达____%		

续表

序号	KPI指标	权重	绩效目标值	考核得分
5	新产品投资利润率	10%	新产品投资利润率在____%以上	
6	新产品利润贡献率	10%	新产品利润贡献率在____%以上	
7	科研成果转化效果	10%	本年度实现科研成果转化达到____项以上	
8	开发成果验收合格率	5%	开发成果验收合格率达到____%	
9	科研项目申请成功率	5%	科研项目申请成功率到达____%以上	
10	试验事故发生次数	5%	试验事故发生次数在____次以下	
11	部门员工管理	5%	部门员工绩效考核平均得分在____分以上	
12	产品技术重大创新	加分项	每次酌情加5~10分	
本次考核总得分				
考核指标说明	1.新产品投资利润率 新产品投资利润率 = $\dfrac{\text{新产品利润额}}{\text{新产品研发投资总额}} \times 100\%$ 2.开发成果验收合格率 开发成果验收合格率 = $\dfrac{\text{成果验收合格数}}{\text{总验收次数}} \times 100\%$ 3.产品技术重大创新 产品技术创新获得国际认可或填补国家某项空白，经权威机构认证，由公司技术负责人进行评议，酌情给予考核加分			
被考核人签字：　日期：		考核人签字：　日期：		复核人签字：　日期：

表3-11　采购部经理绩效考核指标量表

被考核人姓名			职位	采购部经理	部门	采购部
考核人姓名			职位	总经理	部门	
序号	KPI指标	权重	绩效目标值			考核得分
1	采购计划完成率	20%	考核期内采购计划完成率达到____%以上			
2	采购成本降低目标达成率	15%	考核期内采购成本降低目标达成率达到____%			
3	采购部门管理费用控制	10%	考核期内控制在预算范围之内			

续表

序号	KPI 指标	权重	绩效目标值	考核得分
4	采购及时率	10%	考核期内采购及时率达到____%以上	
5	采购质量合格率	10%	考核期内采购质量合格率达到____%	
6	采购计划编制及时率	10%	考核期内采购计划编制及时率达到____%	
7	供应商开发计划完成率	10%	考核期内供应商开发计划完成率在____%以上	
8	供应商履约率	5%	考核期内供应商履约率达到____%	
9	供应商满意率	5%	考核期内供应商满意率在____%以上	
10	员工管理	5%	部门员工绩效考核平均得分在____分以上	
本次考核总得分				

考核指标说明	1. 采购及时率 $$采购及时率 = \frac{规定时间内完成采购订单数}{应完成采购订单总数} \times 100\%$$ 2. 采购计划编制及时率 $$采购计划编制及时率 = \frac{规定时间内完成采购计划编制的次数}{应完成采购计划编制的总数} \times 100\%$$

被考核人		考核人		复核人	
签字：	日期：	签字：	日期：	签字：	日期：

表 3-12　供应部经理绩效考核指标量表

被考核人姓名		职位	供应部经理	部门	供应部
考核人姓名		职位	总经理	部门	
序号	KPI 指标	权重	绩效目标值		考核得分
1	采购计划完成率	20%	考核期内采购计划完成率达到____%		
2	供应商开发计划完成率	15%	考核期内供应商开发计划完成率达到____%		
3	采购质量合格率	10%	考核期内采购质量合格率达到____%		
4	部门管理费用控制	10%	考核期内部门费用控制在预算范围之内		
5	采购成本降低目标达成率	10%	考核期内采购成本降低目标达成率在____%以上		
6	供应计划编制及时率	5%	考核期内供应计划编制及时率在____%以上		
7	物资供应及时率	5%	考核期内物资供应及时率达到____%		
8	物资发放准确性	5%	考核期内物资发放出错的次数控制在____次以内		
9	供应商交货及时率	5%	考核期内供应商交货及时率达到____%		

续表

序号	KPI 指标	权重	绩效目标值	考核得分
10	物资保管损坏量	5%	考核期内物资保管损坏金额控制在____元以内	
11	运输安全事故次数	5%	考核期内运输安全事故次数控制在____次以内	
12	员工管理	5%	部门员工绩效考核平均得分在____分以上	
本次考核总得分				
考核指标说明				

被考核人 签字： 日期：	考核人 签字： 日期：	复核人 签字： 日期：

表 3-13 质量经理绩效考核指标量表

被考核人姓名		职位	质量经理	部门	质量管理部
考核人姓名		职位	总经理	部门	

序号	KPI 指标	权重	绩效目标值	考核得分
1	质检工作及时完成率	15%	考核期内确保质检工作____%按时完成	
2	原辅材料现场使用合格率	10%	考核期内确保投入生产过程的原辅材料、外协产品____%合格	
3	产品质量合格率	10%	考核期内确保达到____%以上	
4	产品质量原因退货率	10%	考核期内确保低于____%	
5	质量会签率	10%	考核期内达到____%以上	
6	批次产品质量投诉率	10%	考核期内不得超过____%	
7	客户投诉改善率	10%	考核期内不得低于____%	
8	部门管理费用控制	5%	考核期内部门管理费用控制在预算范围内	
9	质量认证一次性通过率	5%	考核期内确保达到____%以上	
10	产品免检认证通过率	5%	考核期内确保达到____%以上	
11	质量整改项目按时完成率	5%	考核期内确保质量整改项目____%按时完成	
12	质量培训计划达成率	5%	考核期内确保质量培训工作____%按时完成	

续表

本次考核总得分		
考核指标说明	质量整改项目按时完成率 质量整改项目按时完成率 = $\dfrac{\text{按时完成的质量整改项目的项数}}{\text{质量整改项目计划项数}} \times 100\%$	

被考核人		考核人		复核人	
签字：	日期：	签字：	日期：	签字：	日期：

表3-14　质量控制主管绩效考核指标量表

被考核人姓名		职位	质控主管	部门	质量管理部
考核人姓名		职位	质量经理	部门	质量管理部

序号	KPI指标	权重	绩效目标值	考核得分
1	质量控制计划按时完成率	20%	考核期内确保质量控制工作____%按时完成	
2	质量控制方案编制及时率	15%	考核期内质量控制方案编制及时率达到____%	
3	产品质量合格率	15%	考核期内确保达到____%以上	
4	质量事故发生次数	10%	考核期内质量事故发生次数控制在____次以内	
5	质量事故及时处理率	10%	考核期内确保质量事故____%及时处理	
6	有效质量投诉发生次数	10%	考核期内控制在____次以内	
7	质量标准制定及时率	5%	考核期内质量标准制定及时率达到100%	
8	质量整改项目按时完成率	5%	考核期内确保质量整改项目____%按时完成	
9	质量控制报表的准确率	5%	考核期内确保达到____%以上	
10	质量成本占销售额比率	5%	考核期内不得超过____%	

本次考核总得分		
考核指标说明	1.质量控制计划按时完成率 质量控制计划按时完成率 = $\dfrac{\text{实际完成的质量控制工作项数}}{\text{计划的质量控制工作项数}} \times 100\%$ 2.质量事故及时处理率 质量事故及时处理率 = $\dfrac{\text{及时处理的质量事故起数}}{\text{质量事故总起数}} \times 100\%$	

续表

考核指标说明	3. 质量控制报表的准确率 质量控制报表的准确率 = $\dfrac{\text{质量控制报表无误的份数}}{\text{质量控制报表总份数}} \times 100\%$ 4. "质量成本占销售额比率"中"质量成本"的计算方法 质量成本=内部故障(损失)成本+外部故障(损失)成本 内部故障(损失)成本=报废损失费+返工(返修)损失费 外部故障(损失)成本=顾客退货损失费+产品责任费+投诉费		
被考核人 签字：　　日期：	考核人 签字：　　日期：		复核人 签字：　　日期：

表3-15 生产车间主任绩效考核指标量表

被考核人姓名		职位	生产车间主任	部门	生产车间
考核人姓名		职位	生产管理部经理	部门	生产管理部

序号	KPI指标	权重	绩效目标值	考核得分
1	生产计划按时完成率	15%	考核期内确保产量、产值计划____%按时完成	
2	劳动生产效率	10%	确保本考核期内的劳动生产效率比上一期的劳动生产效率提高____%	
3	交期达成率	10%	考核期内确保交期达成率在____%以上	
4	产品抽检合格率	10%	考核期内产品抽检合格率不得低于____%	
5	生产计划排程准确率	10%	考核期内不得低于____%	
6	工时标准达成率	10%	考核期内工时标准达成率达____%	
7	物耗标准达成率	10%	考核期内应达到____%以上	
8	生产现场5S质量	5%	考核期内5S要求的不合格项数不得超过____项	
9	生产安全事故发生次数	10%	考核期内一般性的生产安全事故不超过____起，重大生产安全事故为0	
10	员工技能提升率	5%	考核期内应达到____%以上	
11	有效的流程和制度得到实施的百分率	5%	考核期内确保有效的流程和制度____%得到贯彻实施	
本次考核总得分				

考核指标说明	员工技能提升率 员工技能提升率 = $\dfrac{\text{年末技能评估得分} - \text{年初技能评估得分}}{\text{年初技能评估得分}} \times 100\%$

被考核人 签字：　　日期：	考核人 签字：　　日期：	复核人 签字：　　日期：

表 3-16　生产车间班组长绩效考核指标量表

被考核人姓名			职位	生产车间班组长	部门	生产车间
考核人姓名			职位	生产车间主任	部门	生产车间

序号	KPI指标	权重	绩效目标值	考核得分
1	生产计划按时完成率	20%	考核期内确保产量、产值计划____%按时完成	
2	劳动生产效率	20%	确保本考核期内的劳动生产效率要比上一期的劳动生产效率提高____%	
3	产品一次性合格率	20%	考核期内产品一次性合格率达到____%以上	
4	产品返工率	10%	考核期内产品返工率应控制在____%以内	
5	工时标准达成率	15%	考核期内工时标准达成率达____%	
6	生产安全事故发生次数	15%	考核期内一般性的生产安全事故不超过____起,重大生产安全事故为0	
本次考核总得分				
考核指标说明				

被考核人		考核人		复核人	
签字：	日期：	签字：	日期：	签字：	日期：

(以上表格资料来源：魏钧. 绩效考核指标设计. 北京大学出版社)

第四章 绩效计划的实施

【学习目标】

本章讲解了在绩效计划的实施过程中,进行持续绩效沟通和绩效数据收集的目的、意义和重要性。通过本章的学习,应理解、掌握持续绩效沟通的步骤、流程和操作技巧。

【关键概念】

绩效沟通(Performance Communication) 持续沟通(Ongoing Communication) 绩效信息(Performance Information) 有效管理(Effective Management) 实施(Implement)

【引导案例】

绩效管理需"以终为始"

为数不少的企业在考核实施过程中,都会出现"考核方案出台后,很难按计划实施推动"这样一种尴尬的局面。诸如考核数据迟迟交不上来,评价结果一拖再拖,一催再催也仍不见端倪等,只有HR在上蹿下跳……最后,话题集中在"具体应该采取哪些有效的措施来确保考核实施按计划完成"上。

之所以出现上述这种尴尬局面,主要就是绩效计划在实施中出现了问题,说白了,也就是"有效推动"不给力。那么,具体应该采取哪些措施才能有效推动绩效管理顺利进行呢?

企业主要负责人亲自"挂帅"

要想顺利有效地推行绩效管理,完善组织管理是必需的,因为没有一个强有力的绩效管理组织,在接下来的推行中就会阻力很大。如果成立以企业主要负责人亲自挂帅的绩效管理委员会,把公司高管、各业务部门负责人、职能部门负责人以及员工代表都纳入其中,确保绩效管理组织既有"分量",又有"质量",更具"权威",便于绩效管理的顺利实施推进。

企业实行绩效管理的"始作俑者"应该是企业主要负责人,也必须让全体员工都明确实行绩效管理是企业主要负责人审时度势、高瞻远瞩的"伟大"举措,企业主要负责人"亲自"挂帅,是确保绩效计划顺利有效推行的前提条件。

同时,在推行过程中,要让企业主要负责人清楚自己在推行过程中的角色,明确考核的实质与战略关系,负责绩效管理和考核的总体把握与方向性指导。企业主要负责人既是绩效体系的原动力和带头人,更是绩效管理的总指挥。

俗话说"没有规矩,不成方圆"。要想顺利推行绩效管理,必须建立健全相应的规章制度,如果没有严格的制度建设,再好的方案也会在实施过程中因疏于约束而流于形式,导致效果不佳,甚至于适得其反。

根据企业实际,针对具体情况制定恰当的绩效管理制度尤为重要。严格规范的管理制度便于在绩效管理实施过程中各循其章、职责分明,有利于提高执行力,提高工作效率,进而提高绩效。

在推行之前首先让管理层转变观念，统一思想，达成共识，才能在接下来的推行中严格按方案计划、按制度规范操作进行，做到"步调一致得胜利"。

协同才能出成果

绩效管理是一项系统性的工作，要想保证这个系统良好运转，必须根据公司实际情况，不断地优化流程、明确定位、合理分工。通过明确职责分工，让全体员工特别是企业管理人员清晰地认识到绩效管理不是人力资源部门的专有职责，是需要企业全体人员共同参与的。

只有得到员工充分认同与参与才能促进员工努力达到目标，共享效益成果。而要做到这一点，对员工的宣传教育和培训是必不可少的，因为宣传培训是一切管理改善方案实施推行的最有效手段。

宣传培训不仅要包括绩效管理的内容和规章制度，更重要的是把绩效管理的正确理念灌输给员工，让绩效管理思想深入员工心中，消除和澄清员工对绩效管理的懵懂、模糊以及错误认识，明确自己在绩效管理过程中的角色定位，清楚绩效管理对自身职业技能、自身职业发展的益处所在，从而真正从心理上接受，从行动上响应，由排斥变成吸引、期待，期待绩效管理为自己带来"好处"。

需要注意的是，一定要有措施来保证培训效果，促使培训的顺利吸收和转化。在培训时不但要把内容、方法以及配套的管理工具等给员工讲明白说透彻，尤其是要让管理层和直接操作人员学会使用与操作，为保障绩效管理体系的顺利实施奠定基础。

在推行绩效管理的过程中经常与员工进行沟通和跟踪辅导，因此，人力资源部也要重新认识自己，要进一步明确自身的角色定位，即人力资源部是绩效管理的推行者、引导者、工具的设计者，在绩效管理过程中，宣导绩效管理的实质意义，引导各职能部门设计绩效考核指标，辅导员工对自己的工作状态进行分析，及时跟进、整改推行中存在的问题，有效监督考核过程的公平性与合理化是必需的职责。

应该看到，为数不少的企业在推行绩效管理过程中，只是一味地把绩效考核作为一种手段来对员工施加压力，完全用"奖罚"来强迫员工提高效益，这纯粹是曲解了绩效管理，是大错特错的。在推行绩效管理的过程中，对员工及时进行跟踪辅导，尤其是求真务实地解决问题才是绩效管理的重点所在。

绩效管理是管理者保证员工的工作活动和结果与组织目标保持一致的一种手段和过程。建立和完善沟通机制，保证信息及时准确反馈是实现绩效管理目标的最有效手段。完善沟通机制、确保有效沟通也就显得尤为重要。

绩效考核结果的应用价值在于通过识别、衡量和传达有关员工绩效状况和水平等信息的基础上，对员工做出相应的指导、改进，以此来促使企业的目标得以实现并且不断提升，这正是绩效考核结果真正有效的应用，即这才是其真正的价值体现和绩效管理的终极目的。

"理想很丰满，现实很骨感。"推行绩效管理不是部分管理人员动动嘴、出台几个方案、开几次会就能搞定的，它是一项系统工程，不能一蹴而就。尤其是每个公司都有自己的实际情况和不同特点，它也不能生搬硬套，必须要建立一套适合自身实际的绩效管理体系才行。

第四章 绩效计划的实施

> 有效推进绩效管理,需要 HR 改变思维、转变观念,摒弃虚浮的学术心理,用务实的心态去面对才是"正道"。因为只有务实,只有"以终为始"地去做,才能让绩效持续管理改进,让绩效管理成就公司、成就企业负责人、成就员工,实现企业的持续发展、和谐共赢。

(资料来源:http://www.hr.com.cn/p/32178.html)

第一节 绩效实施中的持续沟通

沟通在管理活动中居于极其重要的地位,作为一个企业或公司领导、部门管理者,如果不能对下属或员工进行行之有效的沟通,了解员工的需求,发现员工的优点和特长,那么,这个管理者起码是个不称职的管理者,或者说不应该是个管理者。在绩效管理方面,沟通是企业与员工共同发展的前提。绩效管理是一个持续交流的过程,绩效管理意味着企业管理者与员工之间持续的双向沟通,沟通的成败直接影响到绩效管理结果的成败,因此,这一工作是绩效管理的重中之重。

一、持续绩效沟通的重要性

持续不断的绩效沟通就是指管理者与员工在共同工作的过程中分享各类与绩效有关的信息过程,或者可将持续绩效沟通理解为对提高员工绩效有益的各类管理者与员工的沟通。随着生产方式的演变和科技的进步,持续绩效沟通的重要性越发突出,在过去的年代,工作场所比较固定,外部环境变化缓慢,员工可以在一年或更长的时间内做同一种工作。但在科技迅猛发展、信息日益膨胀的今天,人们的工作性质已发生了重大变化,竞争的加剧迫使企业不断地调整战略、优化组织结构、再造业务流程和管理流程、改变生产和经营的模式,工作说明书的内容更新、调整速度越来越快,企业不得不面对随时会发生的变化,对员工的工作方式、工作内容和工作目标进行相应的调整。

在这种情况下,管理者和员工都需要通过双方之间的沟通过程解决各自所面临的问题。下面这个例子反映了企业主管与普通员工沟通的重要性。

某单位的企业主管给员工布置了一项任务,并要求在规定的时间内完成。期间,该主管有事出差了,他回来时正好是给那个员工布置任务的完成日期,以下是他们之间的对话。

主管:月初布置给你的工作任务完成了吗?

员工:我的工作需要财务部提供数据支持,但财务部未提供,所以没有办法完成。

主管:财务部为什么不提供数据?

员工:财务部的人反映,各部门的数据没有报给他们,以致无法进行汇总统计,当然就提供不出我们工作所需的数据。

主管:那你干嘛不向我及时汇报?

员工:几天前,你正出差在外。我打电话给你,请示你是否参加财务部主持的一个协调会,你说赶不回来,不参加。

从案例中可看出,该员工未能及时完成月度工作任务,直接原因是财务部未能提供其所需要的数据,而非员工不努力,只是缺乏有效的绩效沟通。一方面,企业主管出差在外,对财务部所举行会议的内容没有细究;另一方面,员工没有就该会议可能对其工作任务造成的影响及时向主管汇报，没有向主管解释清楚会议内容。不难发现这样的事件或现象在工作之中屡屡发生，其实，只要企业主管能采用合适的绩效沟通方法是可以取得满意结果的。

绩效计划虽然是企业管理人员与企业员工在实施企业绩效管理的契约，然而达成共识后还不能说明以后的绩效计划执行就一定会完全顺利地进行。为了使绩效计划顺利实施，就要求企业管理人员和员工持续不断地进行绩效沟通。只有持续有效地沟通才能达到有效的绩效管理，才能将绩效管理纳入日常工作中，这便是绩效沟通的重要性。

二、持续绩效沟通的目的

管理人员与员工进行持续绩效沟通的目的主要如下。

1. 可及时对绩效计划进行调整

在绩效计划阶段，虽然管理者与被管理者之间通过双向沟通，制定了具体工作目标和实现目标的途径、方法和步骤，但管理者也不能高枕无忧地等待员工的绩效会自动产生。因为在今天的工作环境中，随着竞争的加剧，影响员工工作绩效的因素的数量以及这些因素的变化速度都在明显增加，在急剧变动的环境中，绩效管理周期开始时所制订的绩效计划，很可能随着环境的变化而变得不切合实际，甚至根本无法实现。在绩效实施与辅导过程中，进行持续的绩效沟通的第一个目的就是根据环境中各因素的变化，及时对原定计划进行调整。比如在2008年年底，一场席卷全球的金融危机使得许多企业停止了大量采购活动，许多业务目标也被迫进行了大规模的调整。

2. 可为员工提供及时的帮助

在绩效管理过程中，不论绩效计划阶段制定的工作目标如何具体，工作方案如何详细，由于工作环境的日趋复杂化，在制订绩效计划时很难清楚地预测到绩效实施过程中可能遇到的所有困难和障碍，工作过程中往往会出现事先未曾预料的新情况和新问题，在员工实现其绩效的过程中不断进行沟通，就能及时给员工提供必要的帮助和支持。

3. 绩效沟通是一种重要的激励手段

著名的霍桑实验证明，每个人都有一种受关注和被认可的需要，这种需要得不到满足会严重挫伤员工的士气。在绩效实施与辅导过程中，管理者与员工间的沟通，恰恰能满足员工这种需要，特别是当员工工作过程中遭受挫折和失败，或感到工作压力巨大时，管理者的关心和支持会使员工备受鼓舞。

4. 员工渴望及时得到工作结果的反馈

一般来说，员工都希望在工作过程中能及时得到关于自己绩效的反馈信息，以便不断地改进自己的绩效和提高自己的能力。通过沟通，员工可以及时了解到自己哪方面干得比较好，哪些方面没有达到上级的期望和要求，因此，这种反馈既是对员工出色工作的肯定，其本身对员工就会产生极大的激励作用，同时也能使绩效不佳的员工及时了解和发现自己工作中存在的缺点和不足之处，以便及时采取改进措施。如果在绩效期间，经理人员从来没有对员工的工作表现提出过任何建议，但到绩效周期结束进行绩效评价时又说员工这也不行那也不是，难免会引起员工的抵触情绪。

绩效沟通贯穿于绩效管理的整个过程，但在不同阶段沟通偏重也不同。

在绩效计划阶段，沟通的主要目的是管理者和员工对工作目标和标准达成一致。首先，主管人员对团队的工作确定计划后，进行分解并提出对于团队中每个成员的目标要求。接着，员工作为团队一员则要根据分解给本人的工作进行详细的计划，提出本期的主要工作和达成标准，并就这些工作和标准与主管人员进行反复的沟通。

在绩效辅导阶段，沟通的目的主要有两个：一是员工汇报工作进展的情况或就工作中遇到的障碍向主管求助，寻求帮助和解决办法；另一个是主管人员对员工的工作与目标计划之间出现的偏差进行及时纠正。在员工与管理者共同确定工作计划和评价标准后，并不是说一定就不能改变了，员工在完成计划的过程中可能会遇到外部障碍、能力缺陷或其他意想不到的情况，这些情况都会影响计划的顺利完成。员工在遇到这些情况的时候，应当及时与主管进行沟通，主管则要与员工共同分析问题产生的原因，如果属于外部障碍，在可能的情况下主管则要尽量帮助下属排除外部障碍；如果是属于员工本身技能缺陷等问题，主管则应该提供技能上的帮助或辅导，辅导员工达成绩效目标。

在绩效评价和反馈阶段，员工与主管进行沟通，主要是为了对员工在评价期内的工作进行合理、公正和全面的评价，同时，主管还应当对员工出现的问题及其原因与员工进行沟通分析，并共同确定下一期改进的重点。

第二节　绩效沟通的方法

根据绩效沟通的形式，绩效沟通可以分为口头的方式、书面的方式、会议的方式和谈话的方式等，另外，随着计算机和网络技术的发展以及节省成本的考虑，人们也愈来愈多地采取在网络上进行沟通的方式。上述的沟通形式可分为正式的沟通方式和非正式的沟通方式。

一、正式的沟通方式

正式的沟通方式均经过了事先计划和安排，在绩效管理中常用的正式的沟通方式有以下三种：定期的书面报告、一对一的正式会谈、定期的会议沟通。下面就分别介绍这几种方式。

1. 定期的书面报告

书面报告是绩效管理中比较常用的一种正式沟通的方法，通过文字或表格的形式，定期向主管报告工作的进展情况、遇到的问题、所需支持以及计划变更等问题。定期的书面报告主要有：年报、月报(见表4-1)、季报(见表4-2)。

通过书面报告和表格的形式，管理人员与普通员工可进行定期、全面的正式沟通。

表 4-1　绩效沟通书面报告——月报

序号	工作目标/任务	进展情况	困难与问题	解决建议	需要的支持	备注

表 4-2　绩效沟通书面报告——季报

姓名：职位：
年　月　日　—　年　月　日

序号	工作计划(主管与员工共同制定)			完成情况及完成时间	备注
	工作任务描述	关键点/结果输出/衡量标准	完成时限		
关键事件(重大事件说明)	事件1				
	事件2				

以下是书面报告的优缺点和弥补方法。

1) 优点
- 书面报告不需要面对面地会谈，因此当员工和经理不在同一地点时很适用。
- 书面报告同时提供了记录，因此不需要增加额外的文字工作。
- 可以培养员工理性、系统地考虑问题，提高逻辑性和书面表达能力。
- 网络办公等现代化信息交流手段提高了交流速度和效率。

2) 缺点
- 书面报告中大量的文字容易使沟通流于形式，而且员工也会由于书面报告浪费时间而感到厌烦。
- 书面报告的信息仅仅是从员工到经理人员的单向流动，缺乏双向的信息交流。
- 书面报告仅仅是单个员工和经理人员之间的信息交流，没有在团队中实现信息共享。

3) 弥补的方法
- 简化书面报告中的文字工作，避免烦琐。
- 让员工参与进来以决定记录什么和怎样记录，赢得他们的支持。
- 尽量使工作内容格式化，并使用简单明了的记事方式或结构化的表格形式。
- 当定期报告中出现危险信号或问题时，经理和员工采用面谈或电话磋商等其他方式来解决问题，或者在周报告的基础上，每一个月/季度经理和员工进行一次面谈讨论绩效问题，这样经理可以向每个员工提供信息和反馈。

2. 一对一正式会谈

一对一正式会谈是持续绩效沟通中特别有效的一种方式，这种沟通方式有许多优点，但也有缺点。

1) 优点
- 可以使主管人员与员工进行比较深入的沟通。
- 通过面谈，员工会有一种受到尊重和重视的感觉，易于建立主管和员工之间的融洽关系。
- 对于不易公开的观点，主管在面谈时可以根据员工的处境和特点给予帮助。

2) 缺点
- 耗费时间，特别是组织得不好时更浪费时间。
- 它还要求主管人员掌握一定的交流技巧，以保证真实性。

3) 应注意的问题

在一对一的面谈沟通时需注意以下问题。

- 力图通过面谈使员工了解组织的目标和方向。在面谈的过程中，不仅仅停留在员工个人所做的工作上，而是要让员工知道他们个人的工作与组织目标有什么样的联系。这样有助于员工做出与组织目标相一致的行为。
- 多让员工谈自己的想法和做法。主管应该借面谈的机会更多地去倾听员工讲话，尽量去了解员工的真实想法，鼓励员工产生新的创意。
- 及时纠正无效的行为和想法。主管倾听员工的想法，并不等于对员工听之任之。当主管在面谈过程中发现员工有一些无效的行为或想法时，应该及时加以纠正或制止。
- 让员工认识到主管人员的角色。员工对主管人员在绩效管理中的角色有时会存在有偏差的看法，例如认为主管人员应该替自己做出决策，或者认为既然主管人员把目标分解给了我们，那么他们就不应该干涉我们的工作了。主管人员应该通过沟通让员工认识到，在绩效管理的过程中，主管人员既不能对员工听之任之，也不能替代员工做出决策，主管人员更多起到支持者和解决问题的作用。

不论是定期的书面报告还是一对一的双方会谈，都有一个共同的缺陷，那就是涉及的信息都只在两个人之间的共享，如果员工所处的是一个比较固定的工作环境，那么这两种方式都不能实现沟通的目的。这时，就需要我们采用一种新的方式，即有管理者参加的员工团队会议、定期的会议沟通。

3. 定期的会议沟通

进行绩效沟通的第三种正式方法就是团队会议沟通。

1) 优点
- 可以提供更加直接的沟通方式，而且可以满足团队交流。
- 所有的小组成员都定期参加会议，使他们相互都掌握各自的工作进展情况。
- 管理人员可以借助开会的机会向全体下属员工传递有关公司战略目标和组织文化的信息。

2) 缺点
- 耗费时间和精力,且对于管理人员的会议管理和沟通技巧要求较高。
- 有些问题不便于在会议中公开讨论。
- 会议会使很多员工离开工作岗位,并占用工作时间,如果时间安排得不好会影响正常工作;如果对会议的组织不够理想,也会使会议成为烦琐的、官僚的、形式主义的东西。

3) 会议沟通应遵循的原则
- 注意会议的主题和频率,针对不同的员工召开不同的会议。
- 在会上讨论一些共同的问题,不针对个人。
- 营造良好的沟通氛围,不要开成训话会、批评会。
- 最后总结和结束,最好做一个书面会议总结或会议记录,会议参与者可以轮流做这项工作。会议记录应作为文档,如果以后需要,还可以作为恢复记忆的工具。

不论是一对一的面谈还是团队式的会谈,会谈形式最大的问题就是容易造成时间的无谓耗费。如果管理者缺乏足够的组织沟通能力,这种面谈就可能成为无聊的闲谈,也可能变成人们相互扯皮、推卸责任的会谈。因此,掌握一定的沟通技巧对管理者而言是非常必要的。

另外,沟通频率是管理者需要考虑的一个重要问题。从事不同工作的员工可能需要不同的沟通频率,甚至从事同一种工作的人需要的交流次数也不尽相同。管理者应根据每个员工的不同情况安排绩效沟通(书面的或口头的)的频率。对于团队式的会谈,管理者更应该充分考虑所有团队成员或应该参会人员的工作安排。

4. 如何进行有效的会议沟通

1) 在会议之前必须进行充分的准备

要想成功地召开绩效沟通的会议,必须在会议之前做好充分的准备。如果你作为一名主管在员工的绩效期间内想要组织一次会议对员工的工作进展情况进行回顾,并制订下一阶段的行动计划,必须在会前做好以下几个方面的准备。

- 会议主题的准备。在这次会议上主要讨论哪些内容?最后要达到什么样的目标?需要哪些员工参加会议?
- 会议程序的准备。会议将以怎样的程序进行?采取什么样的措施控制会议按照既定的程序进行?
- 会议时间的准备。了解与会者可能出席的时间,并计划整个会议过程中各个阶段所需要的时间。
- 会议场地的准备。安排好适当的场地,并保证该场地在会议期间不会被占用或打扰。
- 会议所需材料的准备。准备好与会议内容有关的材料,如员工的书面报告等,如果必要,可以从员工那里事先收集一些信息。
- 准备会议中可能出现的问题。事先分析与会者的心理状态与需求,考虑他们在会议中可能会提出的问题或争议,准备好可选择的解决方案。
- 让与会者做准备。给予与会者必要的信息,使他们了解会议的主题,并告诉他们应该做哪些准备。这是非常必要但却容易被忽视的一个步骤,很多会议组织者都比较多地重视自己的准备,而忽视其他与会者的准备,其实,只有所有的与会者都做好了充分的准备,会议才能取得良好的效果。

2) 会议过程中的组织

会议过程中的组织主要应该注意以下一些方面的内容。

- 在会议开始的时候,介绍会议的日程,使与会者了解会议全部的时间安排和规定。
- 主管人员作为会议的主持人应该尽量多给员工发言的机会,力争做到真正发挥与会人员的智慧,不应将可能提出重要建议的员工从讨论中排除出去。
- 当会议的讨论偏离主题时,主管应该及时将与会者的注意力拉回到与会议主题有关的内容上。
- 不要急于在会议上立刻做出决策。
- 注意制订会议结束后的行动计划。
- 在即将结束会议的时候,回顾会议的全部内容及会议上做出的决策,布置会议后应该做的工作。

3) 做好会议论录

- 会议记录没有必要非常详细地记下每一个细节,只需记录与主题有关的重要内容。
- 会议记录要在会议结束后比较短的时间内发给相关的与会者。
- 涉及会议后的行动计划内容的,需注意写明行动的责任人和完成期限。

二、非正式的沟通方法

主管与员工之间有关工作进展情况的沟通,并非都是事先计划好的或者必须采取会议或书面形式。事实上,非正式的会议、闲聊、喝咖啡的间歇时进行的交谈,或者"走动式管理"都有许多可取之处。

1. 非正式沟通的优点

(1) 形式丰富多样,灵活,不需要刻意去准备,也不易受时间、空间的限制。

(2) 沟通及时,在问题发生后,马上就可以进行非正式的沟通,从而使问题能很快得到解决。

(3) 更容易拉近主管人员与员工之间的距离。

2. 常见的非正式沟通方式

1) 走动式沟通

走动式沟通是指主管人员在员工工作期间不时地到员工座位附近走动,与员工进行交流,或者解决员工提出的问题。主管人员对员工及时的问候和关心会使员工减轻压力、感到鼓舞和激励。因此,它是比较常用的也是比较容易奏效的一种沟通方式。但是,主管在管理过程中应注意不要对员工具体的工作行为过多干涉,否则会给员工一种突袭检查的感觉,反而使员工产生心理压力和逆反情绪。

2) 开放式办公

开放式办公是指主管人员的办公室随时向员工开放,只要在没有客人或开会的情况下,员工可随时进入办公室与主管人员讨论问题。现在这种方式已被很多公司采用。这种方法的最大优点就是将员工置于比较主动的位置，使沟通的主动性增强，同时也使整个团队的气氛得到改善。

3) 工作间歇时的沟通

主管人员可以在各种工作间歇时与员工进行一些较为轻松的话题的沟通，从而引入一些工作中的问题，并应尽量让员工主动提出这些问题，例如，也许只有20分钟的喝咖啡时的交谈比任何正式会议的沟通效果还要好。

4) 非正式的会议

非正式的会议也是一种比较好的沟通方法，主要包括：联欢会、生日晚会等各种形式的非正式的团队活动。主管人员可以在轻松的气氛下了解员工的工作情况和需要帮助的地方。同时，这种以团队形式举行的聚会也可发现一些团队中出现的问题。

三、沟通技巧

每个人与他人交流和沟通时都有自己的风格，对有些人来说，不管在什么场合都喜欢采用一种非常正式的风格，对另一些人来说，则喜欢采用开玩笑或半真半假的方式。作为管理者，在绩效沟通时应该努力使自己的沟通风格适应具体情景，即反馈的目的、对象和内容。一般而言，人的沟通受个人性格影响，性格内向的人，遇到问题宁愿自己解决，也不愿意说出来，他们更愿意独立工作，也不愿意参加集体活动，在当面交流时，除非他们觉得有很重要的事情要说，否则，他们大多保持沉默，他们对滔滔不绝的谈话会感到不舒服；性格外向的人喜欢关注外部的事情，遇到问题往往就喜欢讲出来，他们对参加交谈感到很适应和舒适，在他们看来，性格内向的人想得太多了。除了人的性格会影响沟通风格之外，人的价值观和信念、情绪等因素也在不同程度地影响沟通风格，因此，在绩效反馈时掌握沟通技巧将有助于提高反馈的有效性。

(1) 绩效反馈是管理者与员工之间人格平等的谈话，在谈话过程中要注意说话速度平稳沉着，避免过快或急促，声音和语调一致，避免居高临下或盛气凌人，采用平等谈话的方式。

(2) 要正视和尊重对方的存在，不要攻击对方，即使受到攻击也要克制自己，不做羞辱他人的评论，或使用可能导致情绪反抗或抵触的词汇，不要将自己的想法强加于人，如果这样做了，应该及时向对方道歉。

(3) 为对方提供充分发表意见或看法的机会，鼓励员工讲出自己的感受，列举具体行为，就事论事，不使用含糊其辞或模棱两可的语言；充分肯定他人的优点或长处，注意聆听，不要将反馈变成说教或演说。

(4) 不要一次涉及太多的问题，尽量使问题清楚简单，太多反馈会削弱重点，主次不分，印象模糊；注意时刻保持良好的心态，它具有言语无可替代的作用。

(5) 在绩效沟通中，善于使用和观察身体语言。善于使用"体语"，有时可起到"此时无声胜有声"的效果，增强绩效反馈效果(见表 4-3)。善于使用"体语"主要表现在以下几方面：一是使用积极的目光接触，说话人会通过观察听话者的眼睛判断其是否在倾听，因而，与说话人进行积极的目光接触，不仅可以集中精力，还鼓励说话人；二是展现赞许性点头和恰当的面部表情，赞许性点头、恰当的面部表情与积极的目光相配合，都能向说话人表明你在认真倾听，都是能够实现有效倾听的非言语信号；三是避免分心的举动，在倾听时，注意不要进行如看表、心不在焉地翻阅文件、拿着笔乱写乱画等行为，这是没有集中精力聆听的表现，由此很可能遗漏一些说话者想传递的信息，同时，这些举动也是对说话人的不尊重，使人有话也不想再说下去，欲言却止；四是使用适当的动作暗示对方讲话停顿，比如伸开手掌，或将手置于双方之间，或将目光暂时从对方身上移开，或起身递给对方一杯水等，这些动作可用于在难以让对方停住而又必须让对方停下的时候，能转移对方的注意力，或给对方以某种暗示。善于观察对方"体语"，有时能识别对方的真实内心世界，帮助了解对方的想法或愿望，促进绩效反馈。人们使用言语可能言行一致，也可能言行不一，言语可真实表达内心世界，也可伪装内心世界，如"口是心非""言不由衷"等，然而，"体语"作为在非语言沟通中做出的无意识反应，有时更能反映人真实的内心想法。

表4-3　一些体语及可能的基本含义

序 号	体 语	可能的基本含义
1	说话时捂上嘴	说话没把握或撒谎
2	摇晃一只脚	讨厌或不耐烦
3	把铅笔等物放到嘴里	需要更多的信息或焦虑
4	没有眼神的沟通	试图隐瞒什么
5	脚置于朝着门的方向	想准备离开
6	擦眼睛或捏耳朵	疑惑
7	触摸喉部	想要加以重申
8	触摸耳朵	准备打断别人
9	擦鼻子	反对别人的话或怀疑他人说话的真实性
10	紧握拳头	焦虑或紧张
11	手指头指着别人	意志坚强或愤怒
12	坐在椅子的边缘	随时准备行动或谨慎、胆小、羞涩
13	坐在椅子上往前移	以示赞同或积极主动
14	双臂交叉置于胸前	不乐意或不在乎
15	衬衣纽扣松开，手臂和小腿均不交叉	开放或松散
16	小腿在椅子上晃动	不在乎
17	背着身坐在椅子上	支配性
18	背着双手	优越感
19	脚踝交叉	紧张或恐惧，有防御意识
20	搓手	有所期待
21	手指叩击皮带或裤子	一切在握
22	有意识地清嗓子	轻责、训诫
23	无意识地清嗓子	担心、忧虑

续表

序号	体语	可能的基本含义
24	双手紧合指向天花板	充满信心和骄傲
25	一只手在上，另一只手在下置于大腿前部	十分自信
26	坐时跷二郎腿	舒适、无所虑
27	眨眼过于频繁，舌头润湿嘴唇，清嗓子	撒谎或不诚实
28	经常用手触摸下巴	善于控制自己情绪或较世故
29	不停地摆弄某件物品，如不停地甩笔	喜欢我行我素或性格较内向

(6) 注意倾听，关注反应和辨别信息。绩效沟通是一种双向的交流过程，积极地倾听有助于了解全部信息，改善相互关系，从而解决问题；同时，积极倾听可以鼓励他人，帮助讲话者廓清思想。然而，在现实中，对于许多管理者而言，做一个好听众远比做一个好的演说家要难得多。积极倾听，是对信息进行主动地搜寻，它不同于被动地面对信息和信息传递者。从生理学角度分析，倾听对个体的消耗很大，在倾听过程中，个体必须集中全部注意力，并对获得的信息进行整理与思考。尽管倾听技巧不易掌握，但通过学习与开发，倾听技能能够得到大幅度提高。积极倾听有四项基本要求：一是专注。专注，即积极的倾听者要精力非常集中地听人所言。人的大脑容量能接受的说话速度，是人们一般说话速度的六倍，那么在大脑空闲的时间里，积极的倾听者干什么呢？他应该关闭分散注意力的念头，积极地概括和综合所听到的信息，并留意需反馈的信息内容。二是移情。即积极的倾听者要把自己置于说话者的位置，努力理解说话者想表达的含义，而不是自己想理解的意思，要从说话者的角度调整自己的所见所闻，使自己对信息的认知符合说话者本意。三是接受。即积极的倾听者要客观地、耐心地倾听说话者表达的内容，而不应即刻作判断。事实上，说话者所言常常会引起听者分心，尤其是对于所说内容存在不同看法时，聆听者可能在心里阐述自己的看法或反驳所闻之言，这样一来就会漏掉余下的信息。此刻，能否将他人言语听下来，而把自己的判断推迟到说话后，是对积极倾听者的挑战，积极的倾听者应该做到豁达大度、兼收并蓄。四是对完整性负责的意愿。积极的倾听者要千方百计地从沟通中获得说话者所要表达的信息，这就要求在倾听内容的同时要倾听情感，尤其是管理者在倾听员工说话时，要有诚意，少摆架子，形成一种相互信任的良好氛围，使员工愿意倾吐肺腑之言；否则，就可能得不到真实的信息或得不到真实而完整的信息。

在绩效反馈中，积极倾听的同时还要关注对方的反应，必要时，可采用一套"快速反馈"规则来关注对方的反应。这套规则由五步构成。

(1) "当……发生时……"，描述员工行为，说出你的反应。
(2) "我觉得……"解释你这样反应的原因。
(3) "因为……如果可能……"，进一步说明你理解员工行为背后的动机。
(4) "我想象的是……原因为……"建议另一种行为方式。
(5) "我更希望的是……"

另外，在绩效反馈的倾听过程中，还需要注意辨别对方的信息。辨别信息要从总体和细节两方面着手，应该思考的总体性问题主要包括：管理者是否对反馈相关的环境足够了解；是否清楚反馈提供者与接受者的角色；是否明白对对方所起的作用；是否理解各部分之间的关系。细节方面主要注意必要的提问和总结的艺术。提问和总结容易造成的麻烦是限制对方谈话，因此，充分发挥提问和总结的艺术就很重要。提问应尽量使用开放性问题，避免简单使用"是"或"否"来回答的问题；提问尽量是一次提一个问题；提问时，应解释想知道什么以及为什么想知道，或者可以表示对员工的谈话内容很感兴趣，让员工详细叙说所说过的内容；在发现员工欲言又止时，可用提问方式鼓励员工把知道的情况说出来；在员工所讲的内容含糊不清时，可用提问方式要求员工将问题表达清楚，如果在绩效反馈的倾听过程中，对方所讲的问题比较复杂，就需要停下来与对方一起总结前面所讲的内容，以保证在沟通中取得共识，例如，"让我们看看我是否正确理解了你的意思，你认为这次销售额提高的原因是这样几个因素……"同时，必要的总结也是推动谈话继续围绕主题的有效方式，如果发现员工总是在讲一些细枝末节的事或无关痛痒的问题，可以对员工所说的内容加以总结，然后要求对方谈相关问题。例如，"你讲的问题我已经知道，让我们来谈一下……"

【案例4-1】团队沟通需要预防的三个误区

一个优秀的企业，强调的是团队的精诚团结，这其中，如何沟通是一个大学问。它是企业员工之间的互动交流，可以消除误会，增进了解，融洽关系。缺乏沟通，就会产生矛盾，酿成隔阂，形成内耗，影响企业的正常运转。对于企业管理者来说，要尽可能地与员工们进行交流，使员工能够及时了解管理者的所思所想，领会员工的所思所想，明确责权赏罚；而平级之间及下属与上级之间的沟通则有利于消除彼此之间的误解，或者了解彼此心中的真实意图，使团队在工作中发挥出更大的效能。

可是，在现实生活中，领导与员工之间相互沟通并不是一件容易的事，由于受等级观念、官本位思想、趋炎附势心态的影响，往往存在一定的误区。

一、对上沟通没有"胆"

在这一方面，墨子的学生耕柱做得非常好，他能大胆主动地与老师沟通，消除了心中的郁闷。耕柱是春秋战国时期一代宗师墨子的得意门生，不过，他老是挨墨子的责骂。有一次，墨子又责备了耕柱，耕柱觉得自己真是非常委屈，因为在许多门生之中，大家都公认耕柱是最优秀的人，但又偏偏常遭到墨子指责，让他面子上过不去。一天，耕柱愤愤不平地问墨子："老师，难道在这么多学生当中，我竟是如此的差劲，以至于要时常遭您老人家责骂吗？"墨子听后，毫不动肝火："假设我现在要上太行山，依你看，我应该要用良马来拉车，还是用老牛来拖车？"耕柱回答说："再笨的人也知道要用良马来拉车。"墨子又问："那么，为什么不用老牛呢？"耕柱回答说："理由非常简单，因为良马足以担负重任，值得驱遣。"墨子说："你答得一点也没有错，我之所以时常责骂你，也是因为你能够担负重任，值得我一再地教导与匡正你。"听了墨子的解释，耕柱很欣慰，放下了思想包袱。

二、平级沟通没有"肺"

古代寓言《偷斧子的人》说的是一个人丢了斧子，怀疑是他的邻居偷的。当他看见邻居时，发现邻居走路像偷斧子的，说话像偷斧子的，一举一动没有不像偷斧子的。后来，他在山谷里找到了斧子，再看到邻居时，发现邻居走路、说话一点也不像偷斧子的了。

这个故事也可以看作在影射平级之间缺乏交流沟通而引起猜疑。而现实生活中，也常见平级之间以邻为壑，缺少知心知肺的沟通交流，因而相互猜疑或者互挖墙脚。这是因为平级之间都过高看重自己的价值，而忽视其他人的价值；有的是人性的弱点，尽可能把责任推给别人；还有的是利益冲突，唯恐别人比自己强。

一个优秀的企业，强调的是团队的精诚团结，密切合作。因此平级之间的沟通十分重要。平级之间要想沟通好，必须开诚布公，相互尊重。如果虽有沟通，但不是敞开心扉，而是藏着掖着，话到嘴边留半句，那还是达不到沟通的效果。

三、对下沟通没有"心"

有些企业领导人错误地认为：决策是领导做的，部下只需要执行上级决策，不需要相互沟通。其实沟通是双向的。领导要使决策合理和有效必须要广泛搜集信息、分析信息，才能做出科学判断。

如果企业管理者不信任自己的员工，不进行必要的沟通，不让他们知道公司的进展，员工就会感觉自己被当作"外人"，轻则会打击员工士气，造成部门效率低下；重则使企业管理者与员工之间，形成如阿猫阿狗样的相互不信任的敌意，产生严重隔阂，无法达成共识，有时候员工甚至会误解领导的意图而消极抵抗。因为决策是领导的事，与员工无关。

在实际生活中，影响对下沟通的主要因素就是领导没"心"，缺少热忱。一些企业领导人也注意跟员工的沟通，但是由于没有交心，隔靴搔痒，沟通的效果也就大打折扣。上级对下沟通，关键是要一个"诚"字，用心去沟通。

作为一名企业管理者，要尽可能地与员工们进行交流，使员工能够及时了解管理者的所思所想，领会上级意图，明确责权赏罚，避免推卸责任，彻底放弃"混日子"的想法。而且，员工们知道得越多，理解就越深，对企业也就越关心。一旦他们开始关心，他们就会爆发出数倍于平时的热情和积极性，形成势不可当的力量，任何困难也不能阻挡他们。这正是沟通的精髓所在。

沃尔玛公司的股东大会是全美最大的股东大会，每次大会公司都尽可能让更多的商店经理和员工参加，让他们看到公司全貌，做到心中有数。萨姆·沃尔顿在每次股东大会结束后，都和妻子邀请所有出席会议的员工约2500人到自己的家里举办野餐会，在野餐会上与众多员工聊天，大家一起畅所欲言，讨论公司的现在和未来。为保持整个组织信息渠道的通畅，他们还与各工作团队成员全面注重收集员工的想法和意见，通常还带领所有人参加"沃尔玛公司联欢会"等。

萨姆·沃尔顿认为让员工们了解公司业务进展情况，与员工共享信息，是让员工最大限度地干好其本职工作的重要途径，是与员工沟通和联络感情的核心。而沃尔玛也正是借用共享信息和分担责任，满足了员工的沟通与交流需求，达到了自己的目的：使员工产生责任感和参与感，意识到自己的工作在公司的重要性，感觉自己得到了公司的尊重和信任，积极主动地努力争取更好的成绩。

第三节　绩效信息收集的目的与方法

除了进行持续的沟通外，绩效实施阶段需要进行的另一项重要工作就是绩效信息的收集与记录。绩效信息的收集与记录的目的是为绩效管理的下一个环节绩效考核作准备。绩效信息的收集与记录是主管人员从各个渠道收集员工工作绩效的信息，如亲自观察、查阅

第四章　绩效计划的实施

各种工作记录、了解同事反映、客户表扬与投诉等，把这些资料及时记录下来，以备日后绩效评价时用作参考。管理者在日常工作中注意收集员工工作绩效的有关信息，不仅在绩效评价时可以找到充分的事实根据，避免各种主观偏差造成的消极影响，而且在绩效反馈面谈时能够言之有据，有效避免上下级之间由于在对绩效评价等级上的分歧而产生的矛盾与冲突。通过平时的绩效信息的收集和记录，还可以积累大量的关键事件，发现绩效优劣背后的原因，从而有针对性地帮助员工提高绩效。

一、绩效信息收集的目的

1. 数据收集的主要目的

1) 提供绩效评价的事实依据

绩效评价结果的判定需要明确的事实依据作为支撑，尽管期初确定的工作目标或任务可以反映一些问题，但不足以证明员工完全按照规程、制度进行操作。而工作过程中收集或记录的数据，就可以作为对员工绩效进行评价的依据，也可以作为晋升、加薪等人事决策的依据。

2) 提供改进绩效的事实依据

我们进行绩效管理的目的是改进和提高员工的绩效和解决问题。但要解决问题必须知道两件事，即存在什么问题和是什么原因引起了这个问题。假设主管人员笼统地对员工讲，你"沟通能力欠缺，需要改进"，员工可能不会在意，更不清楚如何改进。

3) 发现绩效问题和优秀绩效的原因

对绩效信息的记录和收集可以使我们积累一定的关键事件。通过这些信息或关键事件，可以帮助我们发现优秀绩效背后的原因，并利用这些信息帮助其他员工提高绩效，或者可以发现绩效不良背后的原因，这样有助于对症下药，改进绩效。

4) 劳动争议中的重要证据

保留翔实的员工绩效表现记录，也是为了在发生劳动争议时企业有足够的事实依据。这些记录一方面可以保护企业的利益，另一方面也可以保护当事员工的利益。

2. 收集的内容

(1) 建议观察和收集以下数据。

- 确定绩效好坏的事实依据，例如，每个员工生产的产品数量、废品数量、客户不满的情况和客户表扬的情况。
- 找出绩效问题的原因，例如，员工能力问题、员工态度问题、生产流程等系统问题。
- 找出绩效优异背后的原因，搞清楚最优秀员工的工作方法后，你就可以利用这些信息帮助那些从事相似工作的员工，使他们工作得更好，以最优秀员工的工作为基准点。

(2) 从哪里得到信息。

同样，它也取决于你的需要。

- 直接的客户。
- 更上一级主管。

- 员工自己或员工主管。
- 同你的部门或你的员工有联系的其他部门的管理者和员工。

(3) 记录什么。

对绩效管理本身来说,需要对下列事件做文档。

- 目标和标准达到/未达到的情况。
- 员工因工作或其他行为受到的表扬和批评情况。
- 证明工作绩效突出或低下所需要的具体证据。
- 对你和员工找到问题(或成绩)有帮助的其他数据。
- 你同员工就绩效问题进行谈话的记录让该员工签字。
- 关键事件数据。

实际工作中,绩效沟通、数据收集和做文档是同步进行的,绩效沟通的过程也就是数据收集和做文档的过程,许多管理者会认为数据收集和做文档增加了其工作量,是一种额外的负担,而事实上,数据收集和做文档是完全可以而且必须和管理者们的日常工作联系起来的。要充分利用现有的文档、报表和各种生产进度表,如充分利用原有的每日例会、每周例会制度等方式和渠道收集所需的信息。

另外,数据收集和做文档工作的好坏是一个管理者成熟的标志之一。目前,很多企业的部门主管仍停留在一般员工或工程师的角色中,把绝大部分的时间花费在具体的技术工作和具体的问题解决上,而忽略了自身的管理者职能。而管理者职能很重要的一个体现就是管理者要在日常工作中通过观察和沟通,收集被管理者的绩效表现数据和信息,协调被管理者之间的工作,带领他们完成工作任务,并引导他们和公司一起共同发展。

二、收集绩效信息的方法

绩效评价是一件复杂而系统的工作,需要长期跟踪收集信息资料,并对数据做必要的加工归类。收集信息资料的主要方法如下。

1. 考勤记录法

这种收集信息的方法最常用出勤、缺勤的记录及分析其缺勤率和出勤率。

2. 生产记录法

这种方法在生产服务性组织中常用,主要记录如产品数量、消耗原材料数目、服务的数量和质量等生产服务情况。

3. 定期抽查法

定期抽查法也称为取样法。定期抽查生产、加工、服务情况并由专人记录抽查情况。

4. 项目评定法

采用问卷调查形式,指定专人对员工逐项评定。

5. 关键事件记录法

关键事件记录法就是对员工特别突出或异常失误的情况进行记录。这样的记录有利于

第四章　绩效计划的实施

主管对下属的突出业绩进行及时的激励,对存在的问题进行及时的反馈和纠偏。

6. 减分登记法

按职位或岗位要求规定应遵守的项目,定出违反规定的减分,定期进行登记。

总之,在数据收集和记录过程中,主管除了本人平时注意跟踪员工计划进展外,还应当注意让相关人员提供相关数据。此外,主管必须清楚数据记录和收集的重点一定是以绩效为核心。

三、收集信息中应注意的问题

1. 让员工参与收集信息的过程

作为主管,不可能每天 8 小时盯着一个员工观察,因此主管通过观察得到的信息可能不完全或者具有偶然性,那么,指导员工自己做工作记录则是解决这一问题的一个较好方法。这里需要强调的一个观点就是,绩效管理是主管和员工双方共同的责任,员工参与到绩效数据收集的过程中来就是体现员工责任的一个方面。而且,员工自己记录的绩效信息比较全面,主管拿着员工自己收集的绩效信息与他们进行沟通的时候,他们也更容易接受这些事实。但需注意的是,员工在做工作记录或收集绩效信息的时候往往会存在有选择性地记录或收集的情况,有的员工倾向于报喜不报忧,有的员工则喜欢强调工作中的困难,甚至夸大工作中的困难。所以,当主管要求员工收集工作信息时,一定要非常明确地告诉他们收集哪些信息,最好采用结构化的方式,让员工选择性收集信息的程度降到最小。

2. 要注意有目的地收集信息

收集绩效信息之前,一定要弄清楚为什么要收集这些信息,如果收集来的信息最后发现没有什么用途,那么这将是对人力、物力和时间的一大浪费。

3. 可以采用抽样的方法收集信息

所谓抽样,就是从一个员工全部的工作行为中抽取一部分工作行为做出记录。这些抽取出来的工作行为就被称为一个样本,抽样关键是要注意样本的代表性。常用的抽样方法有固定间隔抽样法、随机抽样法等。

4. 要把事实与推测区分开来

我们应该收集那些事实的绩效信息,而不应该收集对事实的推测,通过观察可以看到某些行为,但行为背后的动机或情感则是通过推测得出的,主管与员工进行绩效沟通的时候应基于事实的信息,而不是推测得出的信息。

四、企业在绩效沟通实践方面存在的误区

1. 误区一

一些企业的管理者存在官本位思想,绩效计划过程中的沟通就是管理者给员工下达工作任务,喜欢下达命令,却又很少能够听取下属的建议,所以,企业中主要是管理者单方

面制定考核指标，缺乏合理性和针对性。本章末案例分析中事件 1 的公司就存在这种误区。另外，信息交换方面从上向下比较多，而从下向上比较少，横向交换几乎没有，信息不畅形成沟通瓶颈，造成员工对考核结果的认同度低，影响了绩效管理工作的开展。

2．误区二

有些管理者将考核过程理解为单方面地对员工绩效进行评定，员工在此过程中仅仅是被考核，所谓的沟通就是考察、监督员工的工作，很少与员工进行互动。这使员工认为绩效管理只是公司为了监督、管理他们而采取的措施，于是双方产生对立情绪，从而使绩效考评结果没有起到其应有的激励和改进作用。

3．误区三

部分管理者认为绩效总结过程中的沟通就是把考核结果告知员工。现在很多企业开始重视绩效反馈工作，但是将该过程的沟通仅仅理解为告知员工考核的结果。本章末案例分析中事件 2 中的张经理就走入了这个误区。另外，有些管理者将绩效管理工作看成是一种不得不做的事情，平时敷衍了事，随随便便给下属打分，考评结束后又担心员工对考核结果有异议，为了不得罪下属员工而不将考核结果反馈给他们。因此，员工不知道自己业绩的好坏，不清楚今后改进工作的方向，从而影响其业绩目标的实现。由此可见，只有上下级之间进行有效的绩效沟通，才能保证绩效管理在企业或组织中发挥作用。

五、如何改善企业绩效沟通

对于企业来说，首先需要清楚地认识到绩效沟通对提高企业绩效的意义；其次，还要注重绩效沟通的方法与技巧，以便提高沟通水平。企业可以从以下几个方面进行努力。

1．企业文化层面

企业需要构建开放的、有利于沟通的文化氛围。这是绩效沟通有效进行的基础，管理者习惯于员工的服从，不能调动员工的积极性，如果管理者多从员工的角度考虑问题，了解员工的想法，会极大地改进企业的绩效管理。国内外绩效沟通做得比较好的企业都注重塑造良好的企业文化，比如美国的通用电气公司，其价值观是确定明确、简单和从现实出发的目标，传达给所有人员，公司要求领导干部"警戒官僚主义，要求开明，讲究速度，自信，高瞻远瞩，精力充沛，果敢地设定目标，视变化为机遇以及适应全球化"，这是通用电气公司进行人才培养的主题，也是决定公司职员晋升的最重要的评价标准。通用电气公司鼓励员工勇敢地展示自己，谈出自己的看法和争取上司的赏识，并且要求经理们为员工提供各种资源，挖掘员工潜能。通用电气前总裁杰克·韦尔奇认为员工是唯一的，公司领导者所做的最重要的工作是激励员工及对他们的工作表现做出正确的考核。所以，企业的管理人员不但要参与企业的文化建设，还要带头支持和促进，因为员工会非常关注领导的态度和做事方式。管理者应该树立以人为本的管理思想，克服官僚作风，努力与员工进行平等对话和交流，只有增强工作情况、规章制度和办事程序的透明度，才能排除员工对组织与领导的疑虑，增加信任。

第四章　绩效计划的实施

2. 具体实施过程方面

为了进行有效的绩效沟通，管理者需要在以下几个方面与员工沟通以达成共识：期望员工完成的工作目标；员工的工作对公司实现目标的影响；员工和主管之间应该如何共同努力以维持、完善和提高员工的绩效；工作绩效如何衡量及绩效标准是什么；指明影响绩效的障碍并提前排除或寻找排除的办法等。明确需要与员工沟通的内容是绩效沟通工作的开始，也是后续工作顺利实施的前提条件。

3. 绩效计划制订阶段

在此阶段，管理者首先应该就企业的战略意图与员工进行沟通。目前，一些企业不能把战略目标清晰地传达给员工，这样容易导致企业各部门及其员工失去共同的方向，而使企业的战略实施不能有效进行，影响企业的健康发展。因此，企业管理者需要把战略规划、经营的状况等通过各种渠道及时从上到下向员工传达。在企业上下都明确战略方向之后，企业要根据战略目标制定企业的绩效目标，并将这个目标分解到各个部门乃至每个员工。管理者需要与员工进行面谈，共同商定绩效目标。面谈时，应该把握以下几个环节：开场白要营造良好的面谈氛围，把双方摆在平等的地位，建立彼此之间的信任，清楚地说明面谈的目的，认真倾听员工个人的目标和计划，多听员工的想法和建议，时刻保持良好的心态，分析推敲并相互分析下属考虑的行动计划。对不一致的部分进行商量计划，就员工的目标、应采取的行动计划和跟踪落实事宜达成一致。此外，要激励员工，以积极的方式结束面谈，为以后的面谈留下机会，并对面谈内容进行简单的总结，整理好面谈记录。

4. 绩效考核实施阶段

在考核阶段，管理者先要就考核的方法、程序以及考核结果的应用范围等内容通过会议或讨论等形式与员工进行充分的交流，征求员工的意见，这样使管理者和员工在绩效考核时双方都认可客观依据，减少分歧。在考核过程中，管理者要保持与员工进行持续有效的沟通，反馈员工的阶段业绩。需要注意的是，反馈不应该仅仅是在考核后，而应该在考核过程中适时地进行，并且及时给予员工肯定和提醒。国内外绩效管理工作做得比较好的公司都比较注重绩效反馈，比如，摩托罗拉除了一年一次的年终总结，公司每季度都会考评员工的目标执行情况，提醒员工哪些方面做得好，哪些方面做得不好，还帮助员工分析做得不好的原因，因此，主管和员工都可以进行反思，并且根据环境的变化来及时调整绩效目标。这样，员工就会心里有数，并力求改进，不会在年底总结的时候抱怨考核结果。

要想使绩效反馈取得积极效果，管理者需要做以下工作：一是必须经过良好的策划。对他人的赞扬如果在公共场合进行，将取得事半功倍的效果，而对他人不足或需要改进之处则需要在私下场合进行讨论，沟通时也要把握技巧。二是在与员工沟通绩效时，要有针对性，应对事不对人，尽量描述事实，因为批评的目的是指出错在哪里，而不是指出谁错了。当员工的工作出现问题时，管理者应客观陈述发生的事实及自己对该事实的感受，而不应对员工进行人身攻击。三是必须有助于绩效信息的分享。双方应该澄清各自对信息的看法以及对下一步工作的期望，同时管理者应该向员工提供有用的信息和必要的信息量，确保清晰地沟通。为此，有必要了解反馈的信息是否与管理者的率先判断一致，同时要允许员工加以澄清。

5. 绩效总结阶段

绩效考核结束，管理者需要把员工平时表现积累得出来的绩效考核结果与员工进行面谈，找出差距，明确下阶段的绩效目标和改进目标。通过平时的绩效反馈，员工一般不会惊讶最终的绩效考核成绩，所以，管理者可以相对比较轻松地与员工就绩效目标的完成情况进行总结。在此阶段，管理者的主要工作是综合收集到的考评信息，公正客观地评价员工，经过充分准备后，就考评结果向员工面对面反馈，内容包括肯定成绩和指出不足及改进措施，共同制订下一步目标计划等。另外，要注意反馈是双向的，管理者应留出充分的时间让员工发表意见。总而言之，绩效管理是一个动态检讨的体系，为了使企业的绩效管理达到更高的效益，有效的绩效沟通是不可缺少的重要环节，管理者要努力同员工在一种互相尊重、和谐开放的氛围中讨论如何解决员工存在的绩效问题，多鼓励员工和减少批评，只有这样才能使员工真正融入企业的管理和发展中来，与企业共同进步。

六、如何使用关键事件法收集与记录绩效信息

1. 依据 STAR 原则记录关键事件

依据 STAR 原则记录关键事件，可以把握关键事件的本质和核心。STAR 原则是由四个英文单词的第一个字母表示的一种方法，由于 STAR 英文翻译是星星的意思，所以又叫"星星原则"。星就像一个十字形，分成四个角，记录关键事件也要从四个方面来进行："S"是 Situation——情境，记录事件发生的情境；"T"是 Target——目标，记录事件发生的原因和目标；"A"是 Action——行动，记录员工当时所采取的行为；"R"是 Result——结果，记录员工行为所导致的后果。

2. 关键事件法在员工绩效管理中的主要体现

1）提供绩效考评的事实依据

在绩效实施与辅导阶段，对员工在工作中表现出来的关键事件进行记录，是为了在绩效考评中有充足的事实依据，管理者将一个员工的绩效判断为"优秀""良好"或者"差"，需要一些证据作支持，即管理者依据何标准将员工的绩效评判为"优秀""良好"或者"差"，这绝对不能凭感觉，而是要用数据说话。这些关键事件除了可以用在对员工的绩效进行考评以外，还可以用作晋升、加薪等人事决策的依据。

2）提供绩效改善的事实依据

绩效管理的目的之一是改善和提升员工的绩效和工作能力。在绩效改进阶段，当管理者对员工说"你在这方面做得不够好"或"你在这方面还可以做得更好一些"时，需要结合具体的事实向员工说明其目前的差距和需要如何改进和提高。例如，主管人员认为一个员工在对待客户的方式上有待改进，他就可以举出该员工的一个具体事例来说明，"我们发现你对待客户非常热情主动，这是很好的。但是客户选择哪种方式的服务应该由他们自己做出选择，因为这是他们的权利，但我发现你在向客户介绍服务时，总是替客户作决策，比如上次……我觉得这样做不太妥当，你看呢？"这样就会让员工清楚地看到自己存在的问题，有利于他们改善和提高绩效。

3) 提供优秀绩效的事实依据

不仅在指出员工有待改善的方面需要提供事实的依据，即便是在表扬员工时也需要就事论事，以事实为依据，而不是简单地说"你做得不错"。由此，不仅可以向员工传达"管理者对他们的每一件优秀事迹都是非常清楚"的信息，而且会促使员工今后更加卖力地工作，同时还可以帮助管理者发现优秀绩效背后的原因，然后再利用这些信息帮助其他员工提高绩效，使其他员工以优秀员工为基准，把工作做得更好。

3. 使用关键事件法应注意的事项

在员工绩效管理过程中，为了更好地发挥关键事件法的作用，要掌握并遵循以下要求：第一，所记录"事件"必须是关键事件，即属于典型的"好的"或"不好的"事件。判断是否属于关键事件，其主要依据在于事件后的特点与影响性质，所记录的关键事件必须是与被考评者的关键绩效指标有关的事件。第二，关键事件法一般不单独作为绩效考评的工具来使用，而是应和其他绩效考评方法结合使用，为其他考评方法提供事实依据。第三，记录的关键事件应当是员工的具体的行为，不能加入考评者的主观评价，要把事实与推测区分开来。第四，关键事件的记录要贯穿于整个工作期间，不能仅仅集中在工作最后的几个星期或几个月里。第五，关键事件法是基于行为的绩效考评技术，特别适用于那些不仅仅以结果来衡量工作绩效，而且还要注重一些重要行为表现的工作岗位。

本 章 小 结

本章首先阐述了持续沟通的目的和意义，然后，按照沟通的正式程度，把持续沟通的方法分为正式类和非正式类，并对各种方法进行了具体的介绍。由于企业所处的外部宏观环境不同，所处的行业背景不同，企业内部结构、发展阶段和企业文化背景等也不一样，企业采取的绩效持续沟通方法也不能一概而论。因此，本章在详细介绍了绩效持续沟通方法的基础上，分别归纳总结了各种方法的优点和缺点，建议在学习使用过程中，对具有互补性的正式与非正式沟通方法可考虑结合使用。

企业的绩效管理离不开绩效数据的支持，如何花费最小的成本来收集最能反映员工工作过程和工作结果的数据是人力资源管理从业者和企业主管需要考虑的重要问题，它将直接影响到企业绩效管理的有效性和员工对绩效考核结果的认可。本章介绍了绩效数据收集的重要性、绩效信息收集的内容和具体方法。在此基础上，结合现实对绩效管理信息数据收集认识上的偏差，介绍了在信息收集中需要注意的问题。

自 测 题

1. 绩效沟通的目的是什么？
2. 绩效沟通有哪些方法？各种方法的优缺点各是什么？
3. 绩效沟通有哪些技巧？

4. 绩效信息收集的主要方法是什么？
5. 绩效信息收集过程中，需要注意的问题是什么？

案 例 分 析

如何做好持续不断的有效沟通

事件1

小李是公司新任市场部经理，个人业务能力很强，刚上任就根据公司的要求制定好每个员工的销售指标，并通过口头或书面通知他们，要求他们在规定的时间内完成。之后，就不再过问员工的工作情况，只等到期末时再考核员工业绩。从刚开始的几个月看，市场部的销售业绩比较稳定，然而，员工的工作满意度不断下降，有一部分员工还有离职倾向，原因是他们觉得销售指标定得不合理，在工作中没有获得应有的关心和认可，遇到困难也得不到相应的帮助。小李却认为，管理者主要的工作就是分配任务和检查结果，对于中间的过程则不应过多干预。

事件2

小张自担任公司人力资源部经理以来，很重视绩效考核结果的反馈，一改该公司原先绩效考核结果不公开的做法，年末将考核分数反馈给员工，让员工知道考核成绩是进步还是落后，同时，也让员工知道自己离公司要求的差距，希望提高员工的努力程度。但是，该机制运行一段时间后，并没有起到积极作用，反而使得员工之间互相攀比，不满情绪不断滋生，有一部分考核成绩比较低的员工则直接跑到人力资源部质问分数的由来，小张陷入了苦恼之中。

请问上面两个公司的问题究竟出在哪里？

阅 读 材 料

材料1：绩效管理——执行的学问

即便最好的战略也无法自动实施。中国企业过去的失败、中国企业当下面临的几乎所有问题都被举重若轻地归结为战略问题。稍加引申，便成为这样的人人皆知其错误的逻辑：企业只需选择正确的战略，将自然获得成功。战略管理学者为了研究的便利，将企业简化为黑盒子，假设输入正确的战略，自然而然输出理想的结果，这无可厚非。但是，若企业管理者(或领导者)也这样思考，认为设计了最好的战略之后，各个部门、所有员工将正确地且勤奋地工作，他难免要失望。

至少有这样三个理由：其一，即便各部门、员工正确地理解了战略，他们却可能错误地做另外一些与战略无关的，甚至相反的事情，也就是说，他们错误地认为这些事情是实施战略所需要的。譬如，某新创软件公司的年度战略是迅速完成产品开发并上市，研发部门却可能认为继续修改软件功能设计，使之包括更多、更新颖的功能，是部门的重点任务。

第四章 绩效计划的实施

这里还没有设想最糟糕的情形;由于管理层未能和员工就公司战略进行有效沟通,员工根本不了解公司战略,完全凭惯性做事。

其二,并非所有员工必然地正确、勤奋地工作,他们需要被激励——因为做正确的事而受到奖励,并被激励去改善另外一些方面。这一点并不因企业向知识型组织转变——知识工作者在组织中占的比率增大——而发生任何变化,不同的是激励的方式发生了变化。对于生产线的工人来说,因他的产品质量优异而给予奖金激励,可能比较有效。但对于咨询公司的顾问来说,奖励他出色完成咨询项目或为公司知识库做出贡献,则有很多其他的方式,譬如为其提供更大的发展空间、提供带薪假期,甚至简单地奖励以荣誉。当然,这都是在假设他的薪酬已经足够高,远超过保障其优裕生活之需的前提下,若不然,金钱奖励仍是最佳选择之一。

其三,随着时间的推移,战略在实施中可能遇到问题,或者市场环境的变化使得战略不再有效。在这种情况下,输入最好的战略,自然输出最佳的结果,这种思维将带来严重问题。简单地修改战略将无法奏效,此时,管理者需要根据原战略实施的情况,重新确定(和员工一起)各部门、各员工应该做什么,应该因做好什么而受到奖励。也就是说,重新关注战略在企业内如何具体运行的细节,也就是进行"绩效管理"——计划、执行、评估、反馈,这是一个周而复始的循环过程。它远非简单地说建立执行文化那样简单与轻易,它由一系列令人眼花缭乱的理论、模型和方法组成,分别适用于各个环节,各有优缺点,且都需因时因地因实际情况进行权衡。实际上,这里再次呈现管理的本质,管理只是直觉、思考加一点经验,理论、方法、工具只是使得思考更容易、更有效。

简单地说,绩效管理就是一系列让被管理者(公司、部门或员工)完成设定任务的管理过程。它包括三个层次,即公司、部门和员工,对应的管理者分别是董事会(投资者)、最高管理层和中层经理。对于公司层次,公司绩效与战略管理基本重合,很长一段时间以来,西方的公司绩效目标通常为股东价值最大化,不过这一点正在发生变化。

绩效管理,通常指的就是部门和员工两个层次,而且在许多情况下,对部门的绩效管理也常常归结为对中层经理的管理。也就是说,绩效管理关注的主要是组织中"人"的方面。这也是绩效管理常常被认为只是人力资源部的工作的重要原因。实际上,绩效管理是所有人的工作,高层管理者需要通过绩效管理来实施战略、达成公司目标;中层管理者通过绩效管理来更好地完成部门任务;对于员工个人来说,绩效管理有助于达成工作目标、提高个人绩效、培养职业发展潜能等。总之,绩效管理是组织中所有人的任务,人力资源部门只是恰好负责协调它而已,正如质量管理部门协调产品质量一样。

下面简单介绍绩效管理的四个环节——计划、执行、评估与反馈。为方便讨论,这里主要以针对员工的绩效管理为例。绩效管理过程通常从制订计划与设定目标开始。一种大而化之的说法是,愿景是公司的终极目标是什么,理念是不论在什么情况下我们做什么与不做什么,战略是公司今年的目标及为达到目标应采取的几项行动,而绩效管理中的目标则是将公司战略分解到部门、员工,分解为他们各自的几项关键任务。制订计划与设定目标的成果就是,与员工一起商定与战略相关的、极少数几条关键的绩效指标。制订计划与设定目标是绩效管理最为重要的环节。

平衡计分卡是最热门的绩效管理方法之一,它将与企业竞争力相关的四个方面纳入统一的目标体系之中:顾客角度、财务角度、内部业务角度及创新与学习角度。也就是分别回答这样四个问题：顾客如何看我们？我们怎样满足股东？我们必须擅长什么？我们能否继续提高并创造价值？卡普兰(Robert S. Kaplan)教授在发明这一方法时着眼于公司绩效管理，经过修改的平衡计分卡可以应用于部门与员工绩效管理。财务角度的实质是公司投资者角度，在将平衡计分卡应用于员工时，可以认为员工的"投资者"是中层经理，对应的问题就是：聘用你主要是做什么的？

绩效执行环节又称辅导，它涵盖员工工作、执行任务的整个过程。称之为辅导的含义是，它是中层经理辅导员工以达成绩效目标的过程，中层经理帮助员工提高技能，纠正可能的偏差，并对目标按需要进行修订。在这一环节中，中层经理还需要通过观察记录员工的关键成果与行为，以供考核环节使用。记录方法主要有定期书面报告、定期一对一面谈、定期会议以及非正式沟通。执行环节的特点是持续不断的绩效管理沟通，员工与经理就工作进展情况、潜在障碍与问题、可能的解决措施等持续不断地进行沟通。

评估环节也就是对员工的绩效进行评估。这是绩效管理中最为明显的环节，管理层常常需要与员工进行一对一面谈沟通，填写大量的评估表格或撰写评估报告。由于评估结果将与员工的薪酬、晋升、培训联系起来，这一环节因此也显得非常紧张。很多人常常把绩效评估(或绩效考核)等同于绩效管理，实际上前者只是后者的一个环节，而且在思维方式上有着本质区别：绩效管理是关注未来的绩效，关注的是解决问题，是计划式的；而绩效考核关注的是过去的绩效，是判断式的。

绩效评估环节的失效会导致整个绩效管理失败，因为这是整个绩效管理过程形成显式结果的环节。常见的失效包括：在中国企业中，评估结果常常往中间集中，既无特别差，也无特别优秀。中层经理也有把所有人评估为优秀的倾向，因为理论上所有下属的绩效之和就是经理的绩效。即使某人工作绩效很差，经理也很难将之评估为差，因为这将导致未来无法共事。最可怕的情况则是对绩效评估敷衍了事，导致评估不能反映真实情况，也因此无法根据评估结果帮助员工改进、激励等。常见的评估误区还有标准不明确、近因效应、光环化效应、人际关系化效应等，不一而足。

第四个环节是反馈，也就是将评估结果应用于薪酬分配、职位变动、人力资源开发、员工个人职业生涯发展等。员工在执行战略的过程中创造了价值，这里他们参与价值的分配。在这里，最为简单也最为有效的原则是，你想要什么，就奖励什么。

(资料来源：http://www.hr.com.cn/p/32038.html)

材料2：某公司行政主管如何做好绩效面谈

人力资源部在与行政部员工小刘的离职面谈中了解到：小刘最近的一次绩效考核发生在各部门上报考评结果的前一天下午。小刘抱怨："我当时正参加一个客户会议，被主管王经理叫了出来，当场就做绩效面谈。面谈中他列举的几个关键事件都是不利于我的，明显是给我穿小鞋嘛。而且我根本没有再申辩的机会，就给我打了2分，这样的主管根本不了解下属。"

人力资源部随后走访了行政主管王经理，王经理解释说："那天下午我突然想起是公司绩效考核的最后一天，就马上找他过来了。但前一周实际已经通知他了。等我找他时，他先是说没时间准备，可公司布置的事怎么能不做呢？然后就是态度不好，我刚说了他几句，他就反驳，说他在这一个季度里没做过那几件事。平时我都记录在案的，怎么可能没

第四章 绩效计划的实施

做?再对他讲了几句他平时的工作失误,他就只是愤怒和沉默,我想至少他应该给我一些积极的回应才对。平时他还挺不错的,但是这次考核中似乎很不高兴。最后我说'给你打2分?'他说'2分就2分',还签了字。所以,他就不达标了,只好离开公司。"

这是一个非常典型的绩效沟通失败的案例。结果是员工小刘离开了公司,问题其实恰恰出在他的主管身上。为什么"平时还挺不错"的小刘,在与主管进行绩效面谈后就成了"2分"而离开了公司?显然,在绩效面谈的沟通中,一定出了问题,具体如下。

主管不重视沟通,面谈流于形式。王经理到了呈交考评表格的前一天才想起来要绩效面谈,可见事前并没有把它放在心上。而员工也经常觉得主管只是在完成一项人力资源部交给的任务,甚至内心早已定好了分数,绩效面谈也就无多大意义,所以才有小刘的"2分就2分"的结局。主管不重视,继而员工"消极面对",这是绩效面谈常常流于形式的一个重要原因。

主管缺乏绩效面谈的准备工作,面谈目标不明确。无论从绩效面谈的准备、时机的选择,还是谈话的内容、打分的过程来看,主管都明显准备不足。而且在面谈中,主管习惯于仅仅围绕下属目标的完成情况来谈,完全忽视了下属在技能提升和职业发展上的需要。

主管的考核主观随意性大。王经理运用的是关键事件法,但他平时所记录的大都是下属小刘做错的事情。在小刘看来都是不利于他的不良记录,难免有"穿小鞋"之嫌疑。这说明王经理记录的事件并不完整。而这背后则是主管较强的主观性和随意性,导致打分过于草率,不能全面反映员工实际工作业绩。部门主管通常精通业务,但却未必精通管理。而能否驾驭并利用好绩效面谈,则是衡量主管称不称职很重要的标准。管好人,永远比做好事重要。

主管的绩效反馈技巧不足。只谈下属的缺点而忽视优点,忽视倾听,不给下属说话机会,这可能是我们大多数主管的最大问题。王经理一直在讲他所不满意的地方,并无半点表扬之词,使小刘对他产生严重不信任感。忽视倾听,不给下属辩驳时间,双方就会在一处或较少的几处逐渐形成长时间争议,结果双方都偏离了绩效面谈的真正主题(如组织目标、员工发展)。"一叶障目"的结果,就是主管利用职位权力对下属的业绩"盖棺定论"。

第五章 绩效考核

【学习目标】

本章对绩效考核的技术进行归纳总结,按照传统的绩效考核方法和现代绩效考核方法分别进行介绍,并对绩效考核过程中需要避免的问题进行讲解。通过学习,需要掌握各种绩效考核方法和各方法的优缺点及适用环境。

【关键概念】

绩效考核(Performance Appraisal) 目标管理(Management By Objectives) 关键绩效(Key Performance) 360度考核(360 Degree Appraisal) 平衡计分卡(Balanced Scorecard)

【引导案例】

绩效考核:现代版"请君入瓮"

"特大喜讯:今年的评议HR部门又是垫底,杨志下台了!"

武松集团的员工都收到了这条群发的短信,杨志本人也收到了。

杨志是武松集团人力资源部经理,两年前,他主持制定了集团的绩效考评制度,规定:部门评议连续两年得分最低的,部门经理要引咎辞职。没想到,自己设计的制度,第一个淘汰的人就是自己,真是现代版的"请君入瓮"。

伞兵空降

武松集团系一家大型民营集团,涉足旅游、餐饮、交通和商业地产,曾经超高速发展了十多年,有着辉煌的过去。近几年,由于行业竞争加剧、劳动力成本上升,集团的发展速度大幅度下降,利润率也随之大幅下降。为了防止业绩继续下滑,提高经营水平,董事长兼总裁武松遍访高人,决定引进高端人才,对企业进行现代化改造。

猎头王婆找来了一堆人,武松挑花了眼,感觉张三很不错、李四也很棒,长得都是一副高端人才的模样,很难判断。正当武松觉得无法取舍的时候,见到了杨志,让他从鱼与熊掌的困境中走了出来。

杨志是一家制造业外企的行政经理,尽管头衔不高,工作经历也不多,但对企业管理还是很有一些独特的见解。杨志认为,民营企业改造应该从绩效考核入手,用制度代替关系,用数字代替人情,用赏罚分明的军事化管理提高员工的执行力,有了执行力就有了竞争力。

在所有候选人当中,武松最认可杨志,一是认同他的为人,有观点、敢说话,其他的候选人说话吞吞吐吐,没有明确的观点,总是强调"管理很复杂,如何调整要看具体情况";二是认同杨志的观点,因为武松本人下海之前是阳谷县森林公安局的副局长,他坚信优良的作风、铁一般的纪律和过硬的本领是企业的法宝。经过一番商谈,杨志加盟武松集团,担任董事长助理,兼总经理助理、人力资源总监和人力资源部经理。

第五章　绩效考核

天生恶人

杨志到来前，武松集团内部一团和气，经理和员工几乎都是阳谷县人，上班时是同事，下班之后是邻居，大家抬头不见低头见，得饶人处且饶人。

杨志高调上任之后，马上着手设计基于平衡计分卡的绩效考核、360 度评估和部门评议。绩效考核中，上级需要把下级分为甲、乙、丙、丁四级，每个部门的甲级员工不能超过该部门总人数的 20%，同时每个部门的丁级员工不能少于 10%。根据考核结果，拉开奖金分配的差距，根据 20/80 法则，80% 的奖金分配给甲级员工，20% 的奖金分配给乙级和丙级员工，丁级员工没有奖金，用这种重奖、重罚的办法鼓励员工。

公司引入末位淘汰制度，对 360 度评估得分最低的人实行部门内部通报，如果员工连续两年评估得分部门内最低，则要被除名。

部门评议由员工对各部门进行民主的、不记名的评议，得分最低的部门，部门经理降一级，如果连续两年得分最低，该部门经理要辞去职务，成为普通职员。

这一套制度出台后，武松集团的管理层和员工怨声载道，说这一套东西破坏了人与人之间的信任，搞得人心惶惶，把所有的经理逼成了恶人，而制定这一套制度的杨志，是个天生的大恶人，甚至不是人。

因为这套考核制度，杨志得了一个"青面兽"的绰号。

两全其美

以考核为重点的改革开始之后，告状的人把武松的门槛都踢破了。作为总经理助理，杨志代替总经理考核集团所有部门经理。他不仅严格得近乎苛刻，而且在绩效面谈时非常不客气，在和财务部经理西门庆谈话时，他甚至说出了这样的话："你以为你是谁？还真把自己当职业经理啊？这点事都做错，我看你只配吃软饭。如果离开武松集团，你还能找到工作，那就真是奇迹！"

西门庆哪受得了这个，跑到副总经理潘金莲面前，一把眼泪、一把鼻涕地哭诉，说是有他没我，有我没他。潘副总连哄带劝，还答应为西门官人换一台最新的笔记本电脑，才把他给劝住了。

潘副总那个气啊，跑到董事长那里去告状："这个杀千刀的青面兽，不知天高地厚，把西门庆给惹毛了，他到税务局举报一下，二叔您都吃不了兜着走。董事长，您可一定要好好管管您的助理。"

潘金莲刚出董事长办公室的门，人力资源部培训专员牛二又来告状，说青面兽动不动就骂人，他用手机录了杨志说的一段话："你这般说话，却是放屁！你知道什么叫培训吗？如果你也算是培训经理，那我就是玉皇大帝！"

武董事长安慰了牛二一番，充分肯定了牛二的学习态度和努力程度，夸奖了牛二脾气好、有涵养，并让牛二把录音删除。

刚开始，武松还有点担心大家都不喜欢杨志，后来发现杨志骂的都是自己也想骂，但是又不能骂的人。由杨志出面骂人，他骂完之后自己再出面安抚，既教育了员工，又收买了人心，两全其美。

"恶人"职业化

改革推行两年，集团变化很明显，尽管大家怨声载道，但是所有经理都在学习，所有的员工都关心考核。不管绩效考核有没有作用，这种形式已经被大家接受了，对于奖金的差异，大家也认为是正常的了。

随着改革的深入，大家在情绪上对杨志的抵触越来越强烈，连续两年把HR部评为最差部门，杨志被迫辞职。

辞职之后，杨志反思得失，觉得自己过于严厉、过于着急，下次再有这样的机会，一定要心平气和地、有条不紊地推进改革，再也不做什么"天生恶人"了。

辞职没几天，猎头王婆找到杨志，想约他出来谈一谈："杨先生，可喜可贺，您现在是威名赫赫的改革家，一串串的集团老总排着队想约见您呢。"

杨志说："王婆啊，您别消遣我了，第一次改革就被说成是天生恶人，搞得半途而废，算什么改革家。"

王婆呵呵一笑："唉哟，我的杨总啊，您不知道，天生恶人才是您的核心竞争力啊。"

杨志问："此话怎讲？"

王婆说："民营企业改造啊，非恶人不可。原来弟兄们靠义气打天下，规范化了之后，就不能再靠义气了。但是老板对弟兄们是有承诺的，也是有感情的，不能不讲义气。这样的公司，只能从外面引进恶人。这样的人一般干不长，帮助企业打破传统的兄弟义气，建立现代职业意识之后，就应该离开。这样的人是职业恶人，眼下很抢手。"

"职业恶人？"

"对啊！"王婆笑了，"职业恶人就是专门帮助家族化、半家族化的民营企业进行现代化改造的职业经理。像您这样坚持原则、不讲情面、就事论事的天生恶人，是天生的改革家，比职业恶人还要牛哦。"

"哈哈哈，还是王婆您更牛啊，您卖恶人和卖瓜一样，自卖自夸，头头是道，我服了您了。从今天起，我这个职业恶人就交给您打理了。"

通过这个故事我们发现，企业在推行绩效管理改革时要有所警醒。

个性悲剧和专业败笔

"天变不足畏，祖宗不足法，人言不足恤。"这是改革者必备的勇气和姿态，但在当前人情重于法理的社会，激进式改革者大多以悲剧收场。

商鞅变法，"治世不一道，便国不法古"，终遭车裂之祸；11世纪历史上伟大的改革者王安石，变法失败遭贬谪；张居正生前享尽殊荣，死后备受侮辱等，个人认为两点值得深思：一是封建王朝时代，自居改革者大多成为君王玩弄政治权术的工具或牺牲品；二是这些改革者本身在自身个性和具体改革措施方面存在致命的缺陷。杨志重蹈了覆辙。

杨志以铁腕式的绩效考核为切入点，拉开了该民营集团现代化改造的序幕，由于开始得到了董事长的大力支持，表面上一切进展顺利，但从专业层面深剖，笔者觉得，除了老板自身引进职业经理人认识和实际操作上的误区外，更关键的一点，杨志的职业素养先天性缺失，而HR专业又未能真正切入企业业务运营层面，未能体现或提供专业的价值贡献。怎样降成本，怎样辅助提升业务发展速度改善经营，怎样改变家族化管理模式等，有太多当务之急的解决方案要出台，而非简单的绩效管理革命。杨志作为空降兵在企业的生存问题尚未着落，不能自保其身，遑论改革成功，"皮之不存，毛将焉附"。

绩效管理别做改革"探路石"

每一位管理者都不可避免地需要妥善处理来自各个层面的复杂关系。

第五章 绩效考核

杨志的观点无懈可击，措施雷厉风行。没处理好的是对大环境的认识和对人际关系的把握。除了老板，每一个管理者都面临着与领导的关系、与同级的关系、与下属的关系。任何一层关系没处理好，都可能作茧自缚。

杨志与老板的沟通应该说是成功的，此种风格的经理人也确受很多老板追捧。有下属能当个替自己挡"脏活"的恶人，是老板们尤其是家族化企业老板共同的心愿。何况每位老板都有各自的用人观，正因杨志的论调对武松的想法有着恰到好处的契合，使得他得以脱颖而出。

在与同级和下属的关系层面，青面兽杨志却捅了大娄子。现在有"大师"言必称绩效管理，殊不知对诸多企业而言，绩效管理应是最终的"定海针"，而非改革的"探路石"。

毋庸置疑，以前管理越松的企业，面对绩效新规反弹会越强，若控制不了，当然改革者引火烧身。

恰如对危重病人须先以汤剂调理，待病情、精神好转再施以苦口良药。在武松集团，不妨先安抚人心，充分肯定团队以前踏实肯干的精神，同时强调为了帮助企业走出低迷，需要在和谐的基础上突出效率(并获得老板明确的肯定，这点很重要)，通过改良获得从上到下的认同后，逐步引入相应机制。

(资料来源：http://www.jobcn.com/hr/detail.xhtml?id=177682，有删减)

第一节　传统的绩效考核方法

一、基于目标管理的绩效考核

1954年，德鲁克(Peter F. Drucker)在《管理的实践》一书中，首先提出了"目标管理和自我控制"的主张，随后，他又在此基础上发展了这一思想。目前，目标管理已经成为企业管理的基础，目标管理法把实际工作绩效与预期目标相比较进行评价，是普遍使用的一种绩效评价方法。

在企业组织中，高层管理者总是根据企业的使命确定长期或者短期目标，然后，通过上下级共同协商，将组织目标进行分解，转变成为部门目标和个人目标，管理人员根据目标对组织中各层次、部门和个人的工作进行管理，一旦确立目标，就要定期检查进度，直至预期目标在规定期限内完成。在约定的时间内，制定目标的管理者和下属一起检查考核实际工作结果，考核目标在多大程度上得以实现，并制定下一个考核期的工作目标。

1. 基于目标管理的绩效考核流程

基于目标管理的绩效考核是将目标管理的计划、执行、检查和反馈的基本原理应用于绩效评价中，相应地分为绩效目标计划、绩效指导、绩效检查、激励四个阶段，这种基于目标管理的绩效评价法强调过程评价，促进员工为实现企业目标而努力，同时促进个人能力的成长。从某种意义而言，它体现了绩效管理的部分思想。

基于目标管理的绩效评价法主要包含以下四个阶段。

第一阶段，绩效目标计划。

目标管理法在绩效计划中的应用，我们在前面的章节已经进行了一定的分析。一般来说,企业组织层次的绩效目标由企业高层领导团队集体制定,部门绩效目标是根据部门的责任和职能把组织层次的绩效目标分解转化而来,团队绩效目标和个人绩效目标再依据岗位的责任、职责由部门绩效目标分解转化形成,经过层层分解,组织绩效目标变成各部门、各岗位的具体工作任务,组织绩效目标为所有人的工作提供方向和指导,各部门和各岗位工作目标的实现,则是实现组织绩效目标的保证。上下级绩效目标的关系实质上是"目标—手段"关系,某个层次的绩效目标需要通过一定手段才能实现,而这个手段则成为下一个层次的工作目标,直到操作层面的具体个人或者团队,从而构成环环相扣的目标体系链。在目标分解过程中需上下沟通,达成共识。绩效目标的设置要遵循 SMART 原则,即设置的目标需要具体的(Specific)、可衡量的(Measurable)、可达到的(Attainable)、相关的(Relevant)和有时限的(Time-limit)。在建立绩效目标阶段,还必须制定对绩效目标进行评价的指标和标准,明确对绩效目标进行评价的具体时间以及具体评价方式。

在将目标任务层层分解的同时,上下级之间需要对完成绩效目标的路径和方案进行探讨,充分估计可能出现的问题。通过对问题的分析,上级能够进行针对性的指导,帮助员工抓住关键,增强信心。

绩效目标分解在沟通中完成后,可设计绩效考评指标,考评指标可设固定指标和变动指标。比如,对营销管理人员来说,固定指标与年度销售目标直接相关,像销售收入、回款率、费用率、员工满意度和客户满意度(对业务员)等;变动指标是根据每月的具体情况设计,如在大型促销期间设置促销效果考核指标,在大规模员工培训或客户培训期间设置培训效果考核指标等。

第二阶段,绩效指导。

在绩效目标达成过程中,管理者放手让下属根据预期绩效目标、时间进度独立自主地开展工作,提供工作所需要的资源、支持和帮助,并根据预先安排对工作进度情况进行跟踪,下属在实现绩效目标的过程中则根据预先商定的时间向上级汇报,遇到问题时向上级管理者或者相关方面请求协助。

在绩效目标达成过程中,要对关键步骤加强控制和指导,随时发现问题并加以纠正,以保证绩效目标的实现。关键环节的控制和指导可以通过每日、每周的例会定期进行,也可以根据对特殊事件的重点跟踪进行。

绩效指导是目标管理法中的重要一环,对关键环节的跟踪和指导,能够帮助个人绩效目标的实现,并使个人在过程中成长。对企业来说,对关键环节的跟踪和指导,可以实现有效的管理和控制,及时发现问题并予以纠正,避免因小失大,从而有效实现组织绩效目标。

第三阶段,绩效检查。

根据确定的绩效目标实现的日期、评价维度、要求达到的标准,管理者和下属共同检查在多大程度上完成了预期的绩效目标。检查的方式有自我检查、互相检查和组成专门的部门进行检查。在检查阶段,不仅要评价出绩效等级或者分数,还要分析评价目标完成情况背后的原因,包括工作成功的经验和工作不利的原因分析,为将来改进工作提供依据。

检查环节不是仅对照考核表进行打分的过程,应结合月度绩效计划会议、述职会议,对各项考核结果进行讨论,总结经验与不足,并提出推广和改进措施。根据上一个考核周期目标完成的情况和新的企业工作计划,制定各层次新的工作目标,形成新的目标体系,实行动态的绩效目标管理周期。

第四阶段，激励。

绩效检查及考评结果可直接与员工经济性激励措施如工资、奖金、福利津贴等挂钩，也可以直接与非经济激励措施如荣誉、工作条件的改善、提供发展机会等相联系。例如，对连续两个季度考评成绩达到优异的员工，除了可以提高薪级外，还可以给予荣誉上的奖励、提供更有挑战性职位的机会等。

结合上述四个阶段，基于目标管理的绩效评价流程可概括为如图 5-1 所示。

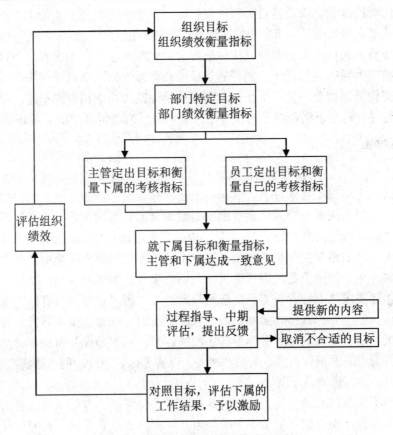

图 5-1　基于目标管理的绩效评价流程

2. 目标管理法的优点

作为一种绩效评价方法，目标管理法有其优势，也有其不足。客观认识目标管理法的优势和不足，可以更好地应用这一方法，避免可能出现的问题。

德鲁克认为，企业的使命、目的和任务，必须化为目标，使企业的各级主管得以通过这些目标对下级进行领导，来达到企业的总目标。如果一个领域没有具体的目标，则这个领域必定被忽视；如果没有方向一致的分目标来指导各级主管人员的工作，则企业规模越大，人员越多时，发生冲突和浪费的可能性就越大。

目标管理法的第一个优点是可以帮助企业实现目标。企业目标不能实现，受诸多因素制约，比如制定的目标难度太大、资源不足、执行不力等。对于很多企业来说，不能把企业目标分解成为操作层面的具体目标，不能落到实处，是导致失败的重要原因之一。在执行目标管理时,目标分解工作做得不够细致,不能形成环环相扣的目标体系,在客观上导致各部门各岗位工作不能互相配合,各行其是,也是导致失败的原因之一。

在目标管理中,员工参与目标设置、评价指标体系确定以及评价标准的设定,实质上是参与管理的一种方式。参与管理可以提高员工对工作目标的认同感,调动工作积极性。而且,员工参与还可以增加目标设置的可行性,减少决策失误。此外,目标管理有更多员工参与,成为民主化管理的一种方式,促进企业管理向民主化转变。

德鲁克认为,员工是负责的,愿意在工作中发挥自己的聪明才智和创造性。通过使用目标管理,传统的压制式管理被自主管理取代。自主管理提供了员工的工作积极性,还使得管理人员从事必躬亲的烦琐事务中解脱出来,把更多精力放到综合管理当中来。

传统的考核方式评价员工表现,往往根据主观印象、思想、态度等,而目标管理法强调结果,以结果为导向,根据一套完善的目标考核体系考核,从而能够按员工的实际贡献大小如实地评价员工绩效,使得工作业绩与考核指标能密切地结合在一起,以增强员工在工作中的满足感。这对于调动员工的积极性,增强组织的凝聚力起到了很好的作用。

3. 目标管理法的不足

作为一种绩效考核方法,目标管理法有自身难以克服的不足,主要表现在以下几个方面。

第一,只考虑结果不考虑过程。目标管理法的假设是:绩效衡量过程中的主观因素可以忽略不计,工作结果是一个人为企业做出贡献的全面客观的衡量。目标管理法信奉的哲学实质上是"成者为王,败者为寇",它只考虑结果不考虑过程。然而,对很多工作来说,难以完全用工作产出结果衡量绩效,或者仅仅用结果衡量绩效并不全面。工作过程本身也很重要。比如一个工作岗位是油库看管员,预期结果是油库绝对安全,不发生任何危险。但是,该工作还要求油库看管员要严格按照规定的工作程序执行油库看管的工作。如果该岗位员工不执行安全管理程序,虽然目前没有发生事故,却存在安全隐患。忽视过程,只考核工作结果,还会纵容为达到目标不择手段的行为,损害企业利益或者消费者利益。比如有的销售员为了追求销售利润,欺骗消费者,以次充好,短斤缺两,隐瞒产品消极因素,导致投诉增多,顾客满意度下降。

第二,为不同部门或岗位设置目标的难易程度难以掌握。有的部门或者工作岗位轻而易举就完成了目标,而有的付出了艰苦的努力,目标仍然没有完成。按照目标完成的情况给予奖惩,会导致极大的不公平。作为执行目标管理法的辅助手段,有企业采取为目标设置难度系数的方法,另外的企业则为目标设置权重,力图消除上述弊端。

第三,长期目标注意不够。企业设置的目标,一般都是年度目标或者季度目标,属于短期目标。就企业长期目标与员工沟通,引导下属完成短期目标,同时兼顾长期目标,则是需要解决的一个难题。

第四,目标存在不确定性。目标管理要取得成效,就必须保持其明确性和肯定性,如果目标经常改变,就说明它是没有经过深思熟虑和周密计划的结果,企业工作容易陷于混乱。但是,目标计划是面向未来的,而未来存在许多不确定因素,这又要求必须根据已经变化了的情况对目标进行修正。然而修订一个目标体系要花费大量精力,结果可能迫使主管人员不得不中途停止目标管理的过程。

第五章 绩效考核

4．目标管理法的应用条件与要求

由于目标管理法自身不足的限制，在应用目标管理法时需要具备一定条件，具有一定的使用要求。

目标管理法主要根据工作产出的结果来评价绩效，比较适用那些独立性较强的岗位，这些岗位任职者对工作结果负责。一般来说，企业总经理、部门经理和工作团队的领导等，适合采用目标管理法，如果工作业绩难以用产出来衡量，则不适用目标管理法。

几乎所有的企业都使用目标管理法，但实际操作的情形却千差万别。在有的企业是很正式的管理体系，具有精确的时间表、正式的评价技术和详尽的评价表格，企业结构化和正规化程度很高；而在另外的企业，也许是非正式的，只是简单地召集相关人员交代一下要做哪些工作。与此相类似，在执行过程中，各家企业在其他环节也表现出很大的差异，这些差异，是很多企业执行目标管理法成功或者不成功的原因所在。实施目标管理法要取得成功，需要遵守一些基本要求，这些要求大致包括以下几项。

1) 充分沟通目标管理

充分沟通目标管理，看起来简单，但要把它有效地付诸实施，则尚需各级主管人员对它有详尽的了解和认识。这就需要对目标管理的整个体系做耐心的解释工作，说明目标管理是什么，它怎样发挥作用，为什么要这样做，它在评价管理工作成效时起些什么作用，以及参与目标管理的人能得到什么好处等。

2) 与下属一起确立工作目标

有下属充分参与的目标制定，参与决策过程，可以提高对目标的认同感，提高工作积极性，降低决策失误的风险。在设置目标时，许多管理者采取独裁的决策方式，他们不喜欢或者不习惯让下属一起设立目标，结果员工常常认为任务目标是强加的，缺乏认同感。更糟糕的是，有的管理者对业务不够熟悉，对信息的掌握不充分，导致设置的目标不切实际，无法实现。民主参与决策有很多优点，如果操作不当，也会产生一些负面影响。关于在何种情况下适合让下属参与决策，参与决策到什么程度，超出了本书要讨论的内容，请读者参考领导决策的相关理论。

3) 执行目标管理

要向下属充分授权，上级领导授予下属完成目标所必需的权力，下属在目标的引导下开展工作。有的领导者喜欢掌握所有权力，不授权给下属，如此一来，权力是领导的，责任是下属的，这种安排的结果，使下属得不到实现目标所必需的支持，影响目标实现，挫伤工作积极性。

4) 营造积极的组织环境

创造良好的工作氛围，提倡充分而公开的信息交流，让员工了解考核的结果，使员工明确什么是组织导向的绩效管理目标，鼓励通过团队的努力和如何努力得到组织承认，注重在目标牵引下个人能力的成长，使员工在认同企业价值观和企业目标的前提下，具备较高的个人素质和学习能力，具备良好的团队工作意识。在实际工作中，管理者不愿意让下属参与目标设置，很多情况是因为下属隐瞒自己的实力，讨价还价，当执行绩效考核结果与奖励挂钩的政策时，这种情况尤其明显。面对这种情形，管理方应该认真反思为什么员工会有如此表现。员工不愿意和管理者一起制定可以实现而具有挑战性的目标，而是千方百计设法保护自己的利益，其根本原因在于企业的文化是自私的和压迫式的，在这种文化中，企业考虑自己的利益太多，关心员工太少，劳资双方没有形成利益共同体，甚至双方是对立的关系，在这种大环境下，员工仅仅从自己利益角度考虑问题，就是顺理成章的事情了。

在现行管理实践中，目标管理法已经成为绩效考核的基本方法，但它不是唯一的方法。采用其他考核方法，可以很好地弥补它的不足。比如，行为锚定评价量表法的引入，可以帮助我们对工作过程中员工的表现进行评价；在短期考核目标之外，增加另外一些考核指标，鼓励员工为企业长远发展做出努力；为了适应变化的因素，在目标设定时尽可能考虑变化的因素，并在目标管理执行过程中对目标进行及时调整等。人们对绩效管理和绩效考核寄予了太多期望，而目标管理法并不是一种万能的考核方法。比如说，目标管理法对于了解员工的工作行为、工作能力、个性特征等就无能为力，需要引入其他的考核方法。总之，掌握目标管理法，正确实施这种绩效考核工具，并采用多元化的绩效考核方法，已经成为研究者和管理者的共识。

二、基于工作标准的绩效考核

基于工作标准的绩效考核是指事先设计好工作标准、职能标准或者行为标准，将工作者的实际表现与标准相对照，评价出绩效分数或者等级的考核方法。此类考核方法比较常用的有：图尺度评价量表法、关键事件法、行为锚定评价量表法、混合标准量表法、评价中心法等。

1. 图尺度评价量表法

在图尺度评价量表法中，用示意图尺度表示评价尺度(档次或者分数)、相应的评分标准或者每个评价档次的含义、评语等。

表 5-1 是一个比较典型的图尺度绩效考核法的应用。在使用图尺度评价量表法设计的考核表格中，列出绩效构成的考核要素，同时对工作绩效进行了分级，从"优秀""良好""合格""有待改进"到"差"。五个等级对应的分数分别是"5分""4分""3分""2分"和"1分"。

表 5-1 图尺度评价量表法实例 1

工作绩效考核
员工姓名：　　　　　　　　岗位名称：
部门：
绩效考核原因：季度例行考核和年度例行考核
员工任现职时间：
最后一次考核时间：
说明：请根据员工岗位的要求，对照员工在工作岗位的实际表现认真进行考核。请仔细阅读每个绩效等级的说明，然后为员工的每个绩效考核要素评出一个分数。所有考核要素的得分经过平均，就是绩效考核的总分数。

续表

评价分数等级说明		
优秀(5分)：工作所有方面的绩效都非常突出，大大超过要求的工作标准		
良好(4分)：工作所有方面的绩效比较突出，多数超过工作标准		
合格(3分)：工作所有方面的绩效都达到合格标准要求		
有待改进(2分)：工作绩效有的方面存在缺陷，需要改进		
差(1分)：工作绩效多数方面都存在缺陷，达不到合格要求，基本不能胜任当前工作		
一般工作考核要素	评价尺度	考核事实依据或评语
1. 工作质量 工作的准确性、任务完成率	优秀	
	良好	
	合格	
	有待改进	
	差	
2. 生产率 在本考核期间所产生的产品数量和效率	优秀	
	良好	
	合格	
	有待改进	
	差	
3. 工作知识 工作任务所要求的一般知识和专门知识	优秀	
	良好	
	合格	
	有待改进	
	差	
4. 独立性 完成工作不需要监督，能独立自觉完成	优秀	
	良好	
	合格	
	有待改进	
	差	

在有的公司，绩效考核是以岗位为基础使用图尺度评价量表法进行的，绩效考核要素的具体内容就是工作职责的内容，并且各个考核要素被赋予一定的权重。考核总分数是各要素得分计算加权平均获得的，类似的图尺度绩效考核法的应用如表5-2所示。

图尺度评价量表法的变式很多，有的设计留出空白处，让评价者填写绩效考核的事实依据，有的则没有这个设计。有的考核表采用5分制，有的则采用7分制。为了计算方便和便于理解，人们通常将评价出的原始总分转变成百分制分数，有的则在考核表中直接给出原始分对应的百分制分数范围，让评分者直接按照百分制评出绩效分数。

表 5-2　图尺度评价量表法实例 2

岗位名称：秘书		部门：办公室	
工作职责与内容	权重	评价等级(分数)	评语
撰写公文和应用文： 负责撰写报告、请示、计划、信函等各式公文及总结等应用文稿，对相关人员撰写的公文进行审查	60%	5 4 3 2 1	
处理有关来信、来电： 负责上级下发各类公文信件的登记、存档，上传下达，以及各类电话的处理、记录、通知	10%	5 4 3 2 1	
会议召集与记录： 协助各种会议的召集、记录会议内容，就会议精神上传或者下达到相关部门、岗位	10%	5 4 3 2 1	
准备宣传材料： 搞好企业形象设计、宣传策划，包括准备、整理信息资料，重要事件文件的存档工作，并协助准备宣传用图像资料	15%	5 4 3 2 1	

图尺度评价量表法的特征是：列出绩效考核的维度或者考核要素，并给出评价尺度。图尺度评价量表法假设不同评价等级之间是等距的，所以，图尺度评价量表法中的评价尺度可以被视为等距量表，评价等级分数可以进行加减乘除计算。

因为使用图尺度评价量表法获得的数据可以数量化管理，适应了企业数字化管理的发展趋势，所以受到广泛欢迎。使用图尺度评价量表法，既可以评价工作结果，也可以评价工作过程或者员工行为、个人特点等。

图尺度评价量表法最大的不足是：它没有明确规定每个评价等级分数适合何种具体情况。因此，当评价者打分时，只能根据自己的主观理解，至于评分者主观理解和客观情况是否相符，则经常受到人们的质疑。此外，使用图尺度评价量表法，管理者容易给所有人打出最高分和最低分数，或者绩效考核分数呈现居中趋势。因此，图尺度评价量表法一般需要结合关键事件法、强制分配法、目标管理法等应用，以克服图尺度评价量表法自身的不足。

2. 关键事件法

在工作过程中，主管考核的管理者记录员工表现好的行为和不良行为，根据记录的行为事实对员工进行考核，并进行反馈。管理者记录的行为，属于关键行为，也就是说，这些行为影响工作的成败。对工作成功或者失败没有直接影响的行为，则不在记录范围之内。

下面是两个关键行为事件记录的假设案例：

【案例5-1】关键行为记录

情景1：

一个为客户提供上门维修服务的家电维修工的关键行为记录。

积极行为：一个顾客来电，说他家的冰箱不制冷，而且每隔几分钟就发出噪音。维修工在出发前就诊断出故障的原因，并做了记录。接下来，他首先检查自己是否有维修所需要的所有零配件，然后到仓库把零配件准备齐全。这样，他可以保证一次上门就可以把冰箱修好，让顾客满意。

消极行为：当一个顾客来抱怨产品性能问题时，维修工和怒气冲冲的顾客吵了起来。维修工跟顾客说，产品性能没有任何问题，是客户操作不当导致了所有的故障。

情景2：

一个销售团队成员为其他成员提供协作的关键行为事件记录。

积极行为：虽然没有要求他加班，但他还是主动留了下来，加班直到深夜，帮助其他同事完成了销售计划书，使公司在第二天顺利地与客户签订了销售合同。

消极行为：他当着领导的面直接批评其他团队成员工作不够努力，导致关系紧张，影响了团队成员间的合作。

类似情景1和情景2的关键行为事件记录，在绩效反馈阶段非常有用，这些记录资料很有说服力，可以作为给员工评价绩效分数的重要依据。更重要的是，这些记录可以用来向员工提供明确的反馈，让员工清楚地知道自己哪些方面做得好，哪些方面做得不好。既然绩效考核的内容有导向作用，关键行为事件法还可以引导员工行为和企业战略结合起来，引导员工行为支持企业战略。

虽然关键行为事件记录法很有使用价值，但在实际管理中要面临两个主要难题。首先，管理者要知道在工作中需要观察什么、记录什么。这就要求对各个工作岗位的关键行为进行识别，确定什么样的行为是影响工作的关键行为，什么样的表现是积极行为，什么样的表现是消极行为。完成这项工作需要较高水平的专业技能，而且工作量比较大。其次，关键行为事件法要求管理者每天、每周注意对员工的行为进行观察，并做必要的记录，在他们看来，这是相当花费时间和精力的一项活动，管理者往往难以持之以恒。

3. 行为锚定评价量表法

行为锚定评价量表法是以图尺度评价量表法和关键行为事件法为基础开发出来的考核方法。在关键行为事件法中，绩效考核的内容仅仅涉及特别好的积极工作行为和特别差的消极工作行为，而在行为锚定评价量表法中，考核量表不仅包括极端行为，还包括中间层次的行为，这样，每个考核维度都包含从最高绩效的优秀行为到一般绩效的中间行为，直至不良绩效的不适当行为。而且，每个行为层次都给予一个分数。行为锚定评价量表法评价量表的实例，如图5-2所示。

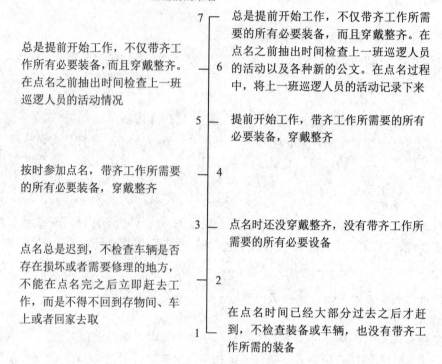

图 5-2 行为锚定评价量表法实例

为了设计行为锚定考核方法,首先要识别考核维度,搜集大量有代表性的优秀工作行为和无效工作行为的关键事件。然后,根据这些关键事件对工作行为的描述,确定不同绩效水平。

考核工具设计好之后,管理者的任务就是根据每个绩效维度来观察员工的行为表现,然后确定在每个绩效维度中的哪些关键事件与员工的行为最相符。

行为锚定评价量表法的优点是:它通过全面、准确的绩效维度的定义来提高绩效考核的信度;绩效考核结果反馈信息非常具体明确,员工清楚地知道自己的表现有什么不足,努力方向是什么。

4. 混合标准量表法

在图尺度评价量表法中,评分者的主观判断可能会偏松或者偏紧,并由此导致比较大的评价误差。混合标准量表法就是为了克服这种主观误差而设计的。

设计混合标准量表法,首先要对绩效考核的维度加以界定,然后,分别对所有绩效考核维度的高、中、低表现做出具体描述。最后,将针对所有考核维度的高、中、低描述混合在一起,按照随机顺序排列。

使用混合标准量表法进行绩效考核,评价者需要阅读随机顺序排列的所有描述。阅读每个表述时,判断评价对象的表现是"优于""正适合于",还是"劣于"项目中的描述,然后在评价表中打上相应的标记。下面以某巡警的考核表为例(见表 5-3 和表 5-4)来说明。

第五章 绩效考核

表5-3 混合标准评价量表举例

本部分的每一项目涉及巡警工作不同侧面的工作熟练水平。请仔细阅读每一项目,判断被考核人的一般工作表现是"优于""正合适于",还是"劣于"项目中的描述,并在各巡警代号的括号内画上"+(优于)",或者"0(正合适)",或者"-(劣于)"的标记。

巡警号码							
5	7	4	2	1	6	3	
( )	( )	( )	( )	( )	( )	( )	1. 行为有时紧张,但不影响行使职责
( )	( )	( )	( )	( )	( )	( )	2. 尽管有时因工作繁忙,制服略有不整,但大多数时间穿着整齐
( )	( )	( )	( )	( )	( )	( )	3. 工作报告良好,但有时尚需要深入或条理化,有时在表达方面有困难
( )	( )	( )	( )	( )	( )	( )	4. 在巡逻区采取大量措施防范和控制罪犯,教育市民防止犯罪的技巧,对预防设备有广泛的知识
( )	( )	( )	( )	( )	( )	( )	5. 与市民很少接触或几乎没有接触,未能告知他们防止犯罪的方法
( )	( )	( )	( )	( )	( )	( )	6. 干净利落地解决大多数治安事件,尽管有些是棘手的。在工作中运用以往经验,以求尽善尽美
( )	( )	( )	( )	( )	( )	( )	7. 与他人在一起时表现出深刻的见识和技能,常能防止和解决冲突,缩短了市民和他们的距离
( )	( )	( )	( )	( )	( )	( )	8. 能与任何合作者友好相处,愿意帮助新警官并指导他们。准确如一地执行命令
( )	( )	( )	( )	( )	( )	( )	9. 大多数情况下有判断能力,表现得当,满足市民需求。了解法律的新变化,偶尔会忽视它们
( )	( )	( )	( )	( )	( )	( )	10. 其工作需要受到严密监督,否则工作不能符合标准
……							……

表5-4 混合标准量表法计分标准

描述情况			得 分
高(优于)	中(正合适于)	低(劣于)	
+	+	+	7
0	+	+	6
-	+	+	5
-	0	+	4
-	-	+	3
-	-	0	2
-	-	-	1

当评价者对考核根据考核量表评价完毕时，参照下面表格中的标准赋予每个考核维度分数，并计算出总分。

混合标准量表法最初是用来评价员工的个人特性，后来逐步被用来评价工作行为。在用来评价工作行为时，与关键行为事件法相类似，管理人员首先要研究和选择所要评价的行为，并根据每个行为维度撰写出高、中、低三种行为表现的描述。因此，混合标准量表法的开发设计比较费时，同时存在对关键行为描述的文字局限性，以及与实际行为表现的复杂性之间的差距。不过，由于管理者在评价下属时不直接与数字打交道，可以有效地帮助减少绩效考核主观误差，如能减少光环效应、近因效应等偏差，提高评价的客观性。

5. 评价中心法

评价中心法，也被称为情景模拟评价法，是一种模拟工作的评价方法，这是一种针对工作潜力的考核方法，原来主要用于招聘人员评价和晋升人员评价中，现已扩展用于人员培训与开发中，对员工的能力和个人特征进行评价，为个人发展、绩效改进和晋升提供依据。它要求员工在评价小组人员面前完成类似于实际工作中可能遇到的活动，评价小组根据完成的情况对被考核人的工作能力进行考核。

人们对绩效考核寄予了很多期望，绩效考核要满足很多不同管理的目的和员工开发的目的，使用评价中心法，可以对员工的工作能力和个人特征作全面细致的评价，发现优点、不足和发展潜能。评价结果为改进工作绩效、制定有针对性的培养培训方案和为晋升决策提供最全面、准确、可靠的科学依据。世界各国著名企业，如贝尔公司、通用电器、福特汽车、西尔斯公司、可口可乐公司、柯达胶卷、丰田汽车、摩托罗拉等普遍采用评价中心法。

评价中心法常用的模拟工具有公文筐练习、无领导小组讨论、结构化面试、案例分析、演讲等。

(1) 公文筐练习。公文筐练习又称公文筐测验，模拟公司发生的实际业务、管理情景，提供给评价对象的信息资料有财务、人事、市场、政府法规、客户等十几份或者更多。这些材料通常放在公文筐中，等待评价对象处理。这个测验要求评价对象以指定管理者的身份，模拟真实生活中的想法，在规定的时间和条件下，对各类公文材料进行处理，形成公文处理报告。通过观察评价对象处理过程中的行为表现和书面报告，对计划、组织、预测、决策等能力进行考核。

(2) 无领导小组讨论。由一组评价对象组成一个临时工作小组，讨论给定的问题，并做出决策。这个小组是临时拼凑的，并不指定谁是负责人，目的就是观察小组讨论过程中每个人的表现，对评价对象的组织行为、洞察力、倾听能力、说服力、感染力、团队意识和成熟度进行考核。

(3) 结构化面试。事先设计好要评价的要素，根据要素设计与工作环境类似的具体情景，让评价者讲述在规定的情景中如何做出反应。结构化面试可以评价成就动机、责任心、勤奋、人际交往能力、亲和力、价值观、是否诚实、逻辑思维能力、应变能力等。

(4) 案例分析。案例分析模拟企业实际发生的问题，要求评价对象进行分析评价，或者提出解决方案。案例分析对分析判断能力、问题解决能力、综合能力、书面表达能力等进行评价。

(5) 演讲。在测评方法中，被评价者按照给定的材料组织自己的观点，并且通过演讲向被评价者阐述自己的观点和理由。

三、基于个体业绩比较的绩效考核

基于个体业绩比较的绩效考核,主要是要求评价者拿一个人的绩效去与其他人的绩效进行比较。这种方法通常是对所有人的绩效进行全面评价,并设法把在同一个工作部门的人排出一个顺序。将不同个体的绩效相互比较的方法大致有三种:排序法、强制分配法和配对比较法。

1. 排序法

排序法将一个部门内部所有的员工按照绩效水平排出一个顺序,有两种排序方法。

一种方法叫作简单排序法,就是将同一部门内部所有的员工从第一名排到最后一名,简单排成一个队。

另一种方法叫作交替排序法。这种方法要求对所有接受考核的员工名单进行审查,我们假设接受评价的部门一共有 10 名员工。然后从中挑出一个最好的员工,将这个人的名字从名单中划掉,并做一个标记"1",接下来从剩下的名单中找出最差的员工,也把名字从名单中划掉,并做个标记"10",以此类推。所有员工都被分配一个顺序号。

使用交替排序法进行考核,要根据确定的评价要素或者评价维度进行,如表 5-5 所示。

表 5-5　评价排序表

绩效评价要素: 　　　　　　所在部门:
针对评价要素,将所在部门所有员工的姓名都列出来,把在将要评价的要素上评价最高的员工姓名填写在第一行,将评价最低的员工姓名写在最后一行,然后,将评价第二好的员工姓名填写在第二行,将评价倒数第二低的员工姓名填写在倒数第二行。依次类推,直到本部门所有的员工都被填写在相应的位置。
评价最高的员工
1
2
3
4
5
6
7
8
9
10
评价最低的员工
评价者签名:

2. 强制分配法

强制分配法大多为企业在考核绩效结果时所采用。该方法就是按事物的"两头小、中间大"的正态分布规律，先确定好各等级在被考核者总数所占的比例，然后按照每个员工绩效的优劣程度，强制列入其中的一定等级。比如某企业规定评价优秀的为10%、良好为40%、合格为40%、有待改进为5%、差为5%。GE前首席执行官杰克·韦尔奇凭借该规律，绘制出了著名的"活力曲线"。按照业绩和潜力，将员工分为ABC三类：A类占20%，B类占70%，C类占10%。对A类这20%的员工，韦尔奇采用的是"奖励奖励再奖励"的方法，提高工资、股票、期权和职务晋升。A类员工所得到的奖励，可以达到B类员工的二至三倍。对于B类员工，也根据其情况，确定其贡献，并提高其工资。但是，对于C类员工，不仅没有给予其奖励，还要将其淘汰出企业。

1) 强制分配法的优点

强制分配法作为一种绩效考核方法，有其优点也有其缺点。强制分配法的优点主要表现为以下三点。

第一，等级清晰、操作简便。等级划分清晰，不同的等级赋予不同的含义，区别显著；并且只需要确定各层级比例，简单计算即可得出结果。

第二，刺激性强。强制分配法常与员工的奖惩联系在一起，对绩效"优秀"的重奖，绩效"较差"的重罚，强烈的正负激励同时运用，给人以强烈刺激。

第三，强制区分。由于必须在员工中按比例区分出等级，可以使绩效评价结果有一个合理的分布，会有效避免考核中的趋中效应，以及过宽或过严的现象。在管理者倾向给员工打高分，出现"天花板效应"，或者给下属普遍打低分，出现"地板效应"，以及给几乎所有下属都打一个"居中"分数的情况下，适合采用强制分配法。

2) 强制分配法的不足

强制分配法的不足主要是由于这种分配是"强制"的，没有商量余地，在实施中往往会遇到下列主要问题。

第一，团队合力问题。排在"优异"的毕竟很少，一般只"优秀"或"良好"的员工对此颇有微词。有的甚至距"优异"只差个小数点，但最后得到的奖励却相距甚远。并且，绩效"一般"的员工更不平衡，奖励都让你们拿了，工作也由你们干好了，大家开始出工不出力。排名"优异"的员工受到排挤，情绪也开始消沉起来。

第二，分数的公正性问题。有的部门，整体员工素质与绩效都很不错，部门内评价"一般"的，也许到部门外可以得到"优秀"，但"强制分配法"的规则，必须有人是最差的，部门领导难以接受，更不忍心"下手"。另外，对一些部门，如人力资源部、财务部、行政办公室等部门，因为人数太少，难以区分不同等级。因此，一些企业采用"滚雪球"的办法，将这几个部门员工的考核成绩捆绑计算，按总排名，计算出不同等级。为了使自己部门的员工能够有更好的排名，各部门负责人使出浑身解数，提高部门员工的考核分数。于是，对员工要求较严的负责人顿成众矢之的，有的受不了内挤外压，选择了辞职。留下来的，关系微妙起来，大家的关注点，由原有的工作转移到高深莫测的考评政治上。

第三，结果的运用问题。对绩效考评很差的员工，如果这些员工市场就职能力低，辞退这些员工就不是容易的事情；如果员工的能力强，或者员工的专业性强、行业内比较紧缺的，即使考核结果很差，企业却也不能将其淘汰，因为只要公司一开口，另有大把公司等着要,考核结果一出来,有些人自己就痛痛快快地炒了公司鱿鱼。另外,结果应用难还表现在奖励兑现难,考核结果出来后,出乎大家的意料,不少领导和员工心中的好员工,却不知为何拿不到好的成绩,考评"优异"的,有相当一部分难以服众,老板也不情愿给二流的人员发一流的工资。于是,考核"优异"的,怪老板言而无信;考核"优秀"的,心里不服气;考核"一般"的,有了推卸责任的借口;考核"较差"的,一部分要老板付出心力苦苦挽留,另一部分要企业付出金钱谨慎淘汰,混乱的局面,直到取消考核才开始停止。

客观来说,"强制分配法"与其他绩效考评方法一样,是一种绩效考评和管理的工具,而每一种管理工具,都有其优缺点。因此,如何发挥"强制分配法"的积极作用,最大限度地减少负面影响,就变得很重要。

3) 强制分配法应用的注意点

应用强制分配法必须注意以下几个方面。

第一,合适的文化基础和制度保证。"强制分配法"较之其他考评办法,更需要文化的吻合。因为其强烈的刺激,给人们心理带来的冲击更大。GE 的"活力曲线"之所以发挥出很好的效果,在于其整整花费了十年时间来建立新的绩效文化。但即便在 GE,冲突也是经常发生,有的部门负责人,甚至将已经过世的人的名字拉出来充后面 10%的人数。但 GE 的文化,较好地弥合了"强制分配法"的负面效应,坦率与公开是 GE 绩效文化中最显著的特点,人们可以在任何层次上进行沟通与反馈,在这种文化下,绩效的持续改进与提升是人们关注的重点。如果没有这种绩效文化的依托,"强制分配法"也只能起到传统考核所起到的"胡萝卜加大棒"的效果。

第二,制度的保证也必不可少。企业的各项管理系统间必须是兼容的,企业的人力资源系统内部、企业的其他管理系统与人力资源系统之间,必须有很好的融合度。如果企业的绩效管理本身就不够系统和规范,如果绩效只能与物质奖励(或惩罚)挂钩而无法引导员工的持续发展,如果企业的愿景和使命不能焕发起员工的激情,可以肯定,"强制分配法"的激励效果会非常有限,甚至如本章首引导案例中那样,可能将员工的积极性也强制掉了。

第三,根据企业实际需要,灵活应用。使用强制分配法之前,一定要权衡利弊,如果确实利大于弊,方可采用,并要研究如何将其负面影响降到最小。根据企业的自身实际,灵活而不是机械式地应用。

4) 强制分配法的具体做法

由于不同部门间的平均绩效水准以及员工的素质参差不齐,在实践中,应该将员工的绩效与部门的整体绩效联系起来,而不应该简单地"一刀切"。在具体做法上,可考虑以下几种方法。

第一,整体领先法。在各部门人数确定的前提下,根据部门整体绩效的等级,领先其他部门的方法。不同等级给予一定的调节系数,确定部门内各等级员工名额,对整体绩效领先的部门给予一定的倾斜。

第二,柔软等级法。与整体领先法相似,区别在于不强调名额的精确性,模糊规定出上下限。比如,部门整体评价在"优异"的,只按调节系数规定出"优异"的人数,而不限制"优秀""一般"和"较差"的人数;如果有绩效较差的,就如实评价,如果没有,也不需要强行拉入;而部门整体绩效"较差"的,不仅按倾斜系数限制"优异""优秀"的人数，并且，"优秀""优异"的人数可以少于规定的人数，而"较差"的人数则只能比倾斜系数计算出的数量多。这样不仅可以避免"绝对强制"所产生的负面效果，更可以提高团队士气，达到长久的团队激励效果。在实践中，对于中等企业而言，柔软等级法的效度更好些；而对于大型企业，采用规范化的整体领先法会更多地减少人为因素。

第三，让单一的物质刺激转化为全方位激励。可采用多种办法，比如提供培训以及更有挑战性的工作机会等，激发员工的工作热情。另外，在必备的绩效文化没有形成前，企业在绩效结果的使用上也需要留有分寸。比如初期，可缩小最后一个等级的人数比例；或者，不把"强制分配法"与员工的末位淘汰结合起来，将关注点由对过去的结果评价转移到对员工未来绩效与能力的提升上来。总之，对于"强制分配法"的使用，企业应该慎重。如果简单地将其作为强激励与强威胁的工具，就会混淆绩效管理之提升绩效的重点，处理不好，就会步入"以人际关系为导向"而非"以绩效为导向"之歧路，违背了考核的初衷。

3. 配对比较法

配对比较法，又称两两比较法，它要求把每个员工的工作绩效与部门内所有其他员工进行一一比较，如果一个人和另外一个人比较的结果为优，则记一个"＋"号，或者给他记一分，逊者则计为"－"或"0"，然后比较每个被考评者的得分。表 5-6 所示的是以创新性维度，对编号为 A、B、C、D、E 的 5 个人进行两两比较。

表 5-6　两两比较法

	A	B	C	D	E
A		−	+	+	+
B	+		−	+	−
C				+	+
D			−		−
E	−			+	
对比结果	差	中	差	好	中

配对比较法要求管理者将每个员工与其他所有的员工进行比较。用这种方法区分不同个体的工作绩效，得到的评价等级更加准确。配对比较法容易设计和实施，所以通常易被管理者接受。不过，配对比较的方法比较耗费时间，当一个部门内从事相同工作的员工数量较多时，配对比较法实际操作的工作量很大。

当绩效考核的目的是区分不同员工绩效的时候，使用个体间比较的绩效考核方法是最适合的。配对比较法排除了评分过分宽松、过严和居中趋势出现的可能性。如果管理者希望将绩效考核结果与奖励、加薪和晋升挂钩，就会发现此类方法尤其有价值。一般来说，强制分配法考核结果用于绩效奖励和加薪决策，排序法考核结果用于奖励特别优秀的员工或者晋升决策。

个体间比较的绩效考核方法有不容忽视的局限性和缺点。

第一，工作性质不同，不能进行量的比较，个体间的比较通常在从事相同工作的员工之间进行。

第二，个体间比较的结果，只能提供笼统的绩效信息，无法提供工作缺陷方面的明确信息，因此，员工不清楚他们必须采取怎样的措施才能改进绩效。管理者如果希望为帮助员工改进工作绩效，就不得不通过其他渠道获取另外的信息。

第三，个体间比较的结果无法将个人工作目标与组织目标结合在一起。即使管理者对员工个人绩效对于组织目标贡献的程度进行评价，这种评价也是笼统的。

第四，使用比较法考核，管理者对员工绩效评价主观性强，评价的信度和效度受评价者本人影响大，有时会导致比较大的分歧。

第五，员工可能更愿意将自己的工作表现与工作要求标准相比较，而不是和其他人相比，特别是那些工作绩效排在末位的员工，个体间比较的结果会让他们感到难堪。

第二节　现代的绩效考核方法

一、关键绩效指标

关键绩效指标(Key Performance Indicators，KPI)，是指企业宏观战略目标决策经过层层分解产生的可操作性的战术目标，是宏观战略决策执行效果的监测指针。通常情况下，KPI用来反映策略执行的效果。

KPI是衡量企业战略实施效果的关键指标，其目的是建立一种机制，将企业战略转化为内部过程和活动，以不断增强企业的核心竞争力和持续地取得高效益，使评价体系不仅成为激励约束手段，更成为战略实施工具。

1. 建立战略导向KPI体系的意义

建立战略导向KPI体系具有如下意义。

(1) 使KPI体系不仅成为企业员工行为的约束机制，同时发挥战略导向的牵引作用。

(2) 通过员工的个人行为目标与企业战略相契合，使KPI体系有效地阐释与传播企业战略，成为企业战略实施的工具。

(3) 是对传统绩效评价理念的创新。战略导向的KPI体系在评价、监督员工行为的同时，强调战略在绩效评价过程中的核心作用。战略导向的KPI体系与一般绩效评价体系的区别如表5-7所示。

表5-7　战略导向的KPI与一般绩效评价体系的区别

	战略导向的KPI体系	一般绩效评价体系
假设前提	假定人们会采取一切必要的行动以达到事前确定的目标	假定人们不会主动采取行动以实现目标 假定人们不清楚应采取什么行动以实现目标 假定制定与实施战略与一般员工无关
评价的目的	以战略为中心，指标体系的设计与运用都是为战略服务的	以控制为中心，指标体系的设计与运用来源于控制的意图，也是为更有效地控制个人的行为服务
指标的产生	在组织内部自上而下对战略目标进行层层分解产生	通常是自下而上根据个人以往的绩效与目标产生

续表

	战略导向的 KPI 体系	一般绩效评价体系
指标的来源	来源于组织的战略目标与竞争的需要	来源于特定的程序，即对过去行为与绩效的修正
指标的构成及作用	通过财务与非财务指标相结合，体现关注短期效益，兼顾长期发展的原则；指标本身不仅传达了结果，也传递了产生结果的过程	以财务指标为主，非财务指标为辅，注重对过去绩效的评价，且指导绩效改进的出发点是过去绩效存在的问题，绩效改进行动与战略需要脱钩
收入分配体系与战略的关系	与 KPI 的值、权重相搭配，有助于推进组织战略的实施	与组织战略的相关程度不高，但与个人绩效的好坏密切相关

2. KPI 体系的建立

要建立企业的 KPI 体系，必须首先明确所建立的 KPI 体系的导向是什么，企业的战略是什么，成功的关键因素是什么等。明确导向以后，就要开始进行分解。建立 KPI 体系一般有两条思路：按主要流程分解，目标—责任方法。

基于建立 KPI 体系的两条主线，我们通常有三种方式来建立企业的绩效体系：依据部门承担责任的不同建立 KPI 体系；依据职类职种工作性质的不同建立 KPI 体系；依据平衡计分卡建立 KPI 体系。下面我们将介绍前两种方式。

1) 依据部门承担责任的不同建立 KPI 体系

依据部门承担责任的不同建立 KPI 体系的方式，主要强调从部门本身承担责任的角度，对企业的目标进行分解，进而形成评价指标，如图 5-3 所示。这种方式的优势在于突出了部门的参与，但是有可能导致战略稀释现象的发生，指标可能更多的是对于部门管理责任的体现，而忽略了对于流程责任的体现。

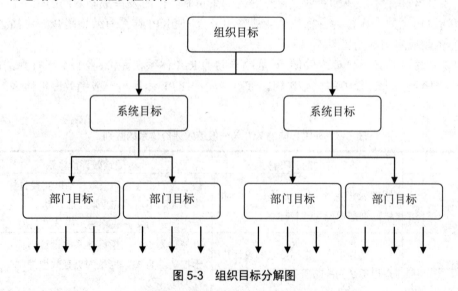

图 5-3　组织目标分解图

2) 依据职类工作性质的不同建立 KPI 体系

基于职类划分建立的 KPI 体系，是突出对组织具体策略目标的响应，各专业职种按照组织制定的每一项目标，提出专业的响应措施。但是，这种设置指标的方式增加了部门的管理难度，有可能出现忽视部门管理责任的现象，而且依据职种工作性质确定的 KPI 体系更多的是结果性指标，缺乏驱动性指标对过程的描述。

3．确定关键绩效指标的方法

1）标杆基准法

标杆基准法是企业将自身的关键绩效行为与在行业中领先的、最有声望的企业的关键绩效行为作为基准进行评价与比较，分析这些基准企业的绩效形成原因，在此基础上建立企业可持续发展的程序和方法。在 KPI 指标和指标值的设定上，参考较强的竞争企业或那些在行业中领先的、最有声望的企业的做法是很有必要的，它能够帮助企业明确目标和方向，清楚自身的差距，以便更好地确立重点、改进工作。另外，还应该考虑到企业自身的特点与发展阶段。很多在行业中领先的、最有声望的企业，它由于发展阶段、自身的业务和技术水平、面临的竞争环境以及管理水平等不同，设定的 KPI 相应就会有所不同，如果一味地模仿，很容易将企业引入迷途。

2）成功关键分析法

成功关键分析法就是要寻找一个企业成功的关键要点是什么，并对企业成功的关键要点进行重点监控。通过寻找企业成功的关键，层层分解从而选择评价的 KPI，基本思想是通过分析企业获得成功或取得市场领先地位的关键因素，提炼出导致成功的关键绩效模块，再把业绩模块层层分解为关键要素。为了便于对这些要素进行量化评价与分析，须将这些要素细分为各项指标，即 KPI。

3）策略目标分解法

这种方法采用的是平衡计分卡的思想，即通过建立包括财务指标与非财务指标的综合指标体系对企业的绩效水平进行监控。需按照以下步骤进行操作。

一是确定企业战略。企业各级目标的来源必须是企业的战略目标，只有经过战略目标的层层分解，才能保证所有的部门和员工的努力方向与企业保持一致。企业的战略目标是根据企业发展状况和环境的变化不断调整的，在不同的发展时期有着不同的经营重点。

二是业务价值树分析。业务重点是为了实现企业的战略目标必须完成的重点，这些业务重点就是企业的关键绩效领域。战略目标确定以后，我们就要通过业务价值树分析，对战略方案和计划进行评价，并按照它们对企业价值创造的贡献大小进行排序，分别建立企业的价值体系，并以此找出企业中数目有限的关键战略价值驱动因素，进而确定关键的岗位和部门。

三是关键驱动因素分析。通常我们要进行两方面工作：第一是进行关键驱动因素的敏感性分析，找出对企业整体价值最有影响的几个财务指标；第二就是将滞后的财务价值驱动因素与先行的非财务价值驱动因素连接起来。一般情况下，我们是借用平衡计分卡思想，通过策略目标分解来建立这种联系。

4．选择有效 KPI 的原则

1）重要性

重要性即对公司整体价值和业务重点的影响程度。通过对公司整体价值和业务流程的分析，找出对其影响较大的指标。需要注意的是，在不同的市场形势、公司目标和发展阶段，同一指标的重要性可能不同。

2) 可操作性

指标必须有明确的定义和计算方法，易于取得可靠和公正的初始数据。

3) 职位的可控性

指标内容是该职位人员控制范围之内的，而不是该职位不能控制的，这样才能公平、有效地激励人员完成目标。

4) 关联性

指标之间应具有一定的关联性。

5. 审核关键绩效指标

在设定了关键绩效指标之后，还需要进一步对这些关键绩效指标进行审核，以确认这些关键绩效指标是否能够全面、客观地反映被评价对象的工作绩效，以及是否适合于评价工作。审核关键绩效指标的要点包括以下几项。

(1) 工作产出是否为最终产品？

由于通过关键绩效指标进行评价主要是对结果的评价，因此在设定关键绩效指标的时候也主要关注最终结果。在有最终结果可以界定和衡量的情况下，我们就尽量不去追究过程中较多的细节。

(2) 多个评价者对同一个绩效指标进行评价，结果是否能取得一致？

如果关键绩效指标真正是依据 SMART 原则设定的，那么它就应该具有清晰明确的行为性评价标准，在这样的基准上，不同的评价者对同一个绩效指标进行评价时就有了一致的评价标准，能够取得一致的评价结果。

(3) 这些指标的总和是否可以解释被评价者 80% 以上的工作目标？

关键绩效指标是否能够全面覆盖被评价者工作目标的主要方面，也就是我们所抽取的关键行为的代表性问题，也是非常关注的一个问题。因此，在审核关键绩效指标的时候，我们需要重新审视一下被评价者主要的工作目标，看看我们所选的关键绩效指标是否可以解释被评价者主要的工作目标。

(4) 关键绩效指标是否具有可操作性？

我们不仅要设定关键绩效指标，还需要考虑如何依据这些关键指标对被评价者的工作行为进行衡量和评价，因此，必须有一系列可以实施的跟踪和监控关键绩效指标的操作性方法。如果无法得到与关键绩效指标有关的被评价者的行为表现，那么关键绩效指标也就失去了意义。

(5) 是否留下超越标准的空间？

需要注意的是，关键绩效指标规定的是要求被评价者达到工作目标的基本标准，也就是说是一种合格的标准。因此绩效标准应该设置在大多数被评价者通过努力可以达到的范围之内，对于超越这个范围的绩效表现，我们就可以将其认定为卓越的绩效表现。

6. 设定关键绩效指标通常存在的问题及解决方法

在表 5-8 中我们列出了设定关键绩效指标通常存在的问题以及如何纠正和解决这些问题的方法。

第五章 绩效考核

表 5-8　设定关键绩效指标常见问题及解决方法

常见问题	问题举例	解决和纠正方法
工作的产出项目过多	列出 15～20 项的工作产出	去掉与工作目标不符合的工作产出；识别出这些活动的结果对组织的增值贡献，并把这些贡献作为增值产出；合并同类项，把一些工作产出归到一个更高的类别
绩效指标不够全面	对某项工作产出可以从质量、数量和时限几个方面进行衡量，而在关键绩效指标中仅仅给出了数量标准，如"发展客户的数量"	设定针对各方面的全面的绩效指标
对绩效指标的跟踪和监控耗时过多	正确回答客户问题的比率	跟踪"正确率"比较困难，可跟踪"错误率"
绩效标准缺乏超越的空间	绩效标准中使用"零误差率"	修改绩效标准以留下超越标准的空间

二、360 度绩效考核

360 度的绩效评价方法，目前已被许多企业所采用，其中包括许多财富 500 强中的著名企业。最近的一项调查显示，入选《财富》杂志的 1000 家企业中，超过 90% 的企业已将 360 度反馈系统的某些部分运用于职业发展和绩效考核中。

1．基本内涵

360 度绩效评价方法是由被评价人的上级、同级人员、下级和(或)内部客户、外部客户以及被评价者本人担任评价者，从各自不同角度对被评价者进行全方位的评价，再通过反馈程序将评价结果反馈给被评价者，以达到改善被评价者工作行为、提高工作绩效的目的。因此，360 度绩效评价法实质上是一种多源信息反馈的评价系统。以被评价者销售经理为例，其考核者可以是市场总监、销售员、同级同事如财务部等，如图 5-4 所示。这种考核系统也被称为多考核者评价系统或多源反馈系统。

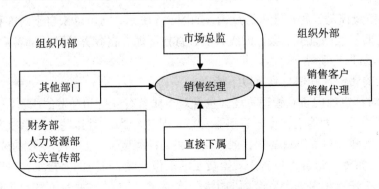

图 5-4　360 度考核举例

2. 360度绩效评价法的优点与不足

360度绩效评价法作为一种从西方引进的新的评价方法，有其优点也有其不足。

(1) 360度绩效评价法的优点。

360度绩效评价法与传统的由被考核者直接上司进行考核的方法相比，具有以下优点。

一是比较公平公正。被评价者可以获得来自多层面的人员对自己素质能力、工作绩效等全面、客观的评价，弥补单纯由直线经理对下属进行评价，可能发生主观臆断，容易出现晕轮效应，甚至滥用职权，打击报复"不同意见者"、拔高"溜须拍马者"的不足。从程序上看，每个被评价者不仅有同样的自述机会，而且也有同等的权利评价他人，员工站在同一个平台上参与评价，因此对评价的积极性高，避免了对评价的倦怠和马虎态度。

二是减少了考核结果的偏差。360度绩效评价的评价者不仅来自不同层面，减少了考核结果的偏差，而且每个层面的评价者往往有若干名，评价结果取其平均值；每个层面的评价结果又给予不同的加权，最后得到的加权平均值，从统计学的角度看，其结果更接近于客观情况，有利于误差的减少。同时评价者分别评价不同的内容，在自己最熟悉的方面对被评价者进行评价，可以较好地解决评价过程中由于信息不对称而造成的偏差，反馈给被评价者的信息更容易得到认可，与被评价者的自评结果比较，可以让其认识到存在的差距。

三是在评价过程中增进了组织成员之间的沟通，促进了员工在以后的工作中能换位思考，有利于组织成员之间的沟通与互动，提高了团队的凝聚力和工作效率，有利于组织的发展。

正因为以上优点，目前360度绩效评价法一般应用于管理者和员工的自我评价与发展、绩效考核以及企业高层候选人的评价、组织变革与发展等领域。

(2) 360度绩效评价法的不足。

360度绩效评价法的不足主要表现为以下几点。

一是综合各方面信息增加了评价系统的复杂性。

二是有可能产生相互冲突的评价，每个评价者的立场和看法各不相同，受到的影响或干扰因素也不同。

三是一个包含各种身份评价者的评价系统自然会占用更多的时间，评价成本也较高。

360度绩效评价法的利弊并存，在评价系统中，参与者之间需要高度的信任就变得重要和必要。

3. 360度绩效反馈的信息来源及其特点

360度绩效反馈是一种多元来源反馈，如图5-4所示，它可以来自于内部和外部不同的信息来源，主要是包括直接上级、同级人员、直接下属、自我评价和外部客户等五个方面。

1) 直接上级评价反馈

直接上级的评价及其信息具有以下特点。

(1) 主管对特定部门负有管理责任。主管对下属负有评价和开发的职责，对主管而言，评价作为管理手段，为他们提供一种引导和监督员工行为、对其进行奖惩以激励员工提高绩效的方法，增强了对其下属的职权或控制，在某种程度上，提高了主管的威信。

(2) 主管通常处于最佳的位置来观察员工的工作业绩。员工的直接主管对于员工每天的工作表现、工作缺点和潜力会有全面的了解，能客观地提供相关的信息，并能从组织目标的角度来评价员工个人的工作绩效。

(3) 关心下属的培训和发展是每个主管工作的一部分。通过评价，有助于主管跟员工之间的沟通，了解员工的培训和发展需求，有利于改进员工的工作态度和绩效。同时，也排除了同级人员互相评价的一些弊端，具有一定的公正性。但是，对主管来说，评价经常是一个高度情感化的过程，可能会强调员工业绩的某一方面，或受到偏见的不良影响，或与员工有矛盾，或与员工有私人交情等，削弱了对员工评价的客观性和准确性，降低了评价下属的信度和效度。在许多情况下，主管有可能很少有时间来观察员工的工作，从而无法对员工的工作业绩做出评价。因此，需要有不同主管的其他人员参与评价。譬如，由一名更高级主管对直接主管的评价进行检查和补充。在加薪、提升的评价过程中，也有高级主管参与，会形成对直接主管评价行为的一种制约。

2) 同级人员评价反馈

同级人员指被评价者所在部门或团队的其他人员或组织中与被评价者处于相同层次并与其有经常联系的人员，有时也被称为被评价者的内部客户。同级人员的评价及其信息具有正面与负面特点。

(1) 正面特点主要表现为以下几点。

① 同级人员和主管是从不同的角度来看待某个人的绩效的。通常，主管们掌握着更多的有关工作要求和绩效结果的信息。而同级人员则经常以一种更现实的眼光来看待各自的工作绩效，因为人们经常在上司面前表现得与在别人面前有所不同。另外，同级人员不仅看员工与他们之间的相互关系，还看他与下属、上级之间的相互关系，对员工的工作绩效有一个综合的看法，也就比其他评价者拥有更多的相互信息。

② 同级人员与被评价的员工有密切的工作关系和日常频繁的接触，尤其在一些团队项目中，该员工的贡献、沟通信息的能力、主动性等，同级人员最了解，因此，他们可能会做出比较准确的评价。不同同级人员评价中包括众多的观点，客观性比较强，可用作对主管评价的补充，还可以帮助消除偏见，使评价误差最小化。被评价者也比较认同和重视同级人员的诚实的评价。

③ 同级人员参与评价，会对同事形成一种压力和竞争，这是一个极为有力的激励因素，因为被评价员工认识到团队中的同事将会评价他们的工作，会表现出更高的积极性和工作效率。

(2) 其负面特点主要有以下几点。

① 同事坐在一起互相评价，碍于面子和各自的利益，容易出现互相吹嘘。

② 同事之间的友情、敌意和接触的疏密等因素常常影响对被评价者的评价。如在一个竞争的环境中，在一个奖励个人的系统内，以同级人员的评价作为提升和奖励的依据，可能会造成同事之间关系紧张、争吵、抵触情绪，反而降低工作主动性，降低工作效率等问题，这些同级人员之间的利益冲突，处理不当，会影响评价的预期效果。

③ 有些组织在寻找合适的同级评价人员时遇到困难。为了保证评价的有效性，同级人员相互之间必须有紧密的联系，才能掌握彼此行为的第一手资料。但对于某些工种如销售人员等，比较困难。由于相互之间了解甚少，就会影响评价结果的可信度和有效性。为此，可采用一些弥补的方式，如同级人员以匿名的方式完成评价，由主管将评价结果运用在综合意见中；同级人员的评价不与加薪、晋升等敏感活动直接联系；多组织团队活动，增进

同事之间的小组沟通与相互了解等。

(3) 同级人员评价有三种方式可以选择：同级人员提名、同级人员评价、同级人员排名。第一种，同级人员提名是指让每个员工指出在工作绩效的某个特定方面(如信用管理、团体关系、存货控制等)表现得最高或最好的特定数量的同级人员。也经常会要求员工指出表现最低或最差的那些人。在提名时，通常要求员工把自己考虑进去。第二种，同级人员评价是要求每个员工根据一系列给定的评价标准，对团队中所有的其他成员进行评价。第三种，同级人员排名是指每个员工要根据一个或几个评价标准将团队内的所有员工由最好到最差进行排名。这种方式的区分能力最好。

3) 直接下属评价反馈

在整个组织中实行直接下属评价，有助于管理者重新审视他们的管理风格，明确一些潜在的问题，并按照对管理者的要求采取一些正确的行为。这种评价方式使管理者能听到员工的声音，对促进管理者改进工作和发展很有价值。博纳丁和贝蒂证明了实行下属评价的三个原因：第一，下属所处的位置使其能从与大多数主管、同级人员不同的优势角度对管理绩效进行观察；第二，和同级人员评价一样，下属评价有助于减少单一评价的偏见；第三，下属评价系统与员工"忠诚"和"参与"模型相匹配，这两种模型是管理人员和学者共同提倡的提高员工劳动生产率的模式。这种评价方法赋予下属成员以超过他们上级管理者的权利，会导致管理者更为重视员工的满意度。这种评价方式也促进了管理者的信息沟通、工作任务委派、资源配置、协调下属矛盾、公正处理与员工之间关系等能力的提高。另一个用途，可以帮助管理层发现具有管理能力、可以晋升的主管人选。但下属的评价信息也容易受上下级关系的影响，以及下属自身能力和道德水平的限制。因此，在采用下属评价方式时，同样可不要求评价人注明个人身份，并向评价人保证他们的评价不会向其他同事或公司中任何其他人公开，也不要将主管们的报酬或晋升与下属评价联系得太紧。

4) 自我评价反馈

自我评价即员工个人的自我评价。它的特别有魅力之处，就是以自我管理为核心，而自我管理对个人劳动率的提高及降低成本所做的努力是非常重要的。从监督的角度来讲，人们能够自我管理，自我调整，对监督的需要就少了。

自我评价的优点包括以下几项。

(1) 自我评价能提高员工的自尊、自重和自我意识，使员工更好地认识自己的优点和不足，从而提高员工的自我管理、自我提高的能力。

(2) 自我评价有助于主管跟员工之间的沟通。当员工和管理者独立地填写绩效评价表后，再评价面谈时，就能将两者进行比较，找出和明确产生差异的原因，员工更易接受主管的意见，也会自愿地提出更多的建议，有利于改进员工的工作态度和绩效。

(3) 自我评价提高了员工对培训、开发计划的需求的理解，以及对实施这些计划的系统目标的理解，促使其在现有自我考核的基础上，对自身提出更高的要求，有利于员工职业生涯的发展。

(4) 能提高自我激发的可能性，减少评价对象的心理防卫倾向。尤其是员工在相对孤立的条件下工作或拥有特别技能时，员工本人通常比任何其他人都了解自己的行为，自我评价就显得特别重要。

由于信息不对称，许多员工并不理解自我评价的目的是什么，会出现自我评价比其他评价宽松，即对自己的评价高于事实，并且往往把对自己不利的结果归咎于外部因素的情况。因此，要告诉员工，自我评价的结果要和其他评价结果或绩效测量进行比较或加以验证，以提高自我评价的有效性。进行自我评价时要让员工按照一个相对标准(如平均以下、平均、平均以上等)来进行评价，而不是让其按照一些绝对标准(如优秀、差等)来评价；要对评定结果保密，直到自我评价结果的偏差得到纠正。

5) 客户评价反馈

对于那些与公众大量接触的服务性职务，客户的评价往往也很重要。由于服务所具有的独一无二的性质，即产品的生产和消费常常是在某一时点上发生的，所以无论上级、同事还是下属都没有机会去观察员工的行为。相反，客户作为唯一能够在工作现场观察员工绩效的人，就成为最好的绩效评价者。管理部门可以组织一些公司的老客户对本公司的员工进行评价，评价的结果可在人事决策以及员工个体发展等方面起到积极的作用。但是，由于客户对职务的性质及组织的目标并没有充分的了解和认识，因此，评价的结果是不全面的。在实际进行外部资源评价时，管理部门应慎重地挑选具体的客户作为评价人员。客户应当对员工的工作有充分的了解，并对其工作行为有最为详细的观察。管理部门在挑选客户时，应考虑两个因素：评价人员必须能够消除或者减少在评价中的个人偏见；评价人员必须有机会在一段较长的时间内，全方位地对员工的工作表现进行观察。

360度绩效评价信息，来自上述的上级、同级人员、下属、客户及自我评价的各个方面，通常采用调查问卷表的方式，请他们各自填写评价某人的调查问卷，然后用计算机的统计系统对所有的反馈信息进行系统汇总，并加以数据分析，得出评级结果。

4. 360度绩效评价法在实施中的障碍和克服建议

产生于西方文化背景中的360度绩效评价法，与西方倡导的"个人主义""平等""竞争"的文化观念相适应。但在中国文化背景下推行360度绩效评价法，可能会遇到阻力，尽管是以匿名形式，往往也难以避免。

1) 360度绩效评价法在实施中的可能障碍

(1) 害怕下级考核的心理。360度考核让下级可以对上级进行评价，发表意见。管理者们认为他们的权威受到了挑战，在心理上一时难以承受。企业的中层害怕变革的心理会阻碍这种评价方法的推行。

(2) 文化传统观念的冲突。西方的文化具有开放性，强调竞争、敢于冒险、鼓励创新，西方员工往往敢于自我否定，善于听取各方意见来完善自我。而中国文化强调含蓄、保守，中国员工不太愿意袒露自己真实的想法，而且也不敢面对真实的自我。因此中国员工对这个评价方式往往会有抵触情绪。

(3) 下属惧怕权威心态。员工可能因惧怕权威而给上级较高的评价。由于上级的权力的无形压力，员工不敢得罪上级，怕上级会对自己施行报复，从而影响自己的前途，尤其是管理部门，上下级关系比较固定，上下级之间还要相处很久，这样员工就不倾向于表露自己真实的想法。这种评价方式还会导致另外一个极端就是，这种评价成为下级发泄不满的工具。尤其是即将离职的员工，反正不打算继续干了，就给上级一个很差的评价。

(4) 情感好恶与利益冲突。在同一公司工作的员工，既是合作者，又是竞争者，考虑到各种利害关系，评价者有时还会故意歪曲对被评价者的评价。比如，可能会给跟自己关系好的被评价者以较高的评价，而给跟自己关系不好的被评价者以较低的评价。

2) 360度绩效评价法在实施中克服障碍的建议

(1) 必须取得公司高层领导的支持。高层领导必须有坚决变革的决心，并能在公司内部倡导一种变革、创新、竞争、开放的文化，使员工摈弃旧有的传统观念，敢于竞争、敢于发表意见，也敢于接受别人的评价，让员工能够从观念上接受这种评价方式。

(2) 倡导公平、参与和开放的文化理念。如果企业文化是重视员工意见与参与，也重视员工的职业发展，则导入360度绩效评价方法后，可由各种不同的角度进行评价，以帮助员工个人的成长。此外，企业如果重视以公正客观的考核及奖励制度来激励员工，那么推行的成功概率将会提高，受到员工抗拒的阻力也会减小。

(3) 加强宣传与沟通。在360度绩效评价方法推行之前和推行过程中，应加强宣传和沟通，向员工讲清其意义所在，了解评价目的，消除评价中的人为因素。必须对评价者进行有效的培训，以免评价结果产生很多误差。在施行过程中也应该就评价的准确性、公正性向评价者提供反馈，指出他们在评价过程中所犯的错误，以帮助他们提高评价技能。

(4) 选择合适的咨询公司。如果在公司内部找不到合适的人来负责项目的运作，就需要选择咨询公司来负责。好的咨询公司可以提供一套系统作为考核工具，以及一份完整的解析报告。但是，丰富且成功导入经验才是最重要的。咨询师们会依企业不同发展现状及导入目的给予适当的建议。现象解析也是一门学问，如何从这些数字中看出端倪，其功力并非一朝一夕即可养成。数字背后所隐藏的意义，检验咨询师的功力。例如：被评者自我的评分很高，但主管及同级的给分却很低，其原因可能是被评者有自我夸大的现象。如果主管给分较低，但自我及同级的评分都很高，可能是被评者过去曾与直属主管有嫌隙等。这些都是透过数据信息透露出个人及组织的问题，咨询师会针对问题，给予适当而中肯的建议，最后提出发展行动计划。选择能使员工充分信任的人员来执行360度评价项目非常重要。员工信任执行人员，他们才会发表自己真实的看法。

(5) 360度绩效评价方法通常适用于人员发展和培训。不同于一般评价方法，360度绩效评价强调多源信息反馈评价，因此，这种方法实际上是一种"360度评价反馈"，所获得的信息主要作为提高员工的能力、改进员工的绩效和培训员工的依据，而一般不作为被评价者的薪酬调整、晋升等依据。需要强调说明的是，绩效考核是一种人力资源管理的责任，而权力是基于责任的。如果上下左右都有评价他人的权力，而不承担对考核结果的责任，那么在这种责任失落以后，剩下的只有权力时，共同拥有的而不承担责任的权力，必然滋生不负责任的评价，这是非常可怕的。同时，如果不同部门管理者都有评价考核员工的权力，也就是让各级管理者逃避自己的责任。主管正确地评价下属是各级管理者义不容辞的责任、权利和义务。下属干得如何，直接主管很清楚，如果主管不能对下属的绩效做出准确的评价，则是主管的失职。

三、平衡计分卡

1. 平衡计分卡概述

1) 单一财务评价模式的缺陷

20世纪80年代末至90年代初，欧美很多学者和大公司发现，传统的以财务为单一衡量指标考核企业经营绩效的模式，存在两方面的缺陷，具体如下。

(1) 传统的单一财务评价指标偏重有形资产的考核和管理，对无形资产和智力资产的考核与管理显得无力。信息时代提高了无形资产管理对企业未来价值创造的地位与作用，因而对企业经营绩效的反映，不仅体现在有形资产的管理及其管理的财务结果方面，还应包括企业无形资产的管理等多方面的内容。如发展与客户的关系，维系现有的客户对企业的忠诚，并使新客户和新市场获得高效的服务；以低成本和高质量提供定做的优质产品，提供因人而异的优质服务；及时设计出市场反应灵敏的新型产品，以满足特定客户群体的愿望；员工在工作中的积极性和对企业的满意度等。而利用原有单一财务考核模式，对这些内容无法科学地进行考核，这从某种程度上反映了传统的考核模式无法适应飞速变化的商业环境、日益激烈的竞争和与日俱增的客户期望。

(2) 传统财务评价模式适合满足以投资促成长的工业时代，而不能有效满足信息时代。工业化时代，由于输出的一致化和转化过程的标准化，公司能力的提高和顾客关系的改善通过提高投资便可达到。信息时代则不然，输出的个性化导致转化过程多样化。因此，需要员工适应非固定程序的能力、供应商的支持、柔性制造工艺、迅速的新技术的采用、对不断革新的热情等多方面的支持，才能提高公司的绩效。

2) 平衡计分卡的推出

由于单一的财务评价模式的局限性，越来越多的企业希望结合财务指标与非财务指标进行经营绩效评价。西方理论学者开始重视研究企业多源绩效评价指标，平衡计分卡随之产生。

平衡计分卡是由哈佛大学的卡普兰教授和来自波士顿的顾问诺顿带领一个研究小组对 10 多家公司进行研究以寻求一种新的绩效评价方法而得出的。卡普兰和诺顿与这些公司都认为依靠财务指标的绩效评价会影响公司创造价值的能力。他们讨论了多种可能替代的方法，最后决定用一种包括整个企业组织活动如顾客问题、内部业务流程、员工活动和股东关心的问题的绩效指标计分卡。卡普兰和诺顿为这种新工具起名为平衡计分卡，随后，在《商业哈佛评论》上发表三篇文章，在第一篇定义中指出"平衡计分卡是驱动绩效的评价指标体系"。

平衡计分卡是一个将企业的战略落实到可行的目标、可衡量指标和目标值上的一个战略实施工具。它能使企业有效地跟踪财务目标，同时关注关键能力的进展，并开发对未来成长有利的无形资产。它促使高层管理人员从财务、客户、内部流程和学习/成长四个角度平衡定义企业的战略；分析它们的相关性及其连接；根据对目标值结果的跟踪分析，尽早发现问题和及时调整战略、目标和目标值；建立战略实施的架构以确定重点。因此，平衡计分卡克服了传统绩效考核以单一财务指标考核的局限，另外兼顾了客户、内部流程、学习/成长三个重要方面，从四个方面观察企业，定义企业的战略，使企业全面平衡地发展。

2. 平衡计分卡的评价指标体系

平衡计分卡不仅仅是一种新的绩效评价系统，更重要的它是企业管理过程的核心组织框架，并且只有在平衡计分卡被从衡量系统改造为管理系统时，它才具有更大的威力。图 5-5 描绘了平衡计分卡的四个方面及其相互间的关系。

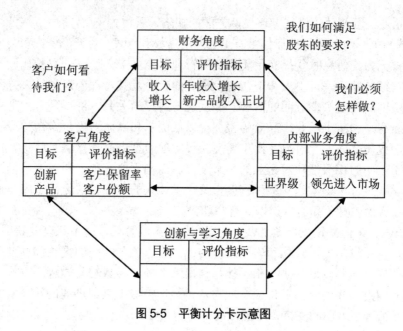

图 5-5　平衡计分卡示意图

(资料来源：罗伯特·卡普兰(Robert S.Kaplan)，戴维·诺顿(David P.Norton)著．平衡计分卡战略实践．北京：中国人民大学出版社，P62)

(1) 顾客角度：客户如何看待我们？

平衡计分卡要求指标应能反映真正与客户有关的各种因素。客户所关心的事情有四类：时间、质量、性能和服务、成本。

关于时间方面，是指间隔期，可以衡量公司满足顾客需要所需的时间。对制成品来说，间隔期是指从公司收到订单时开始，到公司实际向顾客交付产品或服务时为止。对新产品来说，间隔期代表新产品上市时间，亦即一种新产品从产品定义到开始装运所需时间。

关于质量方面，是指衡量按时交货的产品质量。

关于性能和服务，是指性能和服务可以衡量公司的产品或服务在为顾客提供价值方面能起什么作用。

关于成本，是指顾客在与供应商打交道时，把价格只看作他们担负的成本中的一部分，其他是由供应商造成的成本，包括从对原材料订货、安排交货和付款，到对原料的接收、检查、处理和分类。还有由原料造成的废品、返工和产品陈旧，以及由于交货错误而造成的计划被打乱。

为了使平衡计分卡真正发挥作用，公司应明确时间、质量、性能和服务、成本应达到的目标，然后将这些目标转换成具体的测评指标。

(2) 内部业务运作角度：我们必须擅长什么？

以客户为基础的测评指标固然重要，但它们必须成为公司内部的运作目标才能实现顾客预期的测评指标。优异的客户绩效来自组织中所发生的程序、决策和行为。内部业务运作指的就是公司能满足客户需要的关键内部经营活动。平衡计分卡的内部测量指标，应来自对客户有最大影响的业务程序，包括周期、质量、员工技能和生产率等各种因素。公司还应努力确定和测量自己的核心能力，即为保持持久的市场领先地位所需的关键技术。

(3) 创新与学习角度：我们能否继续提高并创造价值？

平衡记分卡中，以客户为基础的测评指标和内部业务程序测评指标确定了公司认为使竞争取胜的最重要的参数。不过，成功的指标是在不断改进现有的产品和程序，以便有更大的潜力引入新产品。

公司创新、提高学习的能力，是与公司的绩效直接相连的，也就是说，只有通过持续不断地开发新品、为顾客提供更多价值并提高经营效率，公司才能打入新市场，增加收入和毛利，才能发展壮大，从而增加股东价值。

(4) 财务角度：我们怎样满足股东？

财务指标显示了公司的战略及其执行是否有助于利润的增加。典型的财务指标涉及赢利、增长和股东价值。财务类指标的选择取决于企业生命周期及战略目标中对财务绩效的要求(见表5-9)。

表5-9 战略目标对财务绩效的主要要求

财务指标		增加收入	降低成本/提高生产力	资产利用
企业的生命周期	成长期	■ 销售增长率 ■ 新产品收入占总收入的比重 ■ 新增客户收入占总收入的比重	■ 每位员工平均营业收入	■ 投资(占销售收入的比重)
	成熟期	■ 目标客户市场份额 ■ 产品线盈利率 ■ 新服务收入占总收入的比重	■ 成本占竞争对手成本比例 ■ 成本下降比率 ■ 非直接成本(如销售费用)	■ 流动资金比率 ■ 资本支出回报率 ■ 资产利用率
	衰落期	■ 不同产品线盈利率 ■ 不同客户盈利率 ■ 无盈利的客户比重	■ 单位成本	■ 投资回收率 ■ 投资金额

(资料来源：罗伯特·卡普兰(Robert S.Kaplan)，戴维·诺顿(David P.Norton)著，平衡计分卡战略实践. 中国人民大学出版社, P123)

以上四个角度，很多人认为各方面都是独立的，实际这是不正确的。平衡计分卡更像是一个相互联系的指标形成的"神经网络"，四个方面存在一定的"因果关系"，公司战略则依据该关系逐渐得到传递和落实，如图5-6所示。由于关注员工技能的提升，会使得产品的过程质量和生产周期得以保证，鉴于内部业务运作的高效，从而使得产品能按时交付，顾客满意度和青睐度不断提高，最终在财务指标——资本回报率上能够得到较好的反应。

3．平衡计分卡的评价标准

一个好的综合平衡计分卡应该体现出公司的战略。我们可以从以下三个方面对此做出评价。

(1) 因果关系。综合平衡计分卡所包含的每一个评价指标都与公司的战略发展方向具有因果关系。

(2) 绩效驱动器。常用的财务指标往往是"滞后指标"，而绩效驱动器即各种业务指标(先行指标)则体现了在不同的战略下对被评价对象的行为驱动。一个好的综合平衡计分卡应当兼有先行指标和滞后指标。

(3) 与财务挂钩。目前许多企业纷纷放弃原有的财务评价体系,因而走向了另一个极端:片面注重如质量、客户满意度等业务指标。实际上,尽管这些指标的确具有战略意义,但归根到底还应当与财务指标相联系。

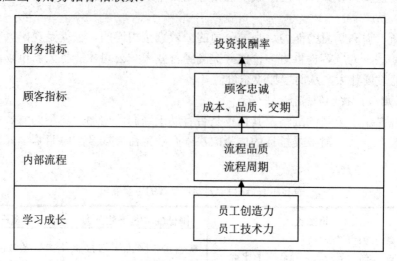

图 5-6 平衡计分卡四个维度联系图

但是,仅仅从指标系统本身来理解平衡计分卡并不能真正理解综合平衡计分卡的真正特点,综合平衡计分卡具有传统的绩效评价系统所不具有的特点。传统的绩效评价系统强调管理者希望员工采取什么行动,然后通过评价证实员工是否采取了这些行动,整个系统强调对行为的控制。综合平衡计分卡则是阐明企业战略、传播企业战略,并帮助个人、部门和企业之间建立一致的目标系统,将企业的全部资源整合,为实现一个共同的战略目标而努力。为了实现这个目的,综合平衡计分卡被视为一个用于传播、宣讲和学习的系统,而不再是单纯的控制系统。综合平衡计分卡不仅仅是一个战术性的或操作性的评价系统,而且是一个战略管理系统。界定清晰的指标体系只是表面的战术制定过程,综合平衡计分卡的更核心的特征在于以评价系统为核心完成下列重要的管理过程,从而对战略的实施过程进行系统的管理。

1) 对战略的具体化

对战略的实施过程进行系统管理的第一步就是将抽象的经营管理战略转换为具体的战略目标。首先需要考虑的就是财务和客户方面的战略目标。例如在考虑财务目标的时候,需将战略目标具体到在确定财务目标的过程中应注重收入和市场扩张、盈利能力,还是现金流动的生成。而在考虑客户方面的战略因素时,则必须对客户群体进行清晰的市场定位做起,找到市场中参与竞争的各方力量。更明确地说,如果公司的战略目标是为特定的客户提供出色的服务,那么,就应该在具体化战略的时候,对什么是出色的服务和公司特定的客户群做出可操作性的定义。

财务和客户方面的目标确定之后,就应着手制定具体的过程程序目标和评价方法。传统的绩效评价系统注重改善现有工艺和过程的成本费用、质量和周期等方面的问题。综合平衡计分卡则重视对在客户和股东方面获得突破性绩效至为重要的工艺和过程。因此,在这个过程中,明确哪些内部过程是使战略获得成功所必须做好的,并对之根据战略目标的要求进行完善成为非常关键的一个步骤。

第五章　绩效考核

最后，在明确学习成长方面的目标时，应通过对战略的具体化充分揭示在员工培训、信息系统的建设以及重组和强化组织流程等方面进行大量投资的重要性。因为这些投资将给公司带来重大革新或改善。

在具体化战略的过程中，组织的高层管理者往往会在确定各个战略目标的相对重要性的问题上出现分歧。这种分歧往往是难以避免的。因为这些高层管理者个人的职业生涯决定了他们一般仅了解企业经营过程中的某一个或某几个职能。在他们看来，哪些职能起主导作用受个人经历的片面影响是非常大的。因此，在制定整个综合平衡计分卡的过程中必须强调所有参与人员(一般是企业的高层管理人员)组成一个有效的工作团队，在团队中不断达成有利于公司整体利益的共识。

在具体化企业战略的最后，应该用一种能使各级管理人员达成共识的、比较精确的形式将复杂的、往往模糊不清的战略要领进行描述和解释。这个过程将有助于这个管理过程的进一步进行。

2) 战略目标和评价方法的宣讲

具体化战略之后，组织应进一步通过内部的各类沟通渠道和宣传媒介，在整个组织内广泛宣传综合平衡计分卡中设定的战略目标和评价方法。

战略只有得到了执行者的认同才可能得以推行。综合平衡计分卡将每个独立经营单位的组织战略评价指标和相应的标准进一步分解为各操作部门层次上的具体的评价指标和标准。通过宣讲和沟通的过程，组织中的所有个人被调动起来，各自采取行动以实现组织目标。这个过程帮助每个员工了解各部门的工作是如何组成一个整体的，了解他们个人在组织中扮演的角色是如何影响其他人以及最终影响整个企业的。这个宣讲的过程能够在员工中产生对组织目标的认同感和使命感，增强整个组织的凝聚力，为最终实现战略目标提供强大的推动力。

当全体员工了解了组织的高层目标和评价标准之后，他们就能够制定出更加详细的局部目标，以支持独立经营单位的组织战略。

3) 战略执行者确定目标和计划，将计划与战略的实施过程相衔接

为了实现财务目标，作为战略执行者的各级管理人员必须在客户、过程程序和学习成长等方面确定弹性目标。对管理层而言，这些客户、过程程序和学习成长等方面的目标是制订具体工作计划的基础。

我们可以看到，综合平衡计分卡能够帮助企业将战略规划与其年度预算的编制过程结合起来。当企业确定在各个战略评价指标上的3～5年弹性目标时，管理者应对每项评价指标根据对下一财政年度的状况预期制定出具体的目标，为评价近期内的绩效提供具体的评价目标。通过这个制订计划和确定目标的管理过程，企业能够对企业所想要实现的长期结果为财务和非财务评价方法建立短期目标，帮助企业更好地为获得这些结果确定相应的运行机制并提供必要的资源。

4) 加强战略反馈和学习

在最后一个管理过程中，综合平衡计分卡帮助企业在最高管理层的水平上成为一个真正的学习型组织，使企业的高层管理人员能够监督和了解企业战略的实施状况，并且在必要情况下对战略本身进行根本性的修改。

这个学习过程的具体实施过程是：作为企业战略的具体实施人员，企业的各级管理人

员在每月和每季度进行工作总结以检验计分卡中确定的工作目标是否得到充分的实现。更重要的是，最高管理层还必须通过这种形式仔细研究各个独立经营单位在满足客户、生产流程管理与创新以及员工管理等方面是否达到了其所规定的目标。管理层的总结和报告不仅包括回顾过去的内容，更重要的是还围绕自身的工作对未来的状况进行了预期。也就是说，管理者不仅讨论以往的结果是如何获得的，而且研究他们是否能够在原有计划的水平上保证各方面的情况维持在正常的水平上。

我们知道，信息技术的发展和新经济的兴起使组织处在比较动荡不定的经营环境中，其高级经理们必须获得关于战略执行情况的反馈，以不断针对变化的环境做出及时的调整，使企业的战略能够适应机遇的需要或应付可能的各种威胁。传统的管理系统对在不断变化的环境中制定、实施和检验战略并不予以鼓励，也不提供方便。但是，在现在的经营环境下，各种在制订战略计划时没有预料到的机会和挑战随时都可能出现。综合平衡计分卡能够帮助企业更好地应对这种情况。

我们将各级管理人员与组织最高管理层之间进行的这种反馈过程称为"双循环"的过程：最高管理者不仅需要获得其计划好的战略是否正在按计划执行的反馈——这是典型的单循环过程——更重要的是他们需要这样的反馈，即计划好的战略是否仍是可行的成功的战略，这就是双循环过程。这个过程能够帮助企业根据现实情况的变化及时修正战略，确保整个综合平衡计分卡的时效性。

4．平衡计分卡的制定过程

综合平衡计分卡的制定过程能够反映出上面所讲的战略管理控制过程。每个企业根据自身的情况可能有不同的建立方式，下面是一个典型的制定过程。

(1) 确定实施综合平衡计分卡的具体经营单位。

综合平衡计分卡并不适用于所有类型的经营单位。一般来说，有自己的客户、销售渠道、生产设施和财务绩效测评指标的经营单位适于建立综合平衡计分卡。

(2) 首轮单独面谈。

由于综合平衡计分卡体现了企业长期发展战略，参与者必然要包括对公司总体目标有全面了解的高层管理人员。在首轮面谈之前，经营单位的多名高级管理人员(通常是 6～12 人)都将收到关于平衡计分卡的背景材料以及描述公司的远景、使命和战略的内部文件。综合平衡计分卡的推进者(有时是外部的顾问，也可能是公司中组织这一行动的经理)与每位高级管理人员进行大约 90 分钟的面谈，以掌握他们对公司战略目标的了解情况，并得到综合平衡计分卡的初步建议。此外，推进者还可以与一些大股东会谈，了解他们对最好的供货商的具体期望。

(3) 首轮高层管理人员讨论会。

在首轮高层管理人员讨论会上，最高管理层将与推进者共同设计综合平衡计分卡，如图 5-7 所示。

在这一过程中，参与者根据各方提出的关于企业战略的各种说法进行讨论，并最终形成一致的看法。然后，由参与者回答这一问题："我成功地完成了我的使命和战略，对股东而言，对客户而言，从内部业务程序方面看，从创新、发展方面看，我的绩效会有何不同？"这个问题的答案将有助于确定综合平衡计分卡的具体内容。在讨论会中可以播放与股东和客户代表会谈的录像带，以便让讨论者可以从外人的角度考虑问题。在确定了关键的成功因素后，成员就能够确定初步的综合平衡计分卡，其中应包括用于评价战略目标的绩效评价指标。由于角度不同，小组提出的测评指标常常会多于四五个。此时，不一定非要将选择范围缩小，但可充分了解各方的意见，以弄清提出的某些测评指标是否被参与者视为处于次要地位的要素。

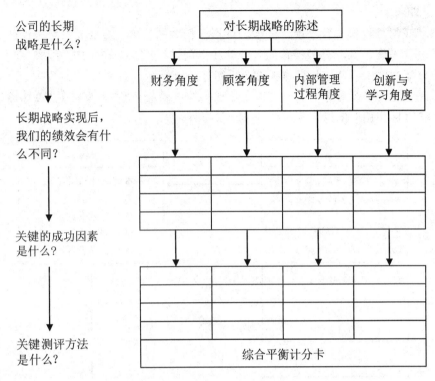

图 5-7 平衡计分卡的制定过程

(4) 第二轮单独面谈。

在首轮讨论会结束后，推进者应对讨论得出的结果进行考察、巩固和证明，然后，推进者应就这一暂定的平衡计分卡与每位高级管理人员进行第二轮的单独面谈。在这轮面谈中，推进者还可就在实施平衡计分卡时可能遇到的问题征求意见。

(5) 第二轮高层管理人员讨论会。

高层管理人员和其直接下属(包括为数众多的中层经理)集中对企业的远景、战略陈述和暂定的平衡计分卡进行讨论。这一轮的讨论会参加者较多，以分组讨论的形式进行。各组讨论提出与本组有关的测评指标，并开始构思具体的实施计划。在讨论会结束时，参与者要为所提出的测评指标一一设定弹性目标，包括拟定改进进度。

(6) 第三轮高层管理人员讨论会。

高层管理人员举行聚会，就前两次讨论会所制定的目标和测评方法达成最终的一致意见，为平衡计分卡中的每一指标确定弹性目标，并确认实现这些目标的具体行动方案。团队必须商定一项实施方案，包括如何向员工宣传平衡计分卡、如何把平衡计分卡结合到企业文化中，并开发相应的信息系统以支持平衡计分卡的实施。

(7) 实施。

由一个新组建的团队制订出实施平衡计分卡的具体计划。这个计划包括如何在测评指标与数据库和信息系统之间建立联系,如何在整个组织内宣传平衡计分卡,并尽快为分散经营的各单位开发出二级指标。通过这一过程,该团队将构造出全新的执行信息系统。这个系统能把最高级经营单位的测评指标向下贯彻,使之与各下级单位和各现场具体的经营指标相联系。

(8) 定期考察。

每季度或每月收集与各平衡计分卡测评指标相关的信息,完成一份综合性的报告供最高管理层进行考察,并与分散经营的各分部和部门进行讨论。在每年的战略规划、目标设定和资源分配程序中,都应包括重新综合平衡计分卡指标。

为了说明综合平衡计分卡对于实现企业战略的重要意义,图 5-8 和图 5-9 中将给出一个企业的战略目标和相应的综合平衡计分卡评价指标体系。

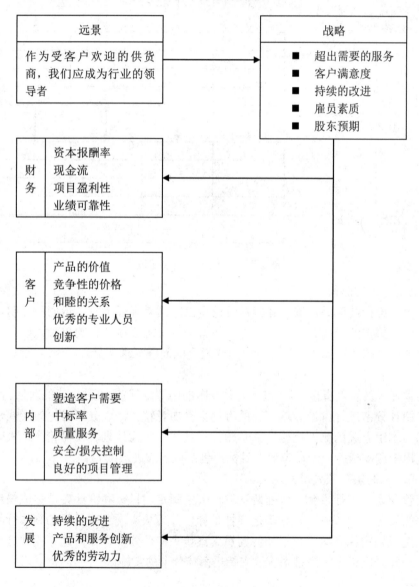

图 5-8　××公司的战略目标

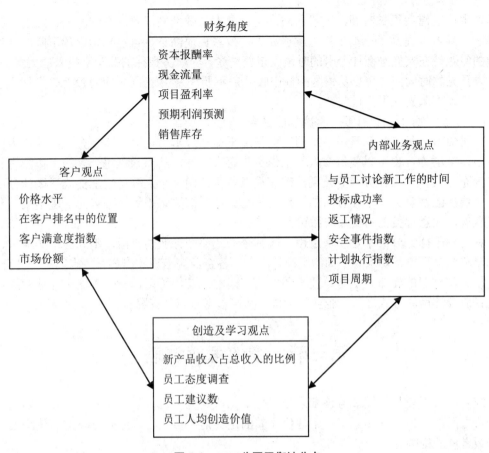

图 5-9 ××公司平衡计分卡

5．企业实施平衡计分卡应注意的几方面问题

(1) 切勿照抄照搬其他企业的模式和经验。

不同的企业面临着不同的竞争环境，需要不同的战略，进而设定不同的目标。每个企业在运用平衡计分卡时都要结合自己的实际情况建立平衡计分卡的指标体系。因而各自平衡计分卡四个层面的目标及其衡量指标皆不同，即使是相同的目标也可能采取不同的指标来衡量；另外不同公司的指标之间的相关性也不同；相同的指标也会因产业不同而导致作用不同。每个企业都应开发具有自身特色的平衡计分卡，如果盲目地模仿或抄袭其他公司的，不但无法充分发挥平衡计分卡的长处，反而会影响对企业业绩的正确评价。

(2) 提高企业管理信息质量的要求。

与欧美企业相比，我国企业信息的精细度和质量要求相对偏低，这会在很大程度上影响到平衡计分卡应用的效果。因为信息的精细度与质量的要求度不够，会影响企业实施平衡计分卡的效果，比如导致所设计与推行的评价指标过于粗糙，或不真实准确，无法有效衡量企业的经营业绩。此外，由于无法正常发挥平衡计分卡的应有作用还会挫伤企业对其应用的积极性。

(3) 正确对待平衡计分卡实施时投入成本与获得效益之间的关系。

平衡计分卡的四个层面彼此是连接的，要提高财务指标首先要改善其他三个方面，要改善就要有投入，所以，实施平衡计分卡首先出现的是成本而非效益。更为严重的是，效益的产生往往滞后很长时间，使投入与产出、成本与效益之间有一个时间差，因而往往会出现客户满意度提高了，员工满意度提高了，效率也提高了，可财务指标却下降的情况。关键的问题是在实施平衡计分卡的时候一定要清楚，非财务指标的改善所投入的大量投资，在可以预见的时间内，可以从财务指标中收回，不要因为实施了 6 个月没有效果就没有信心了，应该将眼光放得更远些。

(4) 平衡计分卡的执行要与奖励制度结合。

公司中每个员工的职责虽然不同，但使用平衡计分卡会使大家清楚企业的战略方向，有助于群策群力，也可以使每个人的工作更具有方向性，从而增强每个人的工作能力和效率。为充分发挥平衡计分卡的效果，需在重点业务部门及个人等层次上实施平衡计分卡，使各个层次的注意力集中在各自的工作业绩上。这就需要将平衡计分卡的实施结果与奖励制度挂钩，注意对员工的奖励与惩罚。

总之，平衡计分卡不是一块适用于所有企业或整个行业的模板，不同的市场地位、产品战略和竞争环境，要求有不同的平衡计分卡，各企业应当设计出各有特点的平衡计分卡，以便使之与自己的使命、战略、技术和文化相匹配。使用平衡计分卡方法进行企业绩效考核是目前较常用的方式之一，企业的考核方案可参考本章阅读材料。

第三节　绩效考核误差

绩效考核误差是指绩效考核结果与不受偏见或其他主观、不相关因素影响的客观准确的评价之间的差值。在实际工作中评价误差的定义是：员工工作绩效以外的其他因素对员工绩效考核的影响。

一、系统设计的偏差

1. 考评标准主观性太强

工作绩效评价标准不清是造成绩效考评工具失效的常见原因之一。表 5-10 是某公司技术部员工年度评价表，表面来看，似乎非常客观，但它却存在不合理的地方。

表 5-10　某公司年度评价表

姓名			职位		评价周期	年	
直接上级				评价性质	自评　他评　上级评		
评价要素			评价等级				备注
			优	良	中	差	
工作成绩		工作质量					
		工作数量					
		知识、技能					
		判断力					
		创造力					
		沟通能力					

续表

工作态度	积极性					
	协调性					
	合作性					
	责任性					
其他说明						

从表 5-9 中可以看出，这张表对每一评价要素及其好坏程度的解释是开放式的，不同的评价者对"优""差"等绩效标准做出的解释可能会有极大的差异。此外，对于"沟通能力""积极性"等指标，不同的考评者同样会产生异议。

2．指标体系不健全

为了有效地进行绩效考评，必须有一套明确健全的指标体系，来体现考核的目的，并通过考评给员工明确的绩效改进努力方向。但在实践中，许多企业的绩效考评往往没有明确健全的指标体系，随意性大；或者对指标进行随意的诠释和理解；或者虽然有指标体系，但却没有适当的评分标准；等等。这些问题的存在，都会给绩效考评带来误差，影响绩效考评的有效性。

3．信息不对称带来误差

在一个中型企业中，一般都存在几百种职位、数千名员工，企业领导或人力资源部不可能详细了解每一个员工的工作内容和绩效标准，就每一个部门而言，部门经理也不可能全面了解每一个员工在日常工作中的具体表现。这样，就造成了绩效考评中信息不对称带来的误差。一方面，考评者并不一定深入了解员工工作的特点、绩效的表现、努力的难点等方面的内容，这样，在考核过程中，考评者就可能在考评中对被考评者给出不合适的分数；另一方面，员工有时可能并未全面了解企业对自己的要求，因此在工作中搞错了努力方向，或者不知道自己该如何提高绩效。解决这些问题可以通过工作分析来进行，但更为重要的是，在考评的全过程中，管理层和员工必须密切配合，只有如此，才能解决信息不对称问题。

4．组织文化带来的误差

组织文化是影响管理者和员工行为的大环境，因此对绩效考评会产生很大的影响。可以设想，在一个一团和气、怕得罪人的企业中，大家考核时必然打分过宽，互相讨好；反之，在一个拉帮结派、小团体盛行的企业中，绩效考评又会成为权力和利益斗争的战场。为使绩效考核真正发挥其应有的作用，必须纠正企业文化上的问题，在"比、学、赶、帮、超"的气氛中进行绩效考核。

二、考评过程中的心理偏差

1．对照效应误差

对照效应是指把某一被考评者与其前一位被考评者进行对照，从而根据考评者的印象和偏爱而做出与被考评者实际工作情况有误差的结论。例如，如果考评者接待的前一位被考评者,在考评者看来各方面表现都很出色,那么在对比之下,就可能会给后一位被考评者带来不利的影响。相反,如果前一位被考评者的工作业绩及表现很差,那么后一位被考评者就可能获得高估。心理学家认为,对照效应在考核中是广泛存在的,因为它是人们的一种心理现象。但对雇员进行考评,因为涉及雇员的自身利益,所以必须尽量避免这些心理现象的产生,以保证考评误差缩小到最低限度。

2. 首因效应和近因效应误差

当管理者一开始对某个员工做出了满意或不满意的评价,又忽视了随后的信息以至于一直保持着对员工的最初印象时,就产生了首因效应误差。例如,一名员工在工作的第一个月取得了杰出的成绩,而在接下来的五个月中却表现平平,管理者由于继续给这个员工以较高的评价而带来了首因误差。相反,另一名员工最开始由于各种各样与工作无关的原因而在工作中遇到了困难,但是之后三个月却表现得相当出色,然而,管理者却继续给他较低的评价。近因效应是指在人际交往过程中,最近一段时间所获得的信息对最后印象的形成影响较大,其作用可能会冲淡过去的信息所造成的印象。在绩效考评时,如果考评的周期较长,经理又没有做好平时的信息收集,仅凭印象为员工进行绩效评价时,很容易受员工在临近考评前一段时间的表现的影响而对其在整个考评期内的绩效做出评价。

3. 晕轮效应误差

晕轮效应误差是指从一个人工作绩效的一个方面出发进而对其工作绩效的所有方面做出不确切的归纳评判。例如,一个只在工作的一个方面(如存货控制)表现出色的人可能被不正确地评价为在工作的所有领域(如信用管理、客户关系、社区关系)都很出色;反之,如果一个人在工作的一个方面存在不足,这个人就可能被不正确地评价为在工作的所有方面表现都不佳。这里的关键是,人们都有优点和缺点,每个优点和每个缺点都应该独立评价。考评者可能会不恰当地将对某一因素的考评转移到其他因素上,进而根据这些给被考评者一个不恰当的考评,如与考评者关系紧张的被考评者的考评结果经常是每项都"差",而不仅仅是"人际关系"一项"差"。可以看出,晕轮效应对于员工以及公司均有相当大的损失。因此,为了考评结果的公正、真实,每位考评者都必须充分意识到这一问题并尽量加以避免。通常在考评标准含糊不清或者考评者对填写考评表抱着不负责任的态度时,较易发生晕轮效应。为了避免它可以减少考评周期,频率加大或作不定期的考评。

4. 与我相似误差

"与我相似误差"是指考评者倾向于给那些看起来与自己相似的人较为有利的评价。也就是说,一名员工在价值观、看法、个性、生平背景方面与考评者越接近,考评者给他有利评价的可能性就越大。相反,与考评者不相似误差是指给与考评者不同的员工低评价的可能性趋于强烈。这一效应有时在社会中是可以接受的,但是在工作考评中这却是一种误差,因为如果每个人都以同样的方式看待事情,就会导致对员工的评价不准确,进而压制了员工的创造性。

5. 过严与过宽误差

管理者在考评员工时过严或过松会带来过严与过宽误差,在绩效考评过程中过宽可能会增加员工对加薪、晋升、富有挑战性的工作任务的期望,而这些期望却是无法实现的。考评过严,员工会对屡屡碰壁感到厌倦,因为无论怎么努力主管都不会满意。两种情况产生相同的结果:员工不再努力工作。员工通常不喜欢强硬、不公平的主管,不尊敬考评过宽的主管。在后一种情况下,看到对懒惰的员工的评价与对努力工作的员工的评价一样时,人们就没有动力去努力工作。

6. 马太效应

《马太福音》中有这样的名言:"因为凡是有的,还要加给他叫他多余;没有的,连他有的也要夺过来。"在马太效应的作用下,企业绩效评价每次都是那几个人最终胜出,他们所得到的奖励和荣誉越来越多,而那些尚未出名成家的人则往往被人忽视,其价值或被贬低或得不到承认。在这种环境下,有潜质的人才很难被发现和得到培养。

7. 中心化倾向

中心化倾向也称集中化倾向,不敢拉开差距,考核结果集中于中间及偏上等级,其原因是对考核工作缺乏自信,缺乏有关的事实依据。在实际工作中,很多考评者在选择考评等级时都有一种中心化倾向。如果使用图表等级考评法进行考评,那么就意味着所有的被考评者都会简单地被考核为"一般"。这种局限性导致了考核价值的扭曲,其结果对提升、工资的确定或其他目的的实现都毫无意义。避免这种倾向的最好办法是避免使用类似图表考核的方法。

8. 好恶倾向

好恶倾向是指依个人的好恶进行考核。自己擅长的方面,考核尺度严;不擅长的方面,考核尺度宽一些,不能做到实事求是。考评者对被考评者的偏爱,也是导致考评结果失真的重要原因,这种偏爱包括人际关系、种族、年龄、性别、性格等。例如考评者对与自己关系不错、性格相投的人会给予较高的评价;而有的考评者对女性、老年人等持有偏见,往往会过低地考核他们的工作行为。这无论对晋级、提升还是发展而言,都造成了人为的不公平障碍。

9. 压力

考评者在考评过程中的压力可能来自两个方面:上级和下级。正如前文所提及的,因为很多考评结果与被考评者的晋级、提升、发展等都有着密切的关系,所以它对被考评者的影响是十分重大的。在这种情况下,上级为了提拔某人或为某一熟人晋级,或涉及裁员问题,就可能给考评者施加一定的压力;或者就被考评者而言,因为考评意义重大,有时会找考评者对质,这也给考评者造成考核上的压力,这些压力都会在一定程度上造成考核结果的失真,有时影响极坏。

总之,企业在进行绩效评价时,应注意克服以上困难和问题,以客观、公正的态度,科学开展绩效评价活动,使绩效评价达到预期的目的。

本 章 小 结

本章主要介绍了传统的绩效评价方法和现代的绩效评价方法。

按照目标管理、工作标准和个体业绩比较分类,传统的绩效评价分为目标管理法、图尺度评价量表法、关键事件法、行为锚定评价量表法、混合标准量表法、评价中心法、排序法、强制分配法和配对比较法。

现代的绩效评价方法主要集中在关键绩效指标、360度绩效评价和平衡计分卡三种方法。在关键绩效指标方法方面,着重分析了关键指标建立的原则、程序和方法。在360度绩效评价法方面,着重分析了360度绩效反馈信息的来源和特征,并分析了360度绩效评价法在实施中的障碍和对策。在平衡计分卡方面,分析了平衡计分卡的概念、功能和常见指标体系,并分析了平衡计分卡的运作程序及需要注意的问题。

自 测 题

1. 传统的绩效考核方法有哪些?各自的优缺点是什么?
2. 什么是关键绩效考核?
3. 什么是平衡计分卡?
4. 平衡计分卡的操作流程是什么?
5. 360度考核办法具有什么优点和不足?
6. 绩效考核中较常见的误差有哪些?

案 例 分 析

惠普的员工岗位考评制度

员工的业绩评估是管理者最重要的工作之一。在惠普,无论是老员工,还是新招进来的员工,都会有一份非常清晰的岗位责任书。

岗位责任书是参照岗位描述制定的。在惠普,岗位描述是一份框架性文件,是针对某一类工作设计的,而岗位责任书的内容则要具体到特定的人和这个人下一年在特定部门要做的工作。比如说,所有的市场工程师都有同样的岗位描述,但是具体到某一个工程师而言,他们的岗位责任就不同了,要看他在哪个部门从事什么具体的工作,部门经理希望他下一年重点做什么。这就是岗位责任书。总的说来,前者是通用的,后者是专用的。

考评人的组成决定了员工对什么人负责。如果员工的考评人只是他的直接上司,他只要把这个上司搞定就可以了。但在惠普不是这样,考评人是由上级、下级、同级的相关部门人员共同组成。比如说员工满意度的评分,就是由下级评估上级,在员工满意度评估中,大约有10来条与上级领导有关的问题,比如你的上司是否公平、公正地对待部下,你的上司是否与你保持良好的沟通……

有了这样一份岗位责任书，员工马上就明白了：我不能仅对上司负责，还要对很多人负责。在这样的制度约束下，每个人都会逐渐明白：帮别人其实就是帮自己，因为你不知道哪块云彩会下雨。这样团队合作就成了员工自觉的行为，大家都会好好地配合，把每一件事情做好了。惠普员工只有如此，才能得到别人的认同，评估时才能得高分，员工的心思就不会用在歪门邪道、投机钻营上了。

可以说，综合业绩评估不仅仅是工作业绩的考评。新进公司并转正的员工，其考评每6个月做一次，对照岗位责任书进行评估。一年之后每年做一次评估，具体的评估过程就是把员工的岗位责任书拿出来，由具体的考评人对其中每一条的表现打分。分值最高5分，最低1分，最后得出一个总的加权平均分，总分5分就是超群。得过这个分数的人在整家公司里所占的比例不能超过5%。

我在惠普工作前后加起来差不多有15年，一共只得到过两次5分，更多情况是4分和3分，因为一旦晋升到新的级别，通常要回到2分或3分。因为各个级别得5分的标准是不同的，级别越高要求也越高，这种评分方法能起到不断鞭策优秀员工的作用。当一个员工晋升到一线经理，或者一线经理晋升到二线经理的时候，他在之后的两年内很难得到5分，得4分就不错了。如果一个员工表现出色，每两年晋升一级，那得5分的机会就非常小。因为新的岗位有着新的、更高的要求，这是很正常的：公司支付的薪水高了，员工也就必须表现出相应的水平来，如果做不到，分数就会下降。这样一来，员工必须不断地充实自己，提升各方面的能力，在新的岗位上发挥出水平才行，否则级别上去了，综合评估的分数下来了，工资未必能提升。

另外，让员工明白自己的岗位职责是惠普管理者的首要工作，根据岗位责任书每年给员工做业绩评估是管理者的天职。

员工业绩评估报告。综合业绩评估结束后，每个员工都会得到一份书面文件——业绩评估报告(Performance Evaluation)。它是由员工的直接上司来写。公司允许每一个管理者每年可以抽出一天来专门为一个下属写业绩评估报告。如果一位经理管着10个部下，那么他一年可以有10天的时间专门来写这10份报告，既可以在办公室写，也可以在家里写。因为这是惠普各级管理者非常重要的工作，需要拿出专门的时间去做。在惠普看来，如果管理者不认真地写这个报告，员工就会有被忽视和被愚弄的感觉，就会认为上司是应付公事。

管理者给部下写考评时，不能用一些含糊的语言来表达，必须举出实际的例子来证明员工表现出了某种技能，表现了怎样的态度和热情。如某位员工某年某月某日做了什么事情，表现出了某种水平；或者某员工某年某月某日做了什么事情，证明在某个方面还有欠缺。

如果上司对员工观察不细，就很难在一天内写出这份评估报告，或者即使写出来，员工可能也会觉得你的报告针对性不强——他出色的地方你没有写出来，他薄弱的地方你也没有写上去，即没法使员工心服口服。因此，在惠普，员工做的很多事情，管理者平常都要做到心中有数，今天谁做了一件什么好事，今天谁犯了一个什么错误，在给员工明确指出来的同时，还要记下来，作为将来评估该员工的素材。

通过上面案例，假如你是公司的人力资源部经理，你觉得哪些方面是可以借鉴的呢？

阅 读 材 料

相关的绩效考核方案如表 5-11 至表 5-16 所示。

表 5-11 生产总监绩效考核方案

方案名称	生产总监绩效考核目标责任书		受控状态	
			编号	
甲方	总裁		乙方	生产总监

甲方现聘请乙方担任公司生产部总监职务，根据公司年度经营目标，经双方充分协商，特制定本考核协议书。

一、考核期限

××××年××月××日—××××年××月××日。

二、双方的权利和义务

1. 甲方拥有对乙方的监督考核权，并负有指导、协助乙方展开必要工作的责任。
2. 乙方负责所在部门的一切日常事务，要求保质保量地完成公司规定的相应工作，在工作上服从甲方的安排。

三、薪酬标准

1. 乙方年薪为____万元(乙方年薪=固定薪酬×65%+浮动薪酬×35%)。
2. 每月固定发放薪水____人民币；每月浮动部分为____~____元人民币，根据月度 KPI 打分确定发放额度，并于当月发放。
3. 每半年根据半年考核的常规 KPI 指标表对生产总监进行考核，根据考核结果发放绩效奖励，奖励额度为____~____元。

四、工作目标与考核

(一)KPI 指标考核

生产总监常规的 KPI 考核指标如下表所示。

KPI 考核指标

考核指标		权 重	分 值	计划目标	实际目标
财务类指标	总产值				
	总成本				
	总利润				
非财务类指标	生产计划编制的及时性				
	生产计划完成率				
	原料供应的及时性				
	产品优良率				
	产品合格率				
	安全生产事故				
	……				

(二)年度重点任务完成情况考核

年度重点任务完成情况详见下表。

续表

年度重点任务完成情况考核表

重点任务工作事项	计划目标	实际完成情况	考核标准	评　估

(三)工作能力考核

考核的依据是职位说明书

五、附则

1. 考核结果作为兑现年终奖的依据和下一年度或下阶段制订经营计划的参考。
2. 公司管理部与人力资源部对目标责任书的执行情况进行过程控制，审计监察部加强审计监察力度。
3. 本目标责任书未尽事宜，情况发生时在征求总裁意见后，由公司另行研究确定解决办法。
4. 本责任书解释权归公司人力资源部。

相关说明					
编制人员		审核人员		批准人员	
编制日期		审核日期		批准日期	

表 5-12　销售总监绩效考核方案

方案名称	销售总监绩效考核目标责任书	受控状态	
		编号	

一、目的

为明确工作目标、工作责任，公司与销售部总监签订此目标责任书，以确保工作目标的按期完成。

二、责任期限

××××年××月××日—××××年××月××日。

三、职权

1. 对公司销售人员的任免建议权及考核权。
2. 对市场营运有决策建议权。
3. 有权组织制定市场管理方面的规章制度和市场营销机制的建立与修改。
4. 市场营运费用规划及建议权。

四、工作目标与考核

业绩指标及考核标准

指　标	考核标准
销售额	绩效目标值为___％，每低于___％，减___分，完成率<___％，此项得分为0
销售增长率	绩效目标值为___％，每低于___％，减___分，完成率<___％，此项得分为0
销售计划完成率	绩效目标值为___％，每低于___％，减___分，完成率<___％，此项得分为0
销售回款率	绩效目标值为___％，每低于___％，减___分，完成率<___％，此项得分为0
销售费用率	绩效目标值≤___％，每高于___％，减___分，费用率>___％，此项得分为0
市场占有率	绩效目标值为___％，每低于___％，减___分，完成率<___％，此项得分为0

五、管理绩效指标

1. 企业形象建设与维护，通过领导满意度评价分数进行评定，领导满意度评价达____分，每低____分，减____分。

2. 客户有效投诉次数每有____例，减____分。

3. 核心员工保有率达到____%，每低于____%，减____分。

4. 下属行为管理。下属是否有重大违反公司规章制度的行为，每有____例，减____分。

5. 部门培训计划完成率达100%，每低于____%，减____分。

6. 销售报表提交的及时性。没按时提交的情况每出现一次，减____分。

六、附则

1. 本公司在生产经营环境发生重大变化或发生其他情况时，有权修改本责任书。

2. 本责任书的签订之日为生效的日期，责任书一式两份，公司与被考核者双方各执一份。

相关说明					
编制人员		审核人员		批准人员	
编制日期		审核日期		批准日期	

表5-13 财务总监绩效考核方案

方案名称	财务总监绩效考核目标责任书	受控状态	
		编号	

一、岗位类别和聘期

姓名		任职部门	财务部	职务	财务总监
入职时间	____年____月____日				
聘期	____年____月____日～____年____月____日				
考核期	____年____月____日～____年____月____日				

二、主要职责

1.组织编制财务、资金、审计等规章制度及业务操作流程。

2.对公司资金的时间安排进行组织、计划、控制与管理。

3.财务监控。

4.财务分析与预测。

5.疏通融资渠道。

6.审计管理。

7.分管部门管理。

三、工作目标

1. 财务预算与控制，对预算执行过程中出现的问题没有及时解决，每出现1次，减____分。

2. 财务分析。每月(季度)至少提供一次财务分析报告并提出相关决策建议，未能提供有效的相关信息，减____分～____分。

3. 疏通融资渠道，确保融资渠道畅通，领导交办的融资任务100%地完成，每差____%，减____分。

续表

4. 投资回报率达到____%，每低___%，减____分。
5. 资金利用率达到____%，每低___%，减____分。
6. 成本控制。对部门的成本进行控制，未能按财务会计制度控制各项费用的情况每出现1次减____分。
7. 分管部门人员管理，部门培训计划完成率达到100%，未完成该项工作，减____分；及时公正地对下属员工进行考核，下属员工对绩效考核工作满意度评分在____分以上，加____分。
8. 年度重点工作完成情况。

年度重点任务完成情况考核表

重点任务工作事项	计划目标	实际完成情况	考核标准	评 估

说明：① 年度重点工作中，如出现子项目或者分阶段目标的情况，应对子项目和分阶段目标都赋予相应的标准分值。
② 在年中，因生产经营活动的需要而对年度重点工作进行调整，应对年度重点工作的标准分值进行相应的调整。

四、附则
1.责任人在工作期内若出现重大责任事故，则公司有权对责任人提出终止聘用合同。
2.本公司在生产经营环境发生重大变化或发生其他情况时，有权修改本责任书。
3.本目标责任书未尽事宜在征求总裁意见后，由公司另行研究确定解决办法。
4.本责任书解释权归公司人力资源部。

相关说明					
编制人员		审核人员		批准人员	
编制日期		审核日期		批准日期	

表5-14 战略规划部经理绩效考核方案

方案名称	战略规划部经理绩效考核方案	受控状态	
		编号	

一、考核周期
(一)年中考核
于每年的7月____日进行。
(二)年终考核
于下一年度的1月____日进行。
二、考核内容
(一)工作绩效考核
对战略规划部经理的工作绩效考核，主要从下表所示的10个方面进行。

续表

考核内容

考核项目	考核目的	绩效目标值
部门费用管理	合理有效地控制费用的支出，节约成本	控制在预算之内
部门工作计划完成情况	确保部门工作任务全面完成	达到100%
公司发展战略研究	保证公司持续、健康发展，确保公司发展战略与公司内部资源相匹配，适应外部环境的发展和变化	上级领导对提交的研究报告满意度评分在____分以上
公司战略实施情况监督与指导	确保公司阶段性战略发展目标完成	公司阶段性战略发展目标完成率达100%
投资收益率		达到____%
公司经营情况分析	为公司高层领导提供决策支持	提交的分析报告的准确率与完成率达____%
信息收集的及时性与完整性	为公司高层领导提供决策支持	无
决策评审差错率	确保公司无重大决策失误	重大决策失误的情况为0
提出合理化建议被采纳的数量	无	被采纳并实施的建议不得低于____项
部门人员管理	确保各项工作能有序进行	1.部门员工出勤率达到____% 2.下属员工无重大违规事件发生

(二)工作能力考核

工作能力考核主要是对具体职务所需要的基本能力进行的测评，对战略规划部经理工作能力的考核，主要包括专业技能掌握程度、分析决策能力、组织协调能力等。

(三)工作态度考核

工作态度考核主要包括工作责任感、协作精神、工作纪律性等方面。

三、考核实施

1.考核采取自我述职报告与上级领导及其他相关人员综合评定的方法，述职报告由被考核者在规定的时间内将书面述职报告交给上级领导。

2.年度考核总得分=年中考核得分×45%+年终考核得分×55%。

四、考核纪律

1.考核人员必须本着公平、公正、客观的原则对被考核者实施考核。

2.考核工作必须在规定的时间内完成。

五、考核结果应用

根据绩效考评结果，对被考评者实施相应的人力资源管理措施，将绩效管理与其他人力资源管理制度联系起来。绩效评估结果主要运用于：股权激励、薪资调整、岗位调整、能力提升计划等方面。

相关说明				
编制人员		审核人员		批准人员
编制日期		审核日期		批准日期

第五章　绩效考核

表 5-15　企业管理部经理绩效考核方案

方案名称	企业管理部经理绩效考核方案	受控状态	
		编号	

一、考核周期

对企业管理部经理的考核，实行季度考核与年度考核相结合的办法。

二、考核实施小组

1.总经理全面负责考核的组织与领导工作。

2.人力资源部经理负责监督考核过程并负责处理考核过程中的突发事件。

3.小组成员(由相关职能部门经理组成)负责对被考核者实施考核。

三、考核方法

1.考核采取自我述职报告与上级领导及其他相关人员综合评定的方法。

2.述职报告由被考核者在规定的时间内交给上级领导。

四、考核内容

(一)任务绩效考核(55%)

任务绩效考核主要是针对企业管理部经理本职工作的完成情况进行的检验，其考核内容如下表所示。

任务绩效考核内容

考核项目	考核标准
部门工作的计划性	上级领导审核发现所制订的计划中，缺失的重要内容项数为 0，一般工作事项不超过____项
部门工作计划完成率	达到 100%
部门费用预算的控制	部门实际费用与预算费用之间的差异控制在___%以内
质量体系运行的有效性	认证年检报告中不合格的项数不超过____项
方案和建议的有效性	所提出的合理化建议被采纳并实施的数量不得低于____条
部门培训计划完成率	达到 100%
工作报告提交的及时性	在规定的时间内完成工作报告的编写并上交至相关部门

(二)工作态度考核(10%)

对工作态度的考核，主要从工作主动性、工作责任感、工作协作性等方面进行考核。

(三)工作能力考核(35%)

1. 专业知识。

2. 计划组织能力。

3. 领导能力。

4. 分析决策能力。

5. 其他职位说明书上所要求具备的能力。

五、考核结果应用

(一)考核结果划分

1.A——优秀，工作成绩优异，有创新成果。

2.B——良好，工作成果达到企业要求且成绩突出。

3.C——好，工作成果达到企业要求且部分工作表现突出。

4.D——合格，工作成绩达到企业要求。

5.E——较差，工作成绩不能达到企业要求。

(二)考核结果应用
1. 薪资调整。
2. 员工培训。
3. 岗位调整。
4. 人事变动。
5. 其他相关人事政策。

相关说明					
编制人员		审核人员		批准人员	
编制日期		审核日期		批准日期	

表5-16 技术研发人员绩效考核方案

方案名称	技术研发人员绩效考核方案	受控状态	
		编号	

一、总体设计思路
(一)考核目的
为了全面并简洁地评价公司技术研发人员的工作成绩,贯彻公司发展战略,结合技术研发人员的工作特点,制定本方案。
(二)适用范围
本公司所有技术研发人员。
(三)考核指标及考核周期
针对技术研发人员的工作性质,将技术研发人员的考核内容划分为工作业绩、工作态度、工作能力考核,具体考核周期如下表所示。
考核周期分布表

考核指标类型	工作业绩	工作态度	工作能力
考核周期	项目结束/年度	月/季/年度	月/季/年度

(四)考核小组
由技术研发部门主管会同人力资源部经理、考核专员组成考评小组负责对生产人员的考核。
二、考核内容设计
(一)工作业绩指标

人员类型	关键业绩指标	考核目标值	权重	得分
研发人员	新产品开发周期	实际开发周期比计划周期提前一天	30	
	技术评审合格率	技术评审合格率达到___%	25	
	项目计划完成率	项目计划完成率达到___%	20	
	设计的可生产性	成果不能投入生产情况发生的次数少于___次	15	
	研发成本降低率	研发成本降低率达到___%以上	10	
技术人员	技术设计完成及时率	技术设计完成及时率达到___%以上	30	
	技术方案采用率	技术方案采用率达到___%以上	25	
	技术改造费用控制率	技术改造费用控制率达到___%	25	
	技术服务满意度	相关部门对技术服务满意度评价的评分在___分以上	10	
	技术资料归档及时率	技术资料归档及时率达到___%	10	

续表

(二)工作态度指标

工作态度考核表

指标名称	考核标准								总分	得分
	优		良		中		差			
	标准	得分	标准	得分	标准	得分	标准	得分		
工作责任心	强烈	30	有	24	一般	18	无	6	30	
工作积极性	非常高	25	很高	20	一般	15	无	5	25	
团队意识	强烈	25	有	20	一般	15	无	5	25	
学习意识	强烈	20	有	16	一般	12	无	4	20	

(三)工作能力指标

工作能力考核表

指标名称	考核标准								总分	得分
	优		良		中		差			
	标准	得分	标准	得分	标准	得分	标准	得分		
分析能力	非常强	20	较强	16	一般	12	较弱	4	20	
判断能力	非常强	20	较强	16	一般	12	较弱	4	20	
计划能力	非常强	20	较强	16	一般	12	较弱	4	20	
创新能力	非常强	10	较强	8	一般	6	较弱	2	10	
学习能力	非常强	10	较强	8	一般	6	较弱	2	10	
应变能力	非常强	10	较强	8	一般	6	较弱	2	10	
理解能力	非常强	10	较强	8	一般	6	较弱	2	10	

(四)年度绩效考核

年度绩效考核表

被考核者		部门		岗位	
考核者		部门		岗位	
指标类型	平均得分		所占权重	折合分数	
工作业绩			70%		
工作态度			15%		
工作能力			15%		
合计			100%		
特别加分事项				分数	证明人
注：特别加分事项需要附相关证明材料					
绩效考核总评					
绩效改进意见					
期末评价 □优秀：出色完成工作任务　　□符合要求：完成工作任务　　□尚待改进：与工作目标相比有差距					
考核者：		被考核者：			
				年　月　日	

续表

三、考核实施

技术研发人员的考核过程分为三个阶段,构成完整的考核管理循环。这三个阶段分别是计划沟通阶段、计划实施阶段和考核阶段。

(一)计划沟通阶段

(1) 考核者和被考核者进行上个考核期目标完成情况和绩效考核情况回顾。

(2) 考核者和被考核者明确考核期内的工作任务、工作重点、需要完成的目标。

(二)计划实施阶段

(1) 被考核者按照本考核期的工作计划开展工作,达成工作目标。

(2) 考核者根据工作计划,指导、监督、协调下属员工的工作进程,并记录重要的工作表现。

(三)考核阶段

考核阶段分绩效评估、绩效审核和结果反馈三个步骤。

1. 绩效评估

考核者根据被考核者在考核期内的工作表现和考核标准,对被考核者评分。

2. 绩效审核

人力资源部和考核者的直接上级对考核结果进行审核,并负责处理考核评估过程中所发生的争议。

3. 结果反馈

人力资源部将审核后的结果反馈给考核者,由考核者和被考核者进行沟通,并讨论绩效改进的方式和途径。

四、绩效结果运用

(一)绩效面谈

考核者对被考核者的工作绩效进行总结,并根据被考核者有待改进的地方,提出改进、提高的期望与措施,同时共同制定下期的绩效目标。

(二)绩效结果运用

1. 薪酬调整

技术研发人员工资与绩效考核结果直接挂钩,具体有以下标准。

(1) 年度绩效考核得分在 95 分以上的,薪资等级上调两个等级,但不超过本职位薪资等级的上限。

(2) 年度绩效考核得分在 80 分到 95 分(含)的,薪资等级上调一个等级,但不超过本职位薪资等级的上限。

(3) 年度绩效考核得分在 60 分到 80 分(含)的,薪资等级不变。

(4) 年度绩效考核得分在 60 分以下的,薪资等级降一个等级,但不低于本职位薪资等级的下限。

2. 培训

年度绩效考核得分在 80 分(含)以上的员工,有资格享受公司安排的提升培训。年度绩效考核得分在 70 分(含)以上的员工,可以申请相关培训,经人力资源部批准后参加。年度绩效考核得分在 60 分(含)以下的员工,必须参加由公司安排的适职培训。

五、绩效申诉

(一)申诉受理

被考核人如对考核结果不清楚或者持有异议,可以采取书面形式向人力资源部绩效考核管理人员申诉。

(二)提交申诉

员工以书面形式提交申诉书。申诉书内容包括申诉人姓名、所在部门、申诉事项、申诉理由。

续表

(三)申诉受理

人力资源部绩效考核管理人员接到员工申诉后,应在三个工作日内做出是否受理的答复。对于申诉事项无客观事实依据,仅凭主观臆断的申诉不予受理。

受理的申诉事件,首先由所在部门考核管理负责人对员工申诉内容进行调查,然后与员工直接上级、共同上级、所在部门负责人进行协调、沟通。不能协调的,上报公司人力资源部进行协调。

(四)申诉处理答复

人力资源部应在接到申诉申请书的10个工作日内明确答复申诉人。

相关说明			
编制人员	审核人员		批准人员
编制日期	审核日期		批准日期

(资料来源:赵涛. 绩效考核与量化管理全方案. 上海:立信会计出版社)

第六章　绩 效 反 馈

【学习目标】

通过对本章内容的学习，使学生认识绩效反馈的意义，掌握绩效反馈面谈的原则以及如何做好绩效反馈面谈，能够设计针对不同员工的绩效面谈。

【关键概念】

绩效反馈(Performance Feedback)　绩效反馈面谈(Performance Feedback Interview)　绩效改进计划(Performance Improvement Plan)

【引导案例】

批评员工的"小"技巧与"大"智慧

俗话说"玉不琢，不成器"。因此，作为一名管理者，如果你想塑造一个训练有素、团结、有战斗力的员工队伍，如果你想让你的下属按照你期望的方式和行为来完成任务，取得预期的成果，就必须要进行绩效反馈，有效地掌握"批评"这个武器，来矫正、规范和塑造员工的行为、团队的文化，打造团队的整体战斗力。

但是，静下心来想一想，我们这些挂着"总经理""总监""经理""主管"头衔的管理者们真的懂得怎样有效地批评员工吗？真的懂得批评员工的"小技巧"和"大道理"吗？我们不妨看看下面这个真实的案例。这是一个总经理就员工批评发出的"求助信"。

一个总经理的烦恼：我该怎样指出下属的缺点？

首先，我自认为自己不是一个求全责备、过于严厉之人。我知道这个世上没有十全十美让我完全满意的员工，我也不会要求一个员工样样都达到我的期望，所以，接下来请不要拿这些大道理来回复我，我现在需要的是技巧性动作。

其次，这些天一直让我困惑和思考的问题，就是该不该指出下属的缺点？如何提？

我新来公司不久，在观察了一段时间之后，我觉得有几个员工的能力、专业和经验不适合他们所在的岗位。本公司是一家网络公司，盈利主要靠广告收入。我时不时都会指出他们在工作中的失误，都是非常具体的错误，而不是泛泛而谈的大道理。

可是，他们后来都跑掉了，他们说我不是一个好领导，整天就知道抱怨。天地良心，我是一个心态积极、从不怨天尤人的人，经历过各种打击而此心不改。所以，他们的离职对我不是什么坏事，我只是对他们的前途感到担忧。

但现在有一件事，却让我难以把握了。在剩下的老员工里面，我的助理可以说是我最信任的，公司里面的所有事情我几乎都会跟她商量。她也很为公司着想，任劳任怨，一心扑在工作上，经常加班加点。

但她有两个毛病是我不能接受的：一是私心重，二是喜欢找借口。因为她是我身边最忠心的幕僚，自然她的权力也较一般经理大，她便会在报销的时候多报，或者在购物的时候，为自己顺便买一些小东西。

第六章 绩效反馈

还有就是喜欢为自己找借口。比如，会为迟到找借口，会假借手机没电说回不了电话……其中有相当一部分理由是不成立的。为这个毛病，我犹豫和思考了好久。但我终于还是说出来了。因为，如果她不改正这个缺点，那我会很担心，而且对公司的发展也是不利的。

与她沟通的时候，我是借助一件事情而说的。那件事情是她没有做好，我在批评她的时候，她竟然又说是其他员工不配合所致。这让我有点恼火了，我料想多半是她自己交代不清所致。但我还是打电话给另外一位员工核实情况，果然是那位同事没有收到明确的任务布置(当然，如果这位同事够周到，他也能联想到这个任务，但我觉得我们不能这么要求一个员工)。

于是我就借题发挥，趁机数落了她的缺点，告诉她我为什么发这么大脾气，不只是眼下这件事，而是她自身的缺点。

这一下不得了啦，从此后，她的积极性大受影响，在工作上也不再那么主动了，对我也不再嘘寒问暖了，每天只是中规中矩地做事，也不再发表自己的意见。你吩咐了她就做，也不再主动了……

所以，我真的非常迷惑：下属有缺点，我该怎么办？我好歹也是个总经理，难道我连下属在工作中的失误和缺点都不能提吗？为什么一提到他们的缺点就会出现那么大的反应呢？不是辞职就是消极对抗？

那么，接下来，我该怎么办？对下属的缺点是不是就听之任之呢？还是我应该换一种方式？其实，我对员工真的已经很好了，好到大家如兄弟姐妹一样，我不喜欢摆架子，也很少用命令式的语气去分配任务。

对员工进行有效批评的两大障碍：自以为是和缺乏自省

从这位总经理的表述中我们看到，他现在遇到困境的一个最根本性问题就在于自以为"是"，即总觉得自己是正确的，别人应该理解和服从，应该按照自己的要求去做，甚至应该按照自己想象中的要求去做，或者别人天经地义地就应该和自己想的一样，而一旦别人的行为和自己想象的不一样时，就觉得难以理喻和不可救药的。

这一点其实是很多管理者的通病，而且在这个案例中表现非常典型。比如，这位总经理开篇就说："首先，我自认为自己不是一个求全责备、过于严厉之人。我知道这世上没有十全十美让我完全满意的员工，我也不会要求一名员工样样都达到我的希望。"

但是，我们每个有管理经验的人都对此心知肚明：当一个人越是刻意强调自己"不看重××"的时候，其实他内心深处实际上真正看重的就是这个"××"。比如工作中，很多人在谈到和薪酬或待遇有关的问题时都会说："首先声明，我并不是看重钱，只是我觉得公司的薪酬制度如何如何……"但是我们都知道，他就是想说"钱"的问题。

这位总经理一再强调自己"不求全责备""不会要求样样都达到我的希望"，但是从他后面自己描述的表现("我时不时地会指出他们在工作中的失误")以及对员工管理的实际的效果("可是，他们后来都跑掉了，他们说我不是一个好领导，整天就知道抱怨")看，他的问题恰恰就在于他的"求全责备"和自以为是。

而这位总经理让自己深陷"批评门"困境的另一个根本性的原因则是：缺乏反思和自省。在气走了那么多员工之后，他还觉得问题不在自己，只在他人，因为他自己说，"天地良心，我是一个心态非常积极、从不怨天尤人的人……他们的离职对我不是什么坏事，我只是对他们的前途感到担忧"。

更要命的是，由于"自以为是"和"缺乏自省"这两大障碍作祟，这位总经理在寻求解决方案的时候又犯了"舍本逐末"的错误。他说："所以，接下来请不要拿这些大道理来回复我，我现在需要的是技巧性动作。"这说明，他还没有充分意识到，他面临的批评不当的问题根源不是在于他没有掌握批评员工的"小技巧"，而是在于他根本没弄明白员工批评和激励的"大道理"。

作为一个管理者，特别是总经理，如果只是追求"技巧性动作"这种毫末技艺，而不能真正明白人心和人性的"大道理"(我称之为"顶上功夫")，那他的职业发展和事业空间都会大大受到限制。那么，什么又是员工批评的"大道理"呢？最大的道理就是：尊重个人，纠正行为。

批评员工的"大道理"：尊重个人，纠正行为

管理者在面对员工的时候，首先要做的一点就是要把员工当作一个有思想、有感情、活生生的"人"来对待。事实上，你的批评能否取得预期效果，关键不在于你自己的动机或出发点有多么"高尚"或者"正确"，关键在于你批评的对象，他从你的批评中感知到的个人主观感受。如果他的感受是"消极的""负面的""被否定的""被贬低的"，那么，无论你自己觉得你的批评行为多么正确、多么高尚、多么富于技巧，都只会收获相反的结果——员工的敌对、反感，甚至反抗。

因此，作为管理者的你，要想使你对员工的批评富有成效，要让别人心悦诚服地接受你所指出的缺点，并心甘情愿地做出调整和改变，首先需要明白的一个"大"道理就是"尊重"：你必须从真心帮助对方进步的角度出发，用不伤对方自尊的、能够给对方带来积极情绪体验的方式(至少不能是消极的情绪体验)来给出你的批评、你的反馈。但是，在前文案例中的那个总经理他是怎么做的呢？他在批评员工没有取得效果的时候，居然选择了"人身攻击"(甚至有点"秋后算账"和"恼羞成怒"的味道)。用他自己的话说就是"于是我就借题发挥，趁机数落了她的缺点，告诉她我为什么发这么大脾气，不只是眼下这件事，而是她自身的缺点"。而这，恰恰犯了批评的大忌：个人攻击和缺乏尊重。

事实上，我们批评员工，最根本的目的是"消除过失，而保护个人"，即纠正员工的不当行为，避免攻击其人格缺陷，避免否认其个人价值。因此，有效批评的第一个原则就是"指责行为，尊重个人"。如果你纠正的是一个具体的行为，而并不伤害他们的个人情感，他们就不会感到需要为自己辩护。然而，批评通常就像是在木板上钉钉子，即便把钉子拔了(批评过去了)，钉眼还会留在那里。因此，要想使你的批评更有效，并把这种"钉眼效应"降到最低，甚至使之消于无形，就需要做到另外一点：赢得员工的"认同"，即让员工对你的批评心服口服。

那么，怎么做到在尊重的基础上让员工对你的批评心服口服呢？这就涉及了员工批评的"技巧"。

批评员工的"大智慧"：用心

老子说："大巧若拙。"意思是说，真正的"巧"不是那种违背自然规律、卖弄小聪明的"权谋"，而是那种处处顺应自然的规律，在这种顺应中，使自己的目的自然而然地得到实现的"智慧"。

那么，批评员工的自然规律是什么？就是前面说的人性中最基本的渴望"被尊重"。而要想顺应这种规律，实现有效的批评，最重要、最基本，也是最简单的一个技巧就是用心，即作为管理者的你要用心了解员工的价值观，用心了解他认知事物的方式，用心选择说服他的方法。

用什么心？用对待客户的心，用谈恋爱时对待爱人的心。想想吧，如果你想对你的客户提出批评或负面的反馈时你会怎么做，你一定会用心去想一个他最能接受的方式，而且还会设法告诉他你的意见是对他有利的。同样地，如果你想对你的恋人提出批评，你会怎么做？你肯定会找一个她心情还不错的时候，用最委婉的方式，耐心地(甚至还会拐弯抹角地用举例、隐喻等方法)把问题讲出来，最好的结果是你在讲的过程中，让她自己觉得自己的行为不妥。而且，聪明的批评者还会在委婉地"批评"后，采取一些缓和、给对方一个台阶的做法来消除那个"钉子眼儿"。

因此，当你觉得你对员工的批评为什么总是不能被他接受的时候，你不妨问自己一个问题：我批评员工的时候用心了吗？

批评员工的"小技巧"

当然，管理是科学，也是艺术，批评员工也是有方法和技巧的。在明白了批评员工的"大道理"和"大智慧"之后，不妨也来探讨几个小技巧。

(1) 用标杆的方法和表扬的方法，把"批评"变成"自我批评"。我们都知道，好孩子是表扬出来的，那么好员工也是表扬出来的。因此，作为管理者的你，要想让员工自愿地做出行为的改变，你需要懂得积极引导比消极否定更能让员工做出改变。要用积极引导的方式，要用树立榜样和标杆的方式，要用示范的方式(最好是你自己带头)，来感染员工、促进员工的改变，而不是单一的批评。每个人都是有荣辱感的，当他知道了"好"与"坏"的区别之后，他就会自觉地进行"自省"和"自我批评"，自觉地向好的行为看齐。

(2) 不要总是亲自"批评"，要学会塑造团队氛围，让团队文化来矫正错误行为。作为管理者，特别是高级管理者，要学会把那些你倡导的价值观、行为方式、思维方式，变成团队的文化和氛围。这样，就能让团队的全体成员去替你"监督"、替你"批评"，而不是总是自己事事出头，把火力全都吸引到自己身上，把"所有问题都自己扛"。

(3) 批评要懂得"抓大放小"，不要总是盯着一些细枝末节的"小节"不放。什么是"大"？原则是大、价值观是大、绩效目标是大。这些违背了和做不到，那要坚决追究。但同时也一定要懂得放小，不要把什么小节(特别是和自己的习惯、想法、思路不一样的小节)看得太重！更不能像员工评价的"整天就知道抱怨"。试想，谁会喜欢一个天天否定自己的领导呢？

(4) 做一个温和而严厉的经理。作为管理者，衡量你优秀与否的一个重要标准就是你带领团队取得的成效。没有规矩不成方圆。必要的行为约束、行为纠正、员工批评是不可避免，甚至是必需的。但是，严格的要求与员工的尊重和服从并不矛盾，关键看你怎么做。我们知道，行为从目标开始，结果靠行为来实现。如果你一开始就在目标上严格要求，行为上密切关注，并及时为员工的工作行为提供支持、帮助和反馈，帮助他们完成目标，取得业绩和成就，那么，他们就会在你的严格要求和必要的批评背后，看到你的很多关心和尊重之情。而有效批评的威力恰恰来自于你发自内心地对他们的关心和帮助。前面案例中的那位总经理说的"我对员工真的已经很好了，好到大家如兄弟姐妹一样，我不喜欢摆架子，也很少用命令式的语气去分配任务"，其实是没有搞清楚什么是真正有效的管理。严格要求和是否摆架子没有关系。有效的管理者是一个严格而受人尊敬的领导。

其实，在管理实践中，有一种现象尤其值得注意，即越是职位高或者越想做到高层管理者的经理人，越应该学习如何"有效地批评别人"。因为，更多的时候，职位越高，会越让你倚重组织赋予你的"职权"来批评员工，想当然地在内心深处认为自己是正确的，从而忽视了学习如何"有效地、建设性地进行批评"。事实上，会不会"有效地、建设性地"批评下属，和职位高低无关，而是和你的"领导力修养"有关。

美国前总统艾森豪威尔曾经说过："领导是一门艺术，它让人们去做你想让他们做的事情，而且他们非常乐意去做。"而作为一个领导人、一名(高级)管理者，你的一言一行、一举一动，你做的决定，你说的话，甚至仅仅是你脸上的表情都会影响员工的士气！但是，只有正确的指导思想，才能让你产生正确的行为。因此，作为管理者的你，不学习有效的批评行吗？不懂得有效批评的"大道理""大智慧"，不掌握、探索、实践、完善那些有效批评的"小技巧"行吗？当然不行！

(资料来源：http://www.hr.com.cn/p/32053.html)

绩效反馈对企业是非常重要的，通过绩效反馈，不仅能为员工的努力指明方向，而且还可以激发员工的上进心和工作积极性，从而提高企业的整体绩效。可见，能否及时有效地对评价结果进行反馈面谈将直接影响到整个绩效评价工作的成效。

第一节 绩效反馈面谈的意义

研究人类行为的心理学家发现，反馈是使人产生优秀表现的最重要的条件之一。在没有反馈的情况下，人们无从对自己的行为进行修正，从而无法逐步提高，甚至可能丧失继续努力的意愿。同样的道理，员工的绩效表现不佳时，一个重要的原因就是没能得到及时、具体的反馈。有学者认为：缺乏具体与频繁的反馈是绩效不佳的最普遍原因之一。因为如果人们不知道自己做得好不好，就无从进一步改进；或者如果人们一直以为自己做得很好，他们就不会改变长期以来的错误做法，甚至造成越来越糟糕的结果。

而很多企业把绩效考核作为绩效管理，认为填写完绩效考核表格、算出绩效考核分数、发放绩效工资就是绩效管理的结束了。其实绩效管理的首要目的是为了提高绩效，应该让员工知道自己的绩效状况，管理者应将对员工的期望明确表达给员工，因此必须有绩效反馈面谈这个环节。

一、绩效反馈面谈有助于正确评估员工的绩效

同样的行为表现，往往不同的人会有不同的评价；即使对行为表现的评价一致，行为背后深层次的原因不同的人掌握的信息也是不一样的。管理人员对员工的评估只是代表管理人员的看法，而员工可能会对自己的绩效持有不同见解，如果管理人员将自己的评价强加到员工身上，无论评价正确与否，都将会影响员工的积极性。因此管理者和员工进行绩效沟通，对员工的绩效表现达成一致看法是非常重要的。

二、绩效反馈面谈使员工正确认识自己的绩效

每个人都有长处和短处,关键是如何正确认识自己的长处和短处。当一个人做出成就时,希望获得管理者的肯定,绩效反馈面谈的一个很重要内容就是肯定员工的成就和优点,从而对员工起到积极的激励作用。有效的绩效反馈可以使员工真正认识到自己的潜能,从而知道如何发展自我。

人无完人,绩效提升无止境。作为一个称职的管理者,一定会发现员工目前绩效的不足之处,给员工的工作提出意见和建议,促使员工的绩效进一步提升是绩效考核面谈过程中同样重要的内容。一般来讲,员工不只是想听到肯定和表扬的话,他们需要管理者明确指出工作中有待改进的方面并提出建设性的意见和建议。

三、绩效反馈面谈保证绩效考核的公开公正性

绩效反馈面谈可以使员工相信绩效考核是公平、公正和客观的,否则员工就有可能怀疑绩效考核的真实性。反馈面谈可以促使管理者认真对待绩效考核工作,而不是仅凭个人好恶来进行考核。

四、制订绩效改进计划并确定下一绩效期的绩效目标

在员工和管理者双方对绩效评定的结果达成一致意见后,员工和管理人员可以在绩效考核面谈中一同制订绩效改进计划。员工可以提出自己的绩效改进计划并向管理者提出需要的资源支持;管理者和员工应该充分讨论改进计划的可行性并协助员工制订具体的行动计划。

绩效管理是一个循环往复过程,绩效反馈环节的顺利结束就意味着一个新的绩效管理周期中绩效计划制订的开始。因此上一周期绩效考核面谈经常和下一周期绩效计划制订面谈同时进行。可以根据上一绩效期间的绩效结果并结合绩效改进计划来制定下一绩效期间的绩效目标。

第二节 绩效反馈面谈的准备

在许多建立规范化的绩效管理制度的企业中,绩效考核之后进行的绩效反馈面谈就是一种正式的绩效沟通。当然在另外一些企业中,绩效考核后的绩效反馈面谈并没有得到足够的重视。但实际上,如果缺少将评价结果和管理者的期望传达给被评价者的环节,我们就无法实现绩效评价和绩效管理的最终目的。要实现这个环节的最重要手段就是绩效反馈面谈。

一、绩效反馈面谈的目的

1. 使员工清楚主管对自己工作绩效的看法

一方面,一个绩效管理循环即将结束,员工希望能够得到主管对于自己工作绩效的反

馈信息，以便在以后的工作中不断提高技能、改进绩效；另一方面，员工也想就一些具体问题或自己的想法与主管进行交流。

2．让员工认识到自己的成就和优点

每个人都有被认可的需要。当员工做出成就时，他需要得到主管的承认或肯定。通过绩效反馈面谈，员工能够知道自己在过去绩效期间的工作表现得到管理者的认可，从而从内心深处对员工起到积极的激励作用。

3．指出员工有待改进的方面

员工的绩效中可能存在一些不足之处，或者员工同以前的绩效相比表现比较优秀，但如果今后想要做得更好仍然有一些需要改进的方面。通常来说，员工不仅关注自己的成绩和绩效结果，更希望有人指出自己需要改进的地方，通过评价反馈，主管和员工共同分析绩效不足的原因，找出双方有待改进的方面。

4．协商下一绩效管理周期的绩效目标和改进点

通过对过去工作的总结和思考，员工与管理者可以根据今天的实际情况共同商讨下一个考核周期的新目标，以及未来如何更好地提高个人绩效和组织绩效，进而为组织目标实现做出贡献。

二、绩效反馈面谈前的准备

要想充分实现绩效反馈面谈的上述目的，就必须做好充分的准备。由于绩效反馈面谈是主管人员与员工双方的责任，那么主管人员和员工都应该为绩效反馈面谈做好各自的准备。

1．主管人员应该做的准备

(1) 选择适宜的时间。选择什么时间进行绩效反馈面谈非常重要，要知道如果在绩效反馈面谈的时间又安排了其他事情，那么在绩效反馈面谈时双方就难以集中注意力。"经理，我四点钟还要参加一个会议，你看能不能谈得稍微快一点……""今天下午找我面谈啊？要多长时间？四点前能不能结束？"

很多主管在进行面谈前，经常会遇到这样的尴尬场面。其实造成尴尬的原因很简单，就是面谈时间确定得不恰当，主管们往往"一厢情愿"，按照自己的情况来确定时间，而没有考虑下属的时间安排。面谈是双方进行沟通的过程，最恰当的时间应当是双方都能空闲出来的这段时间。这样大家才能静下心来，充分地进行沟通，而不会受到其他事情的干扰。在确定面谈时间时，最好先提出一个时间，然后再征求下属的意见，这样既能表现出对员工的尊重，又能照顾到双方的实际情况，有助于双方把手头的事情安排好，不至于顾此失彼。绩效反馈面谈时间的选择对面谈质量影响很大，有几个原则需要关注。

- 实据掌握在先，切忌泛泛而谈。反馈时间应在取得了一定数量与范围的统计数据之后。作为主管，平时自然应与下属有很多工作上的接触，对员工的工作进行具体的安排与指导，但考核沟通应用数据说话，要有量化的指标，不能泛泛而谈，从指标数据上，找出与部门工作目标存在的差距，评价出工作的好坏。

第六章 绩效反馈

- 协调安排时间，双方都有空闲。如果在面谈时间内又安排了其他事情，面谈者必然会注意力不集中，甚至"身在曹营心在汉"。
- 摒弃两个端点，采取高效时间。尽量不要选择在刚上班或下班时间进行绩效反馈面谈，因为，刚刚上班时，大家往往还没有进入状态；而在下班时，又往往着急回家，也难以全身心投入。
- 把握时间分寸，长短均不相宜。要掌握面谈的时间长短，在该结束时即结束。过长的面谈使人感到拖沓疲劳，过短又不能很好地将问题谈清楚。

(2) 选择适宜的场所。大家肯定有过这样的感受：在一个非常吵闹的环境下，要想专心地工作，几乎是不可能的。为了更有效地进行面谈，最好选择一个最佳的面谈地点，这是进行一次有效绩效反馈面谈的必要条件。因此，面谈场所的选择应注意：

- 尽量选择不受干扰的场所，远离电话、电脑、传真机，避免面谈被中途打断。主管应告知秘书，在面谈过程中不要让其他人干扰、打断。
- 场所最好是封闭式的，一般不宜在开放的办公区进行，相比较而言地点应选择小型会议室较为理想。面谈时门一定要关上，不宜让别人看到里面进行的面谈过程。当然还得注意双方座次的安排，最好不要面对面，目光直接相对，否则容易给双方，尤其是员工造成较大的心理压力。因此如果采用圆形桌，最好是侧对面，如果是方形桌，也最好成一定的角度，这样既有利于观察对方的表情和非语言行为，又可以避免心理冲突。

(3) 提前通知好下属。时间和地点确定后，应至少提前一天通知下属，以便下属有足够的时间来回顾和总结过去一段时间的工作情况，准备好面谈所需的各种资料，双方在面谈的过程中也可以拥有更多的信息和资料进行交流。在面谈过程中最尴尬的事情之一就是左翻右翻就是找不到所说的内容在哪里，或者领导提到某方面的事情时，员工却表现得一脸茫然。

(4) 准备面谈的资料。在进行正式面谈之前，主管必须准备好面谈所需的资料。这些资料包括评价表、该员工的日常工作表现记录、员工的定期工作总结、岗位说明书、薪金变化情况等。沟通之前，主管必须对这些信息非常熟悉。

(5) 对面谈可能出现情况的准备。这是一种心理上的准备，也就是充分估计到员工可能出现的情绪和行为。这需要提前了解员工的性格、心态，评估结果可能对其的影响。尤其是当员工情绪紧张、低落、愤懑、激动时，主管要稳住局面，准备好如何安抚和激励员工。

(6) 计划好面谈程序。整个面谈的过程应该如何来安排呢？这也需要事先做好计划。计划的内容包括面谈的过程大致包括哪几个部分，要谈哪些内容，这些内容的先后顺序如何安排，各个部分所花费的时间大致是怎样的等。

① 首先要计划好如何开始。绩效反馈面谈的开场白有各种各样的形式，采取什么样的方式开始面谈要取决于具体谈话的对象和情境。有时候需要开门见山，直切主题；有时候需要一个缓冲带，此时不妨谈谈天气、生活等，再慢慢进入主题。

② 计划好面谈的过程，也就是在过程中先谈什么，后谈什么。绩效反馈面谈的过程有多种可选择的方式，以下这些做法都可以作为实施中的参考。

- 首先与员工沟通本次绩效评价的目的和评价标准，在这些方面达成共识之后再讨论员工的具体分数以及对他的评价结果。

- 先谈员工的优点，再谈工作中需要改进的地方。
- 直接从表格入手，说出你的意见，逐项地进行讨论，没有获得同意前不进行下一项。
- 在提出你的评价之前，先让员工说出自己的看法。当然也可以让员工把表格的所有项目先说完，或者讨论时让员工先说。
- 采取与员工轮流发言的次序。

(7) 要计划好在什么时候结束面谈以及如何结束面谈。一般来说，在双方对绩效考核中的各项内容基本达成一致意见之后，就可以结束面谈了。如果双方就某些问题争执不下，主管人员可以建议将其作为双方回去继续思考的问题，留作下一次面谈时需要沟通的内容，而不一定非要在当时得出结论。

2. 员工应该做的准备

绩效反馈面谈是一个双向交流的过程，员工需准备好向主管人员提出的问题。绩效反馈面谈不仅注重现在的表现，更重视将来的发展，员工最好能准备好个人的发展计划。而最重要的是，由于在绩效反馈面谈的过程中员工需要根据自己的工作目标逐项陈述绩效情况，所以，员工需要做好一定的前期准备：

(1) 填写自我评价表。即要求员工在绩效面谈前填写"自我评价表"，让员工对自己的工作事项进行了解与检讨。

(2) 准备好个人的发展计划。绩效反馈面谈注重现在的表现，更注重将来的发展。因此，主管人员除了想听到员工对自己过去的绩效的总结和评价外，也希望了解到员工自己的未来发展计划。

(3) 准备好向主管人员提出的问题。绩效反馈面谈是一个双向交流的过程，不但主管人员可以问员工一些问题，员工也可以主动向主管人员提出一些自己所关心的问题。

(4) 将自己工作安排好。由于反馈面谈可能要占用1～2个小时的时间，因此应事先安排好工作时间，尽量避免一些重要的事情。如果有非常紧急的事情，应交代同事帮忙处理一下。

总之，绩效反馈面谈是在主管和员工有计划、有准备的前提下而进行的一项活动，在双方的共同努力下才能很好地完成这项工作。

三、掌握面谈的十大原则

(1) 建立并维护彼此之间的信任。首先，面谈的地点非常重要，必须在一个使彼此都能感到轻松的场合。噪音一定要极小，没有第三者可以看到面谈的两人。为了使员工感到自在，二人应该并肩而坐而不是隔着桌子对坐。主管所说的话或是动作要使双方能顺利沟通，使员工无拘无束坦诚地表达意见。此时，来一杯咖啡或茶有助于制造良好的气氛。要知道面谈时如能促进彼此的信赖，那么花几分钟作应酬式的交谈也是值得的。在面谈时一定要以一些称赞和鼓励的话打开局面。称赞和鼓励可以营造一种轻松、热情、愉快及友好的氛围，如表6-1所示。

(2) 清楚说明面谈的目的和作用。清楚地让员工明白此次面谈要做什么，可用较积极的字眼，譬如："今天面谈的目的是希望我们能一起讨论一下你的工作成效，并希望彼此能有一致的看法。肯定你的优点，也找出哪些地方有待改进，紧接着我们要谈谈你的未来及将来如何合作达成目标。"明确面谈目的,可以消除被评价者心中的疑虑。

表6-1 两种不同的面谈气氛

融洽的气氛	缺乏融洽的气氛
自在、轻松	紧张、恐惧、急躁
舒适	不舒服
友善、温暖	正式、冷峻
敢自由开朗地讲话	不敢开放地讲话
信任	挑战、辩解
倾听	插嘴
明白	不明白
开放的胸怀	闭塞的胸怀
接受批评	怨恨别人的批评
不同意别人意见的时候,也不反击对方	争辩

(资料来源:王林.绩效面谈的技巧与方法.北京:北京高教音像出版社)

(3) 鼓励员工多说话。在面谈的过程中,应当注意停下来听员工说什么,因为你了解的情况不一定就是真实的。鼓励下属主动参与,有利于对一些问题迅速达成共识,同时,也便于了解下属的思想动态。

(4) 注意全身心地倾听。倾听时要以员工为中心,把所有的注意力都放在员工身上,因为倾听不单是对员工的尊重,也是营造氛围、建立信赖、把握问题的关键。

(5) 避免对立和冲突。在面谈中,员工往往有一种自卫的本能阻挡接受他不愿听的信息,甚至容易为此与主管发生冲突。如果主管利用自己的领导权威强行解决冲突,很可能会付出相当大的代价,它可能破坏了员工与管理者之间的信赖,导致以后的沟通难以做到开诚布公。

(6) 集中于未来而非过去。绩效管理的核心在于未来绩效的提升,而不是像反光镜那样聚焦过去。双方只有关注未来,才能使员工真心实意拥护并切实参与到绩效管理当中来,绩效管理才是真正具有激励意义的管理。

(7) 集中在绩效,而不是性格特征。在绩效反馈面谈中双方应该讨论和评价的是工作绩效,也就是工作中的一些事实表现,而不是讨论员工个人的性格。员工的性格特点不能作为评价绩效的依据。但是,在谈到员工的主要优点和不足时,可以谈论员工的某些性格特征,但要注意这些性格特征必须是与工作绩效有关的。例如,一个员工性格特征中有不太喜欢与人沟通的特点,这个特点使他的工作绩效受到影响,由于不能很好地与人沟通,影响了必要的工作信息的获得,也不能得到他人很好的配合,从而影响了绩效。这样关键性的影响绩效的性格特征还是应该指出来的。

(8) 找出双方待改进的地方,制定具体的改进措施。沟通的目的主要在于未来如何改进和提高,改进包括下一阶段绩效目标的确定,以及与员工订立发展目标。只有这样,你的评价不仅是评价,也关注了另一个重要的职能:员工发展。

(9) 该结束时立刻停止。如果你认为面谈该结束时,不管进行到什么程度都不要迟疑。

下面情况有任何一种出现都应该叫停：彼此信赖瓦解了；主管或部属急着要前往其他地方；下班时候到了；面有倦容等。如果原先预定的目标没能在面谈结束之前达成，待下次再继续。

(10) 以积极的方式结束面谈。要使下属离开时满怀积极的意念，不要让他因为只看到消极的一面而怀着不满的情绪离去。面谈结束时，下属应该是说(或起码也是这样感觉)："谢谢您，我很高兴有这么一个机会一起来讨论我的工作成绩。现在我知道我自己的工作达到怎样的程度，也知道以后要怎么做，而且我知道您会不断地协助我。"

第三节 绩效反馈面谈的过程

一、绩效反馈面谈中的 SMART 原则

由于组织内存在岗位分工的不同和专业化程度的差异，所以在主管与员工之间存在着信息不对称的情形。为了不断提升员工关注的层级，努力实现组织内评估双方的信息均衡分布，在主管与员工之间进行反馈沟通应该是经常的、及时的，并应该遵循这样一个重要的原则，即 SMART 原则。

(1) S——Specific，直接具体原则。面谈交流要直接具体，不能泛泛抽象或者一般性评价。对于主管来说无论是赞扬还是批评，都应有具体、客观的结果或事实来支持，使员工明白哪些地方做得好，差距与缺点在哪里，既有说服力又让员工明白主管对自己的关注。如果员工对绩效评估有不满或质疑的地方，向主管进行申辩或解释，也需要有具体客观的事实作基础。只有信息传递双方交流的是具体准确的事实，这样每一方所做出的选择对另一方才算是公平的，评估与反馈才是有效的。

(2) M——Motivate，互动原则。面谈是一种双向的沟通，为了获得对方的真实想法，主管应当鼓励员工多说话，充分表达自己的观点。因为思维习惯的定向性，主管似乎常常处于发话、下指令的角色，员工是在被动地接受；有时主管得到的信息不一定就是真实情况，下属迫不及待地表达，主管不应打断与压制；对员工好的建议应充分肯定，也要承认自己有待改进的地方，一同制定双方发展、改进的目标。

(3) A——Action，基于工作原则。绩效反馈面谈中涉及的是工作绩效，是工作的一些事实表现，如员工是怎么做的，采取了哪些行动与措施，效果如何，而不应讨论员工个人的性格。员工的优点与不足都是在工作完成中体现出来的。性格特点本身没有优劣好坏之分，不应作为评估绩效的依据，对于关键性的影响绩效的性格特征需要指出来，必须是出于真诚地关注员工与发展的考虑，且不应将它作为指责的焦点。

(4) R——Reason，基于原因原则。反馈面谈需要指出员工不足之处，但不需要批评，而应立足于帮助员工改进不足之处，指出绩效未达成的原因。出于人的自卫心理，在反馈中面对批评，员工马上会做出抵抗反应，使得面谈无法深入下去。但主管如果从了解员工工作中的实际情形和困难入手，分析绩效未达成的种种原因，并试图给以辅助、建议，员工是能接受主管的意见甚至批评的，反馈面谈也不会出现攻守相抗的困境。

(5) T——Trust，相互信任原则。没有信任，就没有交流，缺乏信任的面谈会使双方都会感到紧张、烦躁，不敢放开说话，充满冷漠、敌意。而反馈面谈是主管与员工双方的沟

第六章　绩效反馈

通过程,沟通要想顺利地进行,要想达到理解和达成共识,就必须有一种彼此互相信任的氛围。主管人员应多倾听员工的想法与观点,尊重对方;向员工沟通清楚原则和事实,多站在员工的角度,设身处地为员工着想,勇于当面向员工承认自己的错误与过失,努力赢取员工的理解与信任。

二、绩效反馈面谈中的反馈技巧

1. 对绩效结果进行描述而不是判断

在对员工进行绩效面谈时,不是对结果进行判断,而是要对绩效结果进行描述。例如,你某件工作没有完成,完成了多少,有多少差错,与工作目标有多大的距离,而不是说你这个工作做得很差,你工作能力很差之类的判断。

2. 正面评价的同时要指出不足

员工和领导朝夕相处,一般很难抹开情面去说员工的不足,因此绝大多数主管人员都是只说正面评价,不说或少说不足之处,这样不利于员工工作改进,也不利于组织绩效的提升。正面评价要真诚、具体、有建设性,以帮助员工获得更大提高和改进。反面反馈要具体描述员工存在的不足,对事而不对人,描述而不作判断。你不能因为员工的某一点不足,就做出员工如何不行之类的感性判断。这里,对事不对人,描述而不判断应该作为重要的原则加以特别注意。客观、准确、不指责地描述员工行为所带来的后果。你只要客观准确地描述了员工的行为所带来的后果,员工自然就会意识到问题的所在。所以,在这个时候不要对员工多加指责,指责只能僵化你与员工之间的关系,对面谈结果无益。反面评价时要善于给员工台阶下,例如,你说出了员工失误给公司带来的影响和后果时,员工已经明白了自己的错误,但碍于面子,不好当面承认错误,这时,你不要一味地追问,而是可以说你以前做得很好,这次可能是失误,我想你下次不会出现同样的错误。这时员工不仅有台阶下,也会非常感激你。

3. 要注意聆听员工的声音

从员工的角度,以聆听的态度听取员工本人的看法。听员工怎么看待问题,而不是一直喋喋不休地教导。多提出开放性问题,引导员工参与面谈。作为主管,要注意以下方式。

- 呈现恰当而肯定的面部表情。作为一个有效的倾听者,主管应通过自己的身体语言表明对下属谈话内容的兴趣。肯定性点头、适宜的表情并辅之以恰当的目光接触,这能够显示你正在用心倾听。
- 避免出现隐含消极情绪的动作。看手表、翻报纸、玩弄钢笔等动作则表明你很厌倦,对交谈不感兴趣,不予关注。
- 呈现出自然开放的姿态。可以通过面部表情和身体姿势表现出开放的交流姿态,不宜交叉胳膊和腿,必要时上身前倾,面对对方,去掉双方之间的物品,如桌子、书本等。
- 不要随意打断下属。在下属尚未说完之前,尽量不要做出反应。在下属思考时,先不要臆测。仔细倾听,让下属说完,你再发言。
- 多问少讲。发号施令的主管很难实现从上司到"帮助者""伙伴"的角色转换。我们建议管理者在与员工进行绩效沟通时遵循 20/80 的时间原则：80%的时间留给员工，20%的时间留给自己。而自己在这 20%的时间内，有 80%的时间在发问，20%的时间才用来"指导""建议""发号施令"，因为员工往往比主管更清楚本职工作中存在的问题。换言之，要多提问题，引导员工自己思考和解决问题，自己评价工作进展，而不是发号施令，居高临下地告诉员工应该如何。

- 沟通的重心放在"我们"。在有效沟通中，多使用"我们"，少用"你"、"你们如何解决这个问题？"应该用"我们的这个任务进展到什么程度了？"或者说，"我如何才能帮助你？"
- 反馈应具体。管理者应针对员工的具体行为或事实进行反馈，避免空泛陈述。如："你的工作态度很不好"或是"你的出色工作给大家留下了深刻印象"。模棱两可的反馈不仅起不到激励或抑制的效果，反而易使员工产生不确定感。
- 对事不对人，尽量描述事实而不是妄加评价。当员工做出某种错误或不恰当的事情时，应避免用评价性语言，如"没能力""失信"等，而应当客观陈述发生的事实及自己对该事实的感受。应侧重思想、经验的分享，而不是指手画脚地训导。当下属绩效不佳时，应避免说"你应该……，而不应该……"这样会让下属体验到某种不平等，可以换成："我当时是这样做的……"
- 把握良机，适时反馈。当员工犯了错误后，最好等其冷静后再作反馈，避免"趁火打劫"或"泼冷水"；如果员工做了一件好事则应及时表扬和激励。

4. 避免使用极端化字眼

在与员工绩效面谈时，切忌使用极端化评价字眼，如"你不行"，"你这个项目做得非常差"。

5. 通过问题解决方式建立未来绩效目标

与员工探讨下一步的改进措施。与员工共同商定未来工作中如何加以改进，并形成书面内容。

在面谈的过程中，要注意观察员工的情绪，适时进行有针对性的调整，使面谈按计划稳步进行。在面谈结束之后，一定要和员工形成双方认可的备忘录，就面谈结果达成共识，对暂时还有异议没有形成共识的问题，可以和员工约好下次面谈的时间，就专门的问题进行二次面谈。总结时以鼓励的话语结束面谈。

不管反馈面谈在什么时间、场所、以何种方式进行，过去的行为已不能改变，而未来的业绩与发展则是努力的目标。面谈反馈应尽量传递给员工鼓励、振奋的信息，使员工摆脱信息劣势，与主管一道以平等、受尊重的心态制定下一个绩效期的发展目标与可行方案，实现组织目标与员工个人发展，这才是绩效反馈面谈的最大成功。

三、绩效反馈面谈过程中的批评技巧

批评是对员工绩效反馈经常要用到的一种方法，恰当的批评可以促进绩效的改进，但如果批评得不恰当，反而会影响以后工作的开展。因此，管理者在批评员工时，要掌握好批评的技巧。当你需要对下属提出批评时要特别注意批评的方式，应当能够使下属维护他们自己的尊严和价值观。

1. 宽以待人

俗话说："金无足赤，人无完人。"每个人在走向成功的路上都会充满挫折和失败，没有人能走出一条没有失误的道路来。而且，在实际生活中，做的事情越多，犯错误的可能性就会越大，那些号称从不犯错误的人正是一些不做事的人，因此对待犯错误的员工一定要有宽容之心。下面这个故事正恰如其分地说明了这一点。

有位老禅师，晚上在禅院中散步，发现墙角有一张桌子。禅师想："肯定是有人不守寺规，越墙出去玩了。"老禅师搬开桌子，蹲在原处观察。不久，果然有个小和尚翻墙而入，在黑暗中踩着老禅师的后背跳进了院子。当他落地时发现，刚才踩的不是桌子，而是师父，顿时吓得惊慌失措。但出乎意料的是，师父并没有责备他，只是以平静的语调说："夜深了，快回去睡吧。"小和尚感激涕零，回去后告诉其他师兄弟。从此以后，再也没有人半夜翻墙出去闲逛了。

处理错误的黄金法则就是不要以惩罚为目的，而应以对错误的改进为基础。员工在工作中出错，是因为他们工作做得不够完善，并不是因为他们想受惩罚。有的管理者不能容忍错误的发生，他们希望员工能将工作做到完美无缺。但事实上别说员工，就是管理者自己也不可能是个完人。管理者这样要求的结果，只会使员工的工作重心放到避免错误的发生上，但这也就意味着避免负责任、避免创新、尽量少发言的"不求有功，但求无过"的死气沉沉的工作局面的出现，或者是员工为了逃避惩罚而拼命掩饰自己的错误，直到有一天，小错铸成大错，悔之晚矣。

对待错误最好的方法就是不要掩饰错误，要鼓励员工及时找出错误。员工犯一个过失，就好比打翻了一个你正要喝的牛奶瓶，反正你也喝不成牛奶了，而且对于员工来说，他也不愿意打翻牛奶。因此，在发火前，不如让自己和员工坐下来，用善意的态度谈谈出错的原因，并探讨如何改进的措施，使员工下定决心不再犯同样的错误。从而，一方面使员工在对错误的不断改进中前进；另一方面，管理者的大度也会使员工工作得更加忠诚。

管理者在对犯错误的员工宽容时，往往也要对其的错误行为进行指正，但在批评员工时，一定要掌握好批评的技巧。

2. 从观点一致的问题谈起

和主管一样，员工也希望自己工作出色，多拿奖金，也多为企业做贡献。你可以从这一点谈起，谈企业对员工的期望，谈员工对企业的意义，使员工逐步赞同你的意见，再引导到你的要求上，使员工在不知不觉中接受你的批评。比如，战国时，秦国攻打赵国，赵国不敌，向齐国求救，齐国一定要赵王的弟弟长安君到齐国做人质，才肯出兵。赵太后不答应，大臣们都极力劝谏，赵太后非常生气。赵国左师触龙要求见太后。太后怒气冲冲地等着他。触龙说："老臣的儿子年纪小且不成才。我已年迈且很疼他，希望他能进宫当一名侍卫。"太后说："男人也疼爱孩子吗？"触龙答道："比妇女更疼爱。老臣认为您爱燕后胜过爱长安君。"太后说："你错了，我对燕后的爱比对长安君差远了。"触龙说："父母的爱应体现在为他作长远打算。您送燕后远嫁，在她走后，您虽然想她，但也总是祈祷她不要回来。难道这不是作长远打算，希望燕后能有子孙并世代为王吗？"太后听后深表赞同。触龙说："您使长安君地位显贵，却不如叫他趁现在为国家建功立业，如果有一天太后不在世了,长安君拿什么立足赵国?"太后醒悟,同意长安君为人质,齐国于是出兵救赵。

触龙的本意是批评太后袒护儿子,但他没有直接说:"太后,你做得不对,你应以国家为重。"如果这样说,可能会被太后砍头。触龙先从父母的共性——疼爱孩子说起,引起赵太后的共鸣,然后再说什么才是真正疼爱孩子的方式,终于使太后信服。由此可见,管理者在批评员工时,不妨也借鉴触龙的方式。

3. 批评也要保住员工的面子

如果需要对员工进行批评教育,也要注意保留员工的面子和自尊,不能把员工批得一文不值。特别要注意的是,批评应该尽可能在私下进行,同时提出有建设性的建议,对事不对人,分析错误为什么会发生,如何加以避免。有人说"中国人爱面子",其实,无论中国人还是外国人,谁都爱面子,爱听好话。因此,管理者在指出员工的错误时,一定要顾及对方的感受。最好干脆把门锁上,不让任何人进来。在批评结束时,管理者可以说:"我认为你是一个聪明能干的人,我想你只要集中心思在工作上,这种失误是不会再出现的。"这样就给足了对方面子。

4. 因人而异

每一个员工的性格不一样,因此批评不同的员工应采取不同的办法。比如,对性子非常率直的员工,可以开门见山,直言不讳;对性格比较软弱、心理素质比较差的员工,批评时要以鼓励、提醒为主;对于心怀不满的员工,要认真听取他们的意见,然后针对错误来批评等。

5. 对事不对人

批评应是指向员工的行为,而不是员工的一些人格化特征。主管只需将员工犯错的事件清楚地陈述出来,并说明此事对集体绩效的负面影响。例如,某员工上班时,对顾客态度粗暴,主管批评他说:"你这个人脾气实在是太坏了,跟谁也相处不好,你就不应做这份工作。"可想而知,后果会怎样。但是,如果主管换另一种说法:"我想你这么做可能有你的理由,可是在商场内与顾客争吵,在顾客眼中,你代表的就是整个商场,人们不会关心争吵的原因,只会说'某某商场服务态度真差,员工还跟顾客吵架',我想你也不希望这样,是吗?"这种对事不对人的表达,员工会接受,并会意识到自己不当行为引发的后果,从而会积极改正行为方式,来提升自我业绩。

6. 不要翻旧账

有些主管在长篇大论的训话中喜欢把对于这位员工以前所有的陈芝麻烂谷子的事情统统都翻出来,进一步说明自己批评得多么正确,员工做得又是多么糟糕。尽管这位主管工作是认真的,对员工也是苦口婆心,但是员工会从心底里产生反感,致使以后说话做事都小心翼翼,和主管也拉远距离。因此,批评时应着眼于现在发生的事情和将来的改进。即便是要提到以前的事,也可以用鼓励的语气。这样在指出错误的同时,也给了员工信心,使员工认识自己是在不断进步中,从而乐于接受主管提出的意见和建议。

7. 批评员工,也批评自己

主管在员工犯错时,如果能及时地承担自己作为上级所应承担的连带责任,往往有意想不到的效果。例如，对犯错误的员工说："出现这个问题，我真的很抱歉，你是第一次做这类事，没有经验，我应该提醒你的，是我疏忽了。"员工听到主管如此说，往往会很感动，可能不用主管提醒，就自己主动承认了错误，然后主管就可以与员工具体分析如何避免这项过失的方法。这样，既解决了问题，又增进了双方的感情。

8．要批评，也要表扬

在批评前，应当设法表扬一番，批评后，再设法表扬一番，力争用一种友好的气氛结束谈话。在表扬中指出员工的错误，是一种和缓、圆润的方法，不会引起员工的怨恨和抵触。但是在使用这种方法时，有一点一定要切记：此时的表扬是为批评作铺垫的，该批评的地方应清楚明白，决不能含糊了事，让员工产生误解。

9．以理服人，不可以权压人

主管作为企业里的领导，被赋予了一定的权力，但是如果太仰仗权力，特别是在批评中采取强制手段迫使员工接受自己的意见，往往会适得其反，员工虽然在口头上同意了主管的看法，但内心并不以为然甚至不满，从而不会对自己的工作有丝毫的改进。

10．批评以信任为本

虽然主管对员工的错误、过失造成的损害是不满甚至气愤的，但是批评员工时，首先应以信任为本——让员工知道，你批评的是他所犯的错误，但对他本人的工作能力和态度，你是充满信任的。其次，不能轻视被批评者。主管若带有轻视的态度，不论语言多么美妙，这种轻视之心仍然会表现在主管的言辞之中。在这种情况下，员工会感觉到主管瞧不起自己，便会丧失改正错误的信心，工作效率就会下降。

第四节　如何与不同类型的员工进行绩效反馈面谈

在绩效反馈面谈时，管理者会遇到各种各样的员工，所以应根据不同员工的不同特点与他们进行交流和沟通。

一、具有防御心理的员工

其实，在我们的生活中，防御是一个非常重要的同时也较为常见的现象。当一位员工被指责为工作绩效不佳时，他的第一个反应就可能是矢口否认。一旦否认自己有过错，他就不会去反省个人是否称职。恼怒和攻击是受到批评时的另一反应，管理人员应当看到，这种做法有助于他们释放情绪，并使得他们能够直接面对问题所造成的压力，并有时间缓冲。但是可以相信，他们最终还是能够正确地对待这些问题。此外，还有一些人在受到批评时，往往会退缩到一个保护壳中去。无论是在何种情况下，理解并解除这些防御心理是一种很重要的面谈技巧，关于这一点美国心理学家摩特默·弗因伯格提出了以下几点建议。

- 认识到防御心理是一种很正常心理。
- 永远不要攻击一个人的防御心理。不要试图用"向某人讲解他自己"的方式来和面谈对象说话，比如，不应该这样说"你知道自己使用这种借口的真正原因是你不能忍受任何责任"；相反，你应当尝试将谈话集中于员工的行为本身(如销售额正在下降)，而不是将话题集中在他本人身上(如你的销售工作十分不利)。
- 推迟行动。有时，最好的行动其实就是什么也不要做。人们面对突然的威胁时一种本能反应通常就是将他们隐藏到自己的"面具"后面。给他们足够的时间，让他们更理性地接受这一问题。
- 认识到自己的局限性。不要期望能够解决自己所遇到的所有问题，尤其是与人有关的问题。更为重要的是，主管人员千万不要充当心理学家。让你的下属意识到问题的存在是一回事，而解决心理问题则完全是另一回事。

二、优秀的员工

当遇到一名优秀的员工时，与其面谈时要注意以鼓励为主。因为优秀的员工一定是在其职责范围内工作得很好，并且有很多别的员工所不具备的优点，所以一定要首先对员工的优秀表现加以认可，并多了解一些他做得好的方面，以便在其他员工身上推广。另外，优秀的员工往往有比较强烈的个人愿望，在绩效反馈面谈时可以花多一些时间了解员工的未来发展设想，有时候，管理者和员工可以一同制订未来的发展计划。最后要注意的是，优秀的员工往往比较自信，对提升和加薪等事情也会觉得在自己应得的范围内，在这种情况下，管理者就应该谨慎对待，不应轻易做出加薪或晋升的承诺。

三、一直无明显进步的员工

有的员工绩效总是停滞不前，没什么明显的进步，对待此类员工应怎样进行绩效反馈呢？应分析一下员工绩效没进步的原因可能是什么。一般来说有以下几点。
- 员工个人动机问题。自己为自己设定的目标较低，并没有提出更高的要求。
- 当前的职位并不适合他。这个员工可能有许多潜能，也有成功的愿望，但在现在的职位上却没办法发挥出来。
- 工作的方法不对。有的员工虽然在一个职位上工作了很久，但却一直没找到适当的工作方法，所以他的业绩就会始终提高不上去。
- 其他的个人困难。对一直没有进步的员工，应和他们进行开诚布公的交流，查明他们没有进步的原因，再对症下药。如果是个人动能不足，则应充分肯定员工的能力，必要时还可以采用"激将法"。如果是现在的职位不适合这位员工，一方面应听听员工的想法，另一方面要帮助员工分析什么职位适合他。如果是员工的工作方法不对，就应帮他分析在哪些方面可以改进。总之，就是既要让员工看到自己的不足，又要切实地为员工着想，帮他找到改进的有效方法。

四、绩效差的员工

管理者可能都会有这样的感觉：与那些绩效比较好的员工进行面谈是件很愉快的事情，相反，和那些绩效差的员工进行绩效面谈却是件令人头疼的差事。绩效差的员工通常很难面对一个很差的分数的事实，但管理者却要让他们不得不面对。有的绩效差的员工可能会比较自卑，认为自己一无是处；有的绩效差的员工可能认为自己并不差，因而在绩效面谈时就会与管理者发生冲突。对待绩效差的员工，要注意的一点就是一定要具体分析绩效差的原因，不要一概而论。

五、年龄大、工龄长的员工

有些年龄大、工龄长的员工，曾经为组织做出了很大的贡献，而现在可能对一些新技术、新知识掌握得比较慢，因此绩效可能不高。这些员工可能会有各种想法，比如一些年轻员工业绩比他们好，提升比他们快，他们就会感到心里不平衡；他们认为组织正在对他们的价值提出质疑，逐渐以年轻员工来取代它们；感到比较自卑等。对待这样的员工一定要给予充分的尊重，首先要肯定他们曾为组织做出的贡献，并对他们表示亲切的关怀。但也要让他们知道，过去的成绩虽不会被抹去，但也不能代表现在甚至将来的成绩。绩效考核是对一定时间范围内的成绩的评估，而且是有客观依据的，因此应帮助他们接受现实的差距。

六、过分雄心勃勃的员工

有些员工有很强的成就动机，显得雄心勃勃。这样的员工通常期望自己能为组织做出很重要的贡献，他们会做出很多对未来的设想和计划。管理者面对这样的员工，虽然要用事实向他们表明一些现实的差距，但却不能一味地泼冷水，要与他们讨论所制订的未来计划的可能性，帮他们制订出现实的计划。

七、沉默内向的员工

有的员工性格内向，在进行绩效面谈时，除非管理者向他们提问时他们才会做出回答，否则，他们是不会主动表达自己的想法的。他们在与管理者交流时，会变得局促不安、紧张，或者冷漠矜持。对这种员工，要多提些开放性的问题使他们多表达，并多征求他们对事情的看法，这样可以促使他们多说话。

八、发火的员工

有时，在员工和管理者的意见发生冲突时，员工可能由于强烈的不满而发火。在这种情况下，管理者应耐心地听员工把话讲完，不要急于和员工争辩，最好等员工冷静下来，再同员工一起寻找原因。

第五节　员工绩效改进计划

绩效改进是绩效考核的后续应用阶段，是连接绩效考核和下一循环计划目标制定的关键环节。绩效考核的目的不仅仅是作为确定员工薪酬、奖惩、晋升或降级的标准，员工能力的不断提高以及绩效的持续改进才是其根本目的，而实现这一目的的途径就是绩效改进。

一、员工绩效改进计划的内容

绩效改进是绩效管理过程中的一个重要环节。传统的绩效考核目的是通过对员工的工作业绩进行考核，将考核结果作为确定员工薪酬、奖惩、晋升或降级的依据。而现代的绩效管理目的并不仅如此，促进员工能力的不断提高以及绩效的持续改进才是最根本的目的。

员工绩效改进计划是指根据员工有待发展提高方面所制订的一定时期内有关工作能力和工作绩效提高的系统计划。员工绩效改进计划通常是在主管人员的帮助下，由员工自己来制订，并与主管人员共同讨论，就有待发展的项目、发展这些项目的原因、目前的水平、期望达到的水平、发展这些项目的方式、设定达到目标的期限等内容达成一致意见。主管人员应提供员工实现计划所需的各种资源和帮助。员工绩效改进计划通常包括以下几方面的内容。

(1) 有待发展的项目。通常是指在工作的能力、方法、习惯等方面有待提高的方面。这些有待发展的项目可能是现在水平不足的项目，也可能是现在水平还可以但工作有更高要求的项目。一个人需要改善和提高的项目可能很多，但不可能在短短的半年或一年时间内全面得到改善和提高，所以在员工绩效改进计划中应选择那些最为迫切需要改进且易改进的项目。

(2) 发展这些项目的原因。选择某些有待发展的项目列入员工绩效改进计划中一定是有原因的，这种原因通常是由于在这方面的水平比较低，而工作任务完成或员工未来发展又需要其在这方面表现出较高的水平。

(3) 目前的水平和期望达到的水平。绩效的改进计划应该有明确清晰的目标，因此在制订员工绩效改进计划时要指出需要提高项目的目前表现水平是怎样的，期望达到的水平又是怎样的。

(4) 发展这些项目的方式。将某种有待发展的项目从目前水平提高到期望水平可能有多种方式，如自我学习、理论培训、研讨会、他人帮助改进等。对一个项目进行发展可以采用一种方式，也可多种方式同时实施。

(5) 设定达到目标的期限。任何目标的确定都必须有时限的要求，否则这一目标就没有实际意义。同样在员工绩效改进计划中，要确定经过多长时间才能将有待发展项目的绩效从目前水平提升到期望水平。

二、制订员工绩效改进计划的基本流程

1. 绩效改进的过程及其指导思想

绩效改进的过程分为以下两步。

① 分析员工的绩效结果，找出员工绩效中存在的问题。

② 以存在的问题为依据制定合理的绩效改进方案，并确保方案能有效地实施。

要做好绩效改进工作，理解绩效改进的指导思想是很重要的。对于指导思想的理解可以分为以下三个部分。

(1) 绩效改进是绩效考核的后续性工作，所以绩效改进是以对员工现实工作的考核为出发点的，不能将这两个环节割裂开。由于绩效考核强调的是人与标准之间的对比，而非人

和人之间的差距，因此，绩效改进需求的确定应当是在与标准比较的基础上完成的。

(2) 绩效改进必须自然地渗透到部门的日常管理工作中，才有其存在的价值。绩效改进应是管理者日常管理事务中的一部分，管理者不要把它看成一种负担。这种自然渗透的形成，一方面有赖于成功的企业文化对管理者和员工进行的理念的灌输，使大家真正认识到绩效改进的意义和价值；另一方面依赖于部门内双向沟通的制度化、规范化，这是绩效改进工作的制度基础。

(3) 帮助下属改进绩效、提高能力是管理者义不容辞的责任，管理者不应以"没时间"等各种理由推托。管理者常常对绩效管理有误解，他们认为绩效管理是"事后"讨论，实际上这不是绩效管理的核心。绩效管理不是以反光镜的形式来找员工的不足，它是为了防止问题的发生，找出通向成功的障碍。所以，管理者应首先承担起绩效改进的责任。

2．绩效诊断和分析

绩效诊断和分析是绩效改进过程的第一步，也是绩效改进的最基本环节。它有以下两个关键步骤。

(1) 通过分析考核结果，找出绩效不佳的员工和关键绩效问题。关键绩效问题是通过对比实际绩效状况和期望的绩效状态之间的差距而得出的。期望的绩效水平可以参照同等条件同行业内具有一流水平企业所达到的绩效加以确定。实际绩效则是由组织成员现有的能力和组织现有的总体竞争力决定的。绩效问题并不是客观问题，而是由主观原因造成的。

(2) 针对关键的绩效问题，在充分考虑绩效不好的员工和企业现有资源的基础上，大致确定绩效改进方向和重点，为制定绩效改进方案做好准备。此时确定的并不是具体的绩效改进方案。

3．组建绩效改进小组

如果条件允许，企业应组建专门的绩效改进部门来负责具体的绩效改进工作。可以根据绩效改进的需求来确定部门的人员结构、数量、组建方式等。

4．选择绩效改进工具

波多里奇卓越绩效标准、六西格玛管理和ISO管理体系可以看作绩效改进的主要工具。在选择绩效工具时，并不是选这个或选那个的问题，而是选一个、两个或三个的问题。

(1) 波多里奇卓越绩效标准。通过识别和跟踪所有重要的组织经营结果，关注整个组织在一个全面管理框架下的卓越绩效，从而保证客户、产品或服务、财务、人力资源和组织的有效性。

(2) 六西格玛管理。这种方法是世界级企业追求卓越的一种先进的绩效改进工具。六西格玛即指"6倍标准差"，在质量上表示每百万个产品的不良品率少于3.4。六西格玛管理在今天已经不仅仅是产品质量管理和绩效改进的工具，而且成为企业管理现代化程度的代名词。

六西格玛管理的重点是集中在测量产品质量和改进流程管理方面，推动流程改进和节约成本。

(3) ISO管理体系。这是一个产品(服务)符合型模式，目的是为了在市场环境中保证公正，从而集中弥补质量体系的缺点并消除产品的不符合性。它的基本原则包括以下几点。

- 以顾客为焦点。
- 全员参与。
- 过程方法。将相关联的过程作为系统加以识别，持续改进。
- 与供方的互利关系。

波多里奇卓越绩效标准、六西格玛管理和 ISO 管理体系这三种促进企业绩效改进的工具，在西方国家的实践中已经获得了巨大的成功，但在我国仍处于起步阶段，具体选哪种或哪几种绩效改进工具，还要取决于企业的实际需要和环境的实际要求。

5. 选择和实施绩效改进方案

一旦明确了差距，选择了合理的工具，解决办法似乎就是迎刃而解的事情了。但实践表明，绩效问题往往有多重原因，需要几种措施同时进行改进。事实上，几种改进方法结合在一起的确能获得较好的效果。但无论采取何种措施，以下的原则是不能违背的。

(1) 时机很重要，及早指出，及早处理。
(2) 应进行彻底及客观的调查。
(3) 给予员工改善的机会和劝告。
(4) 以正式文件的形式明确下来。
(5) 应在采取行动之前，与高层管理者和人力资源顾问进行协商。

大体来说，绩效改进方案包括四种类型，应根据具体的使用环境进行选择(见图 6-1)。

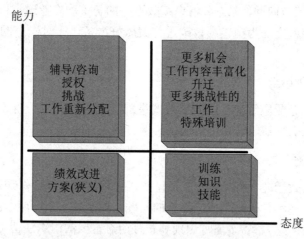

图 6-1　绩效改进方案

(资料来源：赫尔曼·阿吉斯(Herman Aguinis). 绩效管理[M]. 北京：中国人民大学出版社，P81)

6. 变革管理

选择了正确的绩效改进方案并不意味着成功在即。企业变革实践证明，变革的失败更多是由于实施不力所致，而非方案不优。改进方案成功的关键是对变革过程的管理。改进必然会遇到阻力，阻力或是来源于利益的冲突，或是来源于旧观念和行为习惯等。在设计改进方案时就需要考虑到其执行过程中可能遇到的障碍，并事前想好对策。一般而言，管理者的支持、充分的宣传和沟通、严谨的步骤是保证绩效改进成功的重要因素。

7. 绩效改进结果评估

在绩效改进方案实施后，并不是说任务完成了。结果评估就是对绩效改进结果进行评价，以确定是否实现了减少绩效差距的目标。以下是绩效结果评估的四个维度。

维度1：反应。公司中各类员工对绩效改进活动以及活动对他们的影响反应如何？客户和供应商反应如何？

维度2：学习或能力。实施后，员工掌握了哪些以前不会的知识或技能？

维度3：行为。改进活动是否对工作方式产生了所希望的影响？是否在工作中开始运用新技能、工具和程序？

维度4：结果。改进活动对绩效差距的影响是什么？差距的缩小与经营行为是否具有正向相关关系？

评估结果将反馈到组织观察和分析过程中，从而开始新的循环。总之，企业可以将分散、孤立的绩效改进环节等加以整合，在各种影响因素的动态联系中，把握影响个人或组织绩效的因素，从而制定出全面有效的改进策略，并使其科学化，以实现组织绩效迅速提高的目标。

三、在制定员工绩效改进方案和实施过程中要注意的问题

(1) 绩效改进方案一定要有实际操作性，要有"行动步骤"。如果停留在理论上，改进方案根本没有存在的必要。根据员工现在的发展水平，绩效改进方案的指导性一定要强，最好是能详细到具体的每一步骤。如果现在的规范化管理比较欠缺，通过绩效改进方案，也能为以后实行规范化管理打好基础。

(2) 绩效改进方案也要符合SMART原则。绩效改进方案是指导绩效改进实施的标准，因此一定要有可操作性。其制定的原则也要符合SMART原则，做到具体、可衡量、可达到、相关联和有时限。这是制定任何一个方案都必须考虑的原则。

(3) 绩效改进方案可以与计划目标制定相结合，也可以独立制定，目的都是为了员工的绩效提高。计划目标的范围较大，既包括了以前做得好的日常工作内容，也包括了需要提高的改进内容。与之相比，绩效改进方案虽然也是根据上一阶段绩效考核结果而制定的，但其更具有针对性，是着重针对绩效低下的原因而制定的。在实际工作中，由于时间等因素的限制，可以将制定绩效改进方案与计划目标相结合，通过一份计划反映绩效改进方案。

(4) 绩效改进方案的形式可以多样，但关键是要控制过程，给员工以指导。任何方案都需要付诸实施，绩效改进工作可以有各种各样的方案，但是改进的过程只有一个。绩效改进能否成功，关键就在于是否能控制改进的过程。只有各级主管在过程中给予员工指导和帮助，修正改进方案，才能保证绩效改进的效果。

(5) 尽管绩效改进是各级主管要为员工考虑的事，但各公司行政人事部门在绩效改进工作中也应该完成其配合的工作。

① 整理、汇总、分析员工的绩效考核结果，指导各级主管开展绩效改进工作。

员工绩效考核结果的初步分析，需要行政人事部来完成。在各级主管对绩效改进尚不了解的情况下，就需要行政人事部牵头，给出相关分析，指导各级主管开展绩效改进工作。

② 组织相关培训。一方面，需要行政人事部组织各级主管进行培训，以提高其对绩效改进理论的认识；另一方面，根据各级主管制定的员工改进方案，有针对性地组织员工培

训，以提高员工的专业知识、技能。

③ 评估绩效改进工作。由于是绩效管理工作的主要推动部门，因此，行政人事部要配合各级主管，评估改进工作的实施情况，以便于查漏补缺，在下一阶段修正绩效改进方案。绩效改进是绩效管理过程中的一部分，与绩效管理相似，也是一个连续循环、不断提高的过程。它是企业、各级主管帮助员工提高工作绩效的一个过程。如果能将绩效改进工作做到实处，那就能激发员工更大的工作激情，绩效管理工作也有了成功的保障。

【案例6-1】王小军的绩效改进计划

王小军是长沙某医疗设备公司的一名销售代表，他到这家公司担任销售代表有一年时间了。年初时，上级主管给他设定的销售业绩指标是20万元，到年底评估时，他完成了这个业绩指标，实际销售额为21.9万元。但是像他这样的销售代表平均的销售额应为32万元，王小军的业绩距离这样的水平还有很大的差距。对评估结果进行分析后，他目前存在的有待改进的主要问题是销售技巧，即在与客户沟通时如何倾听客户的需求；另外他以前不在医疗设备行业工作，对一些专业知识不够熟悉，对于专业知识他还需要进一步学习；再有他的销售报告也不是很令人满意，在这方面也需要学习提高。但在这次评估中，同事们普遍认为他是一个善于与人合作的人，与同事的关系相处得很好，也乐于帮助他人。主管(张力)认为他还是一位比较愿意学习的人，在过去的一年中，进步还是蛮快的。客户对他的工作态度反映较好，只是有时对客户需求的理解会出现偏差。王小军针对自己工作的现状及问题，在与主管张力充分沟通的基础上，制订出了如表6-2所示的绩效改进计划。

表6-2　员工绩效改进计划

姓　　名：王小军　　　　　　　　　　　职位：销售代表
部　　门：销售部　　　　　　　　　　　直接主管：张　力

有待发展的项目	发展的原因	目前水平	期望水平	发展的措施与所需要的资源	评估的时间
客户沟通技巧	与客户沟通是销售代表的主要工作，本人在这方面有较大欠缺	客户沟通评估分数2.5分	3.5分	参加"有效的客户沟通技巧"培训；自己注意体会和收集客户反馈；与优秀的销售人员一同会见客户；观察他人与客户沟通好的方法	2008年12月
医疗设备专业知识	销售人员需要了解较多的产品知识	专业知识评估3分	4分	阅读有关的书籍、资料；参加产品部门举办的培训班；多向他人请教	2008年6月
撰写销售报告	销售人员需要以书面形式表达销售情况，与主管和同事交流信息	销售报告评估分数3分	4分	学习他人撰写的销售报告；主管人员给予较多的指点	2008年9月

　　注：①本计划是结合员工岗位需要及个人发展意向，经过员工与主管双方沟通协商达成的促使员工绩效改进的计划。②本计划一式三份，员工与主管各持一份，人力资源部存档一份。③绩效目前水平和期望水平采用5分制。

第六章 绩效反馈

本 章 小 结

绩效反馈是绩效管理过程中比较容易让大家忽视的一个环节,但绩效反馈对于绩效管理的效果却意义重大。绩效反馈面谈的意义在于:绩效反馈面谈有助于正确评估员工的绩效;绩效反馈面谈使员工正确认识自己的绩效;绩效反馈面谈保证绩效考核的公开公正性;制订绩效改进计划并确定下一绩效期的绩效目标。

掌握面谈有十大原则:建立并维护彼此之间的信任;清楚说明面谈的目的和作用;鼓励员工多说话;注意全身心地倾听;避免对立和冲突;集中于未来而非过去;集中在绩效,而不是性格特征;找出双方待改进的地方,制定具体的改进措施;掌握好面谈时间,该结束时立刻停止,以及用积极的方式结束面谈。

绩效反馈面谈中的 SMART 原则包括:直接具体原则;互动原则;基于工作原则;基于原因原则与相互信任原则。

本章还简要介绍了如何与具有防御心理的员工、优秀的员工、一直无明显进步的员工、绩效差的员工、 年龄大工龄长的员工、过分雄心勃勃的员工、沉默内向的员工、易发火的员工等不同类型员工进行绩效反馈面谈。

在本章最后,我们了解了如何制订员工绩效改进计划。

自 测 题

1. 简要说明批评员工的技巧。
2. 试论述绩效反馈的意义所在。
3. 请根据以下资料进行角色扮演练习。

对贺彬的考绩

这是一套角色扮演练习,背景是一家制造公司,一个角色是总经理张维,另一个角色是生产科科长贺彬。

第一步:5分钟

教师介绍本练习中要扮演的角色。学员分成三个小组,一个小组派出一个人扮演总经理,另一个小组也要出一个人扮演下属生产科科长,第三个小组是观察者。观察者要阅读"观察者角色说明""总裁角色说明"和"生产经理角色说明"三份文件;其余两个组只阅读分给各自的要扮演的角色说明文件。

第二步:20分钟

上司约见下属进行考绩谈话。这个过程观察者保持沉默,以"观察者角色说明"为指导,用笔记录谈话过程和内容。在谈话过程结束时,观察者对两人给予反馈。

第三步:15分钟

讨论:

1. 观察者:指出谈话过程的得当之处,说明谈话是非曲直如何开始的,有没有什么"关键"点使事情发生转变。说明谈话过程中的欠妥之处，以及"关键点"何在。

2. 你是否发现"传达与说明方法"有什么好处？"解决问题"方法有什么好处？

3. 下属对上司所采用的方法有什么反应？

4. 每个人本应如何做以使得讨论更有效些？

附：角色说明

观察者角色说明

一、观察上司开始谈话的方式

1. 谈话者做了什么？他是否以某种方式创造一种融洽的气氛？
2. 谈话者是否开门见山说明谈话目的？
3. 谈话目的是否表述得清楚简明？

二、观察谈话是怎样进行的

1. 谈话者在多大程度上了解下属对工作的感觉？
2. 谈话者是否以泛泛的、一般性的问题开始谈话？
3. 上司是否批评下属？
4. 谈话者是否能理解下属的思想感情？
5. 谁说话多？
6. 谈话者了解到别的什么没有？
7. 上司有没有表扬下属？

三、观察、评价谈话结果

1. 谈话结束时，谈话者对下属的评价在多大程度上达到了公正和准确？
2. 上司是否给下属以激励？
3. 谈完后，两个人之间的关系是改善了还是恶化了？
4. 谈话者怎样才能做得更好些？

生产科科长角色说明

你刚才接到上司——公司总经理张维的电话，他要见你。在去他办公室的路上，你寻思他找你干什么。你想可能是两件事之一。

一个可能是要提升你做副总经理。张维以前已经数次谈过这件事。如张维所言，如果你能在生产科长任上证明自己，副总经理就非你莫属。你当然记得他曾经暗示你理应得到提升。你们的产量创了纪录，生产部门在你的领导下有效运转，你对自己的成绩感到自豪。

另一个可能是关于你上周提交给他的那份报告的事。你在那份报告中提出要招聘一些确实优秀的生产主管和工人，你提出：

1. 大幅增加工资以期延揽资质更佳的人才。
2. 建立一项先进的人事测评项目，以便刷掉平庸的求职者。

虽然你对自己在生产部门的成就感到自豪，但有一个问题困扰你，那就是中、低层管理人员素质太差。这些人当中有几个新近离职，但你宁愿让他们通通走人。这些家伙大多让人感到沉闷，又不负责任，智商也太低了一点，大部分不能胜任工作，没有一个可以提升。

你总是为推进这些下属的工作而疲于奔命，不管你怎样教导、鼓励甚至威胁，你似乎

第六章 绩效反馈

还得亲自检查两遍才能保证他们确实把工作做好了。

就你看来,你已经通过纠正他们的错误,为公司节约了成千上万元了。

张维是你的一位老朋友,你对你们之间的工作关系感到满意。

想到这里,你踏进了总经理办公室。

总经理角色说明

你刚才请了贺彬来你办公室开会。贺彬是公司的生产科科长。从许多方面来说,你承认贺彬是一位理想的管理人员,他有节约意识,聪明能干,积极主动,为人诚恳。在贺彬的领导下,产量稳步上升。此外,贺彬也是你的私人朋友。

你请贺彬到你办公室讨论一个自去年以来一直困扰你的问题。尽管贺彬有许多优点,但还有一个不容忽视的问题,那就是生产科一些管理干部拒绝为贺彬工作。没有一个生产部门的管理干部在公司里工作超过 6 个月。他们抱怨贺彬独断专行,从不允许他们自己处理问题。贺彬总是监视他们,并明确告诉他们该怎么干,甚至最具体的事务也是如此。

公司一个副总经理位置空缺,你想过要不要提升贺彬。另一方面,你还有过一个不同的念头:为了公司,该不该让贺彬走人。这个问题你已经同贺彬谈过好几次了,你觉得你已经足够清楚地告知贺彬提升取决于他是否能够培养一位接班人接替生产科长职位。

最近,许多不错的年轻人离开了公司。你要决定要么贺彬改变他的做法以遏制人才外流的趋势,要么让他辞职。

(你在文件处理工作上稍微落后了一点,不知道贺彬最近给你送来了一份报告。如果他提到,你就说还没有看到。)

正在此时,贺彬如约来到了你的办公室。

案 例 分 析

企业在实施绩效反馈时,需要做足充分的调研等准备工作,明确绩效反馈的内容和作用,营造良性的绩效考核氛围,制定合理的考核指标、考核制度,以及奖惩方案等,建立完善的绩效考核体系,并及时反馈。否则,绩效考核不仅达不到其应有的作用,还会跟案例中一样适得其反。

小王是某跨国公司生产部员工,该公司成立一年多,公司年终福利制度之一是年终奖。据了解,该公司平时并未对生产部员工进行月或季度的绩效考核,为了给年终奖的发放提供合理依据,人力资源部制定了一张文字性的考核表,要求生产部各班长对本班组员工进行年终考核,考评项目中的一项为对员工的操作技能的评价:A. 熟练工 B. 一般 C. 学习中 (注:班长考评完未把考核结果反馈给本班组的员工知晓)。

这天小王有事要找班长解决,因班长不在,他无意间看到办公桌上一张对自己的考核表,小王发现在表中班长对自己关于操作技能的评价是:学习中。看到这种考评结果小王感到大失所望且愤愤不平,其在工作中再也没有往日对工作的积极性了,他想自己进公司工作已整整一年,从刚进厂对机台操作的一知半解到如今的操作自如,最终得到的是班长对自己的这种评价,他深深地体会到这种考评结果的不公平。他反复检讨自己:平时工作中都能按照要求完成生产任务,只是比较不注重人情世故,对其主管没有投其所好地适当讨好。

分析:

从做人力资源的角度出发提出如下几个问题。

第一,该主管在考核中真的对该员工进行客观公正的评价了吗?现在很多公司都在倡导员工是企业最宝贵的资产、公司以人为本等企业文化。特别是在今天企业用工缺口那么大的情况下,如何去激发员工的工作热情已经成为很多企业刻不容缓的头等大事。而我们的部分主管却用这种心态来对待考评,其结果可想而知,带来了严重的不可预估的负面影响。

第二,站在基层主管的角度反思:如果说一个员工进公司已经一年了,在主管眼中仍然还在学习中,身为直接主管的你是否应该先检讨自己是否尽到了主管的教导责任?

第三,凭着管理者个人对员工的主观看法去考评员工,对有能力且认真工作的员工来说是不是一种不公平?正常情况下应该把考评结果光明正大地张贴在公告栏上,让每位员工都了解自己的考评结果,以便员工在日后的工作中能更好地检讨自己,有则改之无则加勉。

第四,作为专业的HR,在设定考核系统时为何不对一线员工进行量化考核?生产部门的考核指标都是可以量化的,如生产效率、出勤状况、品质达成率、配合度等都是可以量化的指标。

第五,平时都未对生产部员工进行考核,年终为了年终奖才进行这种模棱两可的考核是不是太主观了?是否有些以偏概全?就像空中楼阁或海市蜃楼,缺少基础建筑。正确地说,平时的每月考核应成为年终考核的重要依据。所以人力资源部作为主导和协助考核方案的部门责任重大,平时就应该把基础的考核体系建立健全起来,同时应配合有效的监督机制并行,别让它流于形式,成为基层主管手中一把不公平的利刃。

第六,这种考核方式最终起到激发员工工作热情的目的了吗?结果是显而易见的,不但没起到正面的激励作用,反而使员工丧失了原有的工作热情,带来了不可预估的负面作用。

因此当公司的基础管理还比较薄弱时不宜贸然地推行绩效考核系统,虽然很大部分公司都觉得它能给企业带来一个很强的激励机制。因为它受企业内部环境的制约,如果企业基础管理工作做得好,已具备推行绩效管理的良好条件,实施起来效果显而易见而且能如鱼得水,反之就可能出现如案例中的负激励。当然每家公司利用考核系统的侧重点不一样,因此也不能一概而论,还是得具体问题具体分析。更重要的是如何让每位主管以公平、公正、公开的心态来对待考核,这是值得HR深思的问题。

本案例中的绩效考核目标就是为了发年终奖,考核指标的制定以操作技能为例,设定的三个层次无法明确区分,考核时只是依赖于班长打分等,很突出地体现了其整个绩效考核的盲目性、不科学、不规范性。绩效考核如今已成为大部分企业重要的管理工具,众所周知,数据化管理可以最直接体现问题的关键和管理中的弊端,但企业不能因此而盲目地去进行绩效考核,像案例中这样的绩效管理,不仅无法激励员工,还会引发一系列的矛盾,影响工作绩效。

(资料来源:http://hr.hr369.com/performance/201311/166978.html)

第六章 绩效反馈

阅读材料

对比鲜明的绩效反馈面谈

细节决定成败。作为一项让管理者颇感劳心费神的工作,绩效反馈面谈的任何一个细节都不可忽视。与每一位员工面对面地探讨其一段时期内的绩效考核结果,并分析原因,找到提升业绩的解决方案,本身就不是件易事;若还要让员工心悦诚服,则更是难上加难。忽视其中的任何一个细节,都会"失之毫厘,谬以千里"——成与败,似乎仅仅在一线间。

绩效考核实质上是组织的管理者与员工之间的一项管理沟通活动,而绩效反馈面谈则为管理者和员工提供了一个更为正式的、面对面的平等沟通机会。通过这种沟通,使管理者可以进一步了解员工的实际工作情况,协助员工提升业绩;员工也可以了解到管理者的管理思路和计划,有利于促进管理者与员工之间相互了解和信任,提高管理的渗透力和工作效率。

同样都是在做绩效反馈面谈,但不同的做法,其结果却大相径庭。"有比较,才有鉴别",我们不妨来看一组对比鲜明的绩效反馈面谈案例。

我们模拟了两个场景,在第一个场景中,由于双方对考核认识不足、准备不到位、考核技能欠缺等原因,导致绩效面谈失败。在第二个场景中,由于双方对考核有了正确的认识、准备比较充分、经过了系统的考核培训,绩效面谈取得了成功。下面我们来看一下。

失 败 篇

××是一家教育研究机构,刘总是公司的行政总监,主管公司行政、人力资源、法务工作。徐经理是公司的人力资源部经理。

第四季度末,公司进行了绩效考核。作为徐经理的直接上级,刘总准备和徐经理进行绩效面谈,来对徐经理上季度的工作进行总结。

刘总刚刚出差回来,离公司安排的考核截止日期没有几天了,于是,刘总匆匆地把徐经理叫来做考核。

刘:(做打电话状)徐经理吗?现在在哪里?请到会议室来一下。

徐:(匆匆赶来)什么事情?我这里很忙,刚有约好的几个应聘者需要面试。

刘:别急,先坐,(徐经理坐下)面试嘛,先让下面的人去处理吧,本次考核是公司安排的任务,没多少时间了,我们必须要完成。

徐:考核嘛!我做的事情你反正知道,你看着办吧,别让我们吃亏就好。

刘:你工作好坏我心里有数,但程序也要走一下嘛,你先把上季度的工作谈一下吧。

徐:(瞪眼)我把述职报告已经交给你了。

刘:(惊讶)是吗?我怎么没看见,我找找看(做寻找状,终于找到)。述职报告还是比较简单,你还是讲讲吧。

徐:我也没做准备,(稍微犹豫)我用一下这个吧。(从刘总手中拿过述职报告,开始讲)2012最后一季度在公司领导的支持和帮助下,人力资源部基本上完成了预定目标,我们做了以下工作:1、2、3……工作做了很多,也很忙,失误也是有的,主要是因为本人思想上不重视、工作能力有限。明年我们准备继续努力、发扬成绩、改正缺点,争取更上一层楼。

(做无辜状)唉，刘总，反正我的工作你也是知道的，我也不多说了。

刘：老徐，你的工作我心里有数的，你的成绩我也看得到，缺点也有很多。比如说，前两天，我听说营销部有两个岗位从10月到12月一直空缺，你员工招聘工作的问题蛮多的，你告诉我这是怎么回事。

徐：(做气愤状)谁说的，我不是推荐了好几个人吗？他们不用我怎么办？再说了，年底了，人才很难找的。

刘：(点头)反正你是做人力资源的，招聘的事你要做好。另外，上次公司开会，老总说我们公司的人员流动率很高，有很多员工走掉了，这件事你是不是有很大的责任？(语气加重)

徐：我们的流失率还高？外面的公司流动率比我们还高！况且，年初流动率目标说的是保持公司员工基本稳定，又没说具体是多少。

刘：流失率本来就很难制定的，难道没有指标你就做不好吗？反正这一项我要扣分的。(作发火状)

徐：你要这样说我也没有办法，你是领导嘛。

刘：徐经理啊，工作上有失误不要推脱嘛，你的成绩我也看到，反正年底考核也是走个形式。关键是明年你有没有明确的改进计划？

徐：你要给我一个方向嘛，上面不定下来我们怎么做啊？

刘：(看电话)这样吧，我们先谈到这吧，反正我们也谈得差不多了，我会一碗水端平的。我这边还有些急事。

徐：(边走边说，自言自语)刘总怎么这样说呢，我们没有功劳还有苦劳呢，他根本不了解情况。

绩效面谈点评：
- 没有事先约定时间。
- 双方准备不充分。
- 内容不深入。
- 无依据，道听途说。
- 对考核的认识不对，走形式。
- 推诿，而不是分析问题、找出原因和提出改进措施，从解决问题的角度出发。
- 目标不清晰。
- 未对下季度的工作(尤其是上季度已经存在的问题的解决方式)做出安排。

成 功 篇

画外音：刘总和徐经理根据公司的安排，双方都做了有针对性的准备工作，接下来将对徐经理进行考核面谈。(刘总、徐经理上)

刘：(打电话)徐经理吗？根据公司安排我们准备进行绩效面谈，你的述职报告我看过了，你的目标管理卡我已经有备份，我们明天上午需要进行绩效面谈，你明天上午9点钟来我办公室一趟。

徐：我会准备好的。

(第二天九点，徐经理带着准备整理好的相关资料入场)

徐：刘总，今天上午我们约好的。

第六章　绩效反馈

刘：(准备整理好的相关资料，等待)徐经理你好，请坐，我正等你呢。你的述职报告我已经看过了，你的目标管理卡我也仔细看过了，这次考核公司很重视。我希望通过这次交流能对你的上季度工作有一个客观的评价，更主要的是发现问题、总结经验，更好地做好下季度工作。

徐：我正好对下季度的工作有些想法，希望借此机会和你沟通。

刘：那好吧，我们开始吧，你先谈谈你上季度的工作情况吧。

徐：(拿起述职报告)那我就根据述职报告的提纲来回顾一下我的工作……

画外音：请大家看看述职报告模板。徐经理用了5分钟时间汇报完了自己的工作。

刘：(较为认可徐经理的工作汇报，并对工作的几个方面进行了表扬)徐经理，上季度你在这几个方面做得不错，但是我有两个问题和你进一步沟通一下，一个是员工岗位的招聘问题，另一个是员工队伍的稳定性问题，这对员工士气造成一定影响，其实刚才你也谈到了。员工招聘方面，根据我上周参加营销部会议的信息，他们有两个岗位从10月到现在人员仍没有到位，我想听一下你的解释。

徐：这个问题营销部也给我提出过，前段时间我推荐了3个人过去，营销部对我招聘的人不是十分满意。我感觉我们双方对这个职位的理解有差异，今年已经发生几次类似事情，我已经将这些岗位说明书作了局部改进并征求了他们的意见，明年我想对公司其他空缺岗位的岗位说明书再明确一下，减少分歧，提高我们的工作效率。另外，本周一这两个岗位的人员已经到位，当然，这件事情我是有责任的。

刘：老徐，你们招人也是很辛苦的。确认职位说明书的想法我很支持，这个按你们的计划来执行吧。另外，我还有个建议，一个岗位有2~3个人推荐过去比较合适，所以你的人力资源储备工作也要加强。

徐：刘总你讲的很有道理，我也是这么想的。

刘：(点头)另一个问题就是员工队伍的稳定性问题。营销部在下半年内走了将近20%的员工，你是怎么看的？

徐：我觉得这确实是一个问题，但公司目标管理卡中提到的是保持员工队伍基本稳定。从这个比例看，我觉得还是比较正常的，其他公司流动率还要大。

刘：那适合咱们公司的一个比较正常的员工流动率是多少呢？

徐：我认为销售部的员工流动率应该不高于20%，其他部门不高于10%。

刘：老徐，我想关于员工流动率的问题我们应该在明年的目标管理卡中明确一下。

徐：我正希望这样，这样明确一下我的工作也好开展。

刘：老徐，总体来说你上季度的工作也是很有成绩的，但也暴露出了一些问题，我想应该细化一下你的工作目标，加强和其他部门的沟通，关键是我想看到你在下季度工作中的改进和提升。

徐：我这边还有些工作建议，我想在讨论下季度工作计划时再详细确定。

刘：作为你的主管领导，我也想听听你对我的工作有些什么看法。

徐：刘总，我很感谢你对我的一贯支持，我有两个建议，请你参考一下：第一，因为你参加公司高层决策比较多，当公司有一些关系人力资源部的工作目标调整时请你给我及时明确一下；第二，我也知道你比较忙，但是有时候人力资源部有些工作需要其他部门配合支持时，希望你多给予这方面的协调。

刘：老徐，十分感谢你的建议，你提的这两个问题很重要，我会在下季度的工作中注意这两方面的改进。

徐：那我感激不尽了。

刘：因为时间关系，我们今天就谈到这里。关于明年你们部门目标确定的事情，你本周六能否交我？

徐：好的，本周六我把调整后的下季度目标管理卡交给你。

绩效面谈点评：

- 准备充分，事先约定。
- 分析问题，找到解决方案。
- 双方均有机会提出自己的意见和建议。
- 对考核的认识到位。
- 经理的角色能够到位并运用了管理技能。
- 形成了下一步的改进计划和目标。

经　验　篇

两相对比，高下自明。两种截然不同的面谈，产生的效果会有天壤之别。此时，很多人都会不由得发出这样的疑问：作为管理者，应如何保证绩效反馈面谈的效果？事实上，答案并不复杂。我们重点来看一下整个绩效面谈中，容易被许多管理者忽略的一些细节。

1. 面谈前，管理者和员工都必须有充分的事前准备

管理者的准备工作主要集中在两个方面：一是时间、地点的准备和安排，二是相关材料的分析和准备。

管理者应与员工事先商讨双方都能接受的时间，选择安静、轻松的小会客厅实施面谈。在进行绩效面谈的时候，管理者最好能够拒绝接听任何电话，停止接待来访的客人，以避免面谈受到不必要的干扰。

管理者应注意安排好双方面谈时的空间距离和位置，双方成一定夹角而坐，可以给员工一种平等、轻松的感觉。

管理者在设计面谈计划时，应该考虑以下问题：设计开场白；确定该次面谈所要达到的目的等。由于绩效反馈面谈针对的主要内容是上一阶段绩效评价的结果，这个过程必然是围绕着评价员工上一阶段工作情况展开的。所以，管理者需要收集整理面谈中需要的信息资料，包括员工的"职位说明书""计划工作表""绩效评估表"等。

此外，管理者应该让员工也做好面谈准备。绩效面谈是经理和员工两个人共同完成的工作，只有双方都做了充分的准备，才可能收到预期效果。

2. 面谈时，管理者应灵活运用正面和负面反馈

正面的反馈是要让员工知道他的表现达到或超过了上司的期望，得到了上司的认可。要强化员工的正面表现，使之在以后的工作中不断发扬光大，继续为公司做出更多的贡献。

在表扬和激励员工时，要让员工真实地感受到你确实对他的表现很满意。你的表扬确实是真情流露，而不是套近乎，拉关系。只有这样，员工才会把你的表扬当成激励，在以后的工作中更加卖力。

而且，表扬一定要具体。要对员工所做的某件事有针对性地提出表扬，而不是笼统地说"你表现很好"就完事。

对于负面的反馈，要注意以下几点：一是要具体描述员工存在的不足，对事不对人，描述而不作判断。不能因为员工的某一点不足，就做出员工"如何不好"之类的感性判断；要客观、准确、不指责地描述员工行为所带来的后果，员工自然就会意识到问题的所在。二是要以聆听的态度听取员工本人的看法，而不是一直喋喋不休地教导；与员工共同商定未来工作中如何加以改进，并形成书面材料。

管理者在不得不对下属进行较为严厉的批评时，可以考虑采用"汉堡法"：最上面一层面包如同表扬；中间夹着的馅料如同批评；最下面的一块面包最重要，即要用肯定和支持的话语结束。首先应表扬特定的成就，给予真心的肯定。表现再不好的人也有值得表扬的优点，千万别说"你这个人不行"，而应给予真诚的赞美，这样有助于建立融洽的气氛。然后提出需要改进的特定的行为表现，指出不足和错误，提出让员工能够接受的改善要求。最后以肯定和支持的语气结束，和员工一起制订绩效改进计划，表达对员工未来发展的期望。

3. 面谈结束前，管理者应制订员工改进辅导计划

面谈结束前，管理者勿忘以下工作：首先，要帮助员工制订培训规划，与员工一起做好全面的培训规划与设计，并做好培训效果的考核，保证培训达到预期效果；其次，要做好职业辅导，帮助员工进行职业生涯规划，把员工自身发展的需求变为不断提高绩效的动力。

第七章　绩效考核结果的运用

【学习目标】

通过对本章内容的学习，理解绩效考核在招聘过程中的作用；理解绩效考核与人力资源规划的关系；理解绩效考核与员工培训的关系；理解绩效考核对企业激励机制建立的意义。

【关键概念】

人力资源规划(Human Resource Planning)　招聘(Recruitment)　培训(Training)　激励机制(Stimulation Mechanism)

【引导案例】

××公司业务员的考核方案

业务员是人员变动最频繁的职业，如何有效激励并留住优秀业务员是困扰销售管理者的一个难题。笔者对得力文具公司的业务人员提成方案进行了总结和提炼，它值得管理者们参考。

业务人员的收入构成：总收入=月薪(见表7-1)＋提成奖(见表7-2)

表7-1　月薪　　　　　　　　　　　　　　　　　　　　　　　　单位：元

级　别	业务员	业务经理	分公司经理	大区经理
资深	2400	3000	4000	5000
新入职(一本)	2300			
新入职(二本)	2200			
新入职(大专)	2100			
新入职(中专)	2000			

说明：1. 公司在各省设立分公司(利润中心)，负责各省的具体销售，在总公司的计划价基础上，可针对各个客户的规模、信誉等情况有定价权。

2. 全国分为华北、东北、华中、华东、华南、西北、西南七个大区，大区负责几个省级分公司，省级分公司负责本省的经销商管理，大区只有大区经理和市场专员，主要职责在于指导所属分公司经理，以及制定和执行本区的市场和品牌拓展计划。

表7-2　提成奖

级　别	计奖目标达成率	提成率
大区经理	100%以上(含)	回款额的0.5%
	90%以上(含)	回款额的0.3%
	80%以上(含)	回款额的0.2%
	80%以下	不得奖

第七章 绩效考核结果的运用

续表

级 别	计奖目标达成率	提成率
分公司经理	100%以上(含)	回款额的1.0%
	90%以上(含)	回款额的0.8%
	80%以上(含)	回款额的0.5%
业务员	80%以上(含)	回款额的2.0%
	80%以下	不得奖

说明：1. 按年度目标分解，每月发放一半，剩余年终发放。
   2. 其中每人的总奖金20%作为坏账提备：如发生坏账，从中扣除。这部分提备公司按年息10%支付利息，四年总算利息一次。

一、销售体系

(1) 该公司的销售体系由总公司、大区、分公司、经销商、零售商构成，是典型的传统行业销售体系。略有不同的是分公司是利润中心，大区只是负责市场和品牌拓展计划的环节，而大区经理实际上是负责该大区的营销总监，分公司经理负责执行公司制定的营销政策。

(2) 这个体系本身没什么特别之处，不同点在于各分公司在公司制定的计划价的基础上，可以按本省的消费特点进行加价，以在保证销售目标的情况下，提高利润率。

(3) 月薪的设计体现了"论资排辈"的基本公平原则，也有激励员工奋发向上的功能，以及暗示业务人员在该公司的职业规划前景。

二、薪酬设计

(1) 业务员的提成2%处于社会平均水平，看起来没什么特别的。关键在于在一个销售额近亿元的分公司，只有10个业务人员，人均年销售近千万元，即提成奖人均近20万元，远大于行业的平均水平(5万元/人)，充分刺激了业务人员的主观能动性和拼搏精神。

(2) 分公司经理在一般情况下，提成奖有50万元到100万元的水平；大区经理提成奖有100万元到200万元的水平，这刺激了上级经理必须关注和指导全体业务人员，共同完成目标。同时也关注业务团队的建设，优胜劣汰，保持团队战斗力。

(3) 由于计奖目标与总公司的目标完成情况有关，所以为实现激励的实时性，公司按月度计划目标核算每月奖金，预发一半，年终再按实际完成情况核算全年奖金，按年终奖发放。

(4) 为避免业务人员为追求业绩过度放账给客户，增加坏账风险，每年将总奖金的20%作为坏账提备，从业务员到大区经理共同对坏账负全责(责任比重内定)。同时，所提备的奖金按高于银行存款利率和贷款总成本相当的标准付息，业务人员既得到高息，公司又方便地获得部分流动资金，皆大欢喜。

在全面完成公司目标情况下，大区的奖金总提成率只是3.5%，并不比其他公司高，但他们采取精兵政策，为每一个人都提供大显身手的平台，在创造公司业绩的同时，个人可获得丰厚的报酬。

三、方案分析

这个方案的特点和成功之处在于目标的设计上，尤其是在调整目标Y的制定上，反映

了营销总经理的高度智慧。(见表7-3)

表7-3 目标设定

计奖目标 X	计奖目标 X=标准目标 P+调整目标 Y	
标准目标 P 的确定	标准目标 P 根据上年度销售回款额结合成长率,各大区经理和总部商定	
调整目标 Y 的核算	公司平均销售利润率 Z_1	
	公司目标销售利润率 Z_2	
	大区销售利润 T	
	大区少赚利润 U	U=销售额×(公司平均利润率和目标利润率中高者减去大区利润率 T)
	调整目标 Y	$Y=U/T$

提成奖金在公司目前的规模上(每个大区在3亿~5亿元)是非常高的,但这也是通过各级业务人员共同拼搏才可能达到的,这就将公司、大区、分公司、个人的利益充分地绑捆在一起。

(1) 标准目标 P 是根据上年度销售回款额结合各省的市场成长情况,各大区经理和营销总部讨论商定,这反映了总体的奋斗目标。

(2) 重点是调整目标 Y 的核算,它反映了按照公司的利润率,大区应该赚,但由于大区的利润率低,存在没赚到的应赚的利润差额,为弥补这部分的利润,大区必须增加相应的销售额。这部分所增加的相应的销售额,作为调整目标 Y 值,与标准目标 P 相加后,成为年终核算总提成奖的计奖目标 X。

(3) 在核算大区少赚利润 U 时,用公司平均利润率和目标利润率中高者与大区利润率 T 进行比较,使大区经理在控制销售费用时,可参考公司的目标利润率进行管理。但还要考虑如果其他大区的费用比你低时(含促销费、品牌推广费、旅差费、办公费等),会出现你的利润率较低,造成你的计奖目标上调,影响你的总提成奖。这促进了各大区"节能增效"的自觉性。

(4) 当然,各省分公司有根据自身市场情况进行价格调整的权力(其他省也有),当你所在大区利润率比公司的利润率高时,你的调整目标 Y 出现负值,意味着你的计奖目标下调,获得高提成率的机会就增加。

(5) 公司的平均销售利润率到年终结算才出结果,可避免各大区的业务人员串联,在费用控制上与公司博弈,反而出现业务人员自动降低酒店、招待费用以及交通费用等标准,对市场投入费用精打细算的现象,有效维持了方案实施的有效性。

这套销售业绩考核方案在执行后取得了良好的效果:一是得力文具在短短五年时间里,销售规模连迈10亿元和20亿元两个重要门槛;二是吸引了大批销售精英加盟,包括当时学生文具的第一品牌真彩文具的一半大区经理都被吸引了过来,成为得力文具依靠学生文具的营销方法拓展市场的先锋队伍;三是在该公司销售规模急剧增长的同时,平均利润率从3%上升到8%,成为传统行业中销售额和利润率同步上升的奇迹。

(资料来源:http://bbs.hrfree.org/hr-28563-1-2.html)

多年以来,实施绩效考核的管理者发现,绩效考核实施成功与否,很关键的一点在于

第七章 绩效考核结果的运用

绩效考核的结果如何应用；很多绩效考核未能成功实施，主要原因就是没有将绩效结果好好地应用。

传统上，人们进行绩效考核的主要目的是帮助组织做出一些薪酬方面的决策。但现在看来，这种做法很显然是片面的。一个组织更需要通过绩效考核留住那些绩效好的员工，并不断促使他们做出更好的业绩。绩效考核的结果可以有多种用途。

第一节 绩效考核与企业招聘晋升

一、招聘概述

企业的人员招聘，是指企业根据自身的需求状况，按照一定的条件和标准，采用适当的方法，选拔录用企业所需的各类人才。招聘是现代企业管理过程中一项重要的、具体的、经常性的工作，是人力资源管理活动的基础和关键环节之一，它直接关系到企业各级人员的质量和企业各项工作的顺利开展。

人员招聘对企业的意义主要体现在两个方面：一是招聘工作直接关系到企业最重要的资源——人力资源的总量和结构的形成；二是由于招聘作为人力资源管理活动的基础，它也从源头上影响到人力资源的质量。

二、绩效考核在招聘和选拔中的应用

企业因扩大业务或因原有职位的员工离职而产生职位空缺时，往往需要从企业中进行选拔或从社会上招聘新员工，在企业的选拔与招聘过程中，绩效考核的结果发挥着重要的作用。

1. 企业选拔对考核结果的依赖

所谓选拔，是指员工从一个工作岗位转入到另一个工作岗位的过程。选拔往往表现为职位的晋升或薪资的增加，相应地，其所承担的责任也增大，所需的知识、经验和技能也更多。因此，选拔是否科学有效，是企业人力资源管理决策的关键问题之一。

科学选拔包括两个方面：其一是选拔程序要科学，要体现在整个选拔过程中；其二是选拔方法要科学，在各个程序采用科学的方式方法。这其中，需要采用科学有效的绩效考核程序与方法来保证选拔的科学有效。

一般地，科学选拔在利用考核结果上，应遵循以下规则。

(1) 业绩与能力的有效统一。业绩是绩效考核中第一位的因素，而且在考核中占有相当高的比重(在很多企业的绩效考核中，业绩这一因素在所有考核因素中占70%左右)。好的业绩意味着较高的工作质量，较高的工作效率，较低的工作差错率等，因此，可以将业绩考核的结果作为人员选拔的先决条件，以鼓励员工创造出高的业绩。但如果仅凭业绩考核结果来进行人员选拔的话，可能会陷入彼得原理中，即企业的员工有选拔到自己不称职、不胜任的职位上的趋势。业绩是过去行为的结果，业绩优秀表明该员工胜任现在的工作职位，但并不一定能证明他有能力胜任将要选拔上的工作职位。

(2) 在把业绩考核结果作为选拔先决条件的同时，将能力考核的结果作为人员选拔的制约性条件。这也是贯彻岗位设置中能级对应原则的要求，每一个人所具有的能级水平与所处的层次和岗位的能级要求相对应，全面反映员工显在和潜在的能力，做到人尽其才，才尽其用。

(3) 建立以职位族为基础的晋升阶梯。在传统的选拔制度下，晋升仅意味着管理职位的提升或向管理职位的提升，如科长升为处长，员工升为经理。但管理职位在企业中是相当有限的，把管理职位的提升作为晋升的唯一阶梯，对广大员工和专业人员是不公平的。而且，仅以管理职位的晋升作为晋升，企业中往往会减少优秀的专业人员而增加了平庸或不合格的管理者。因此，可以将公司的职位划分为若干职位族，如研发、工程、行政、事务、操作等专业类别，并建立起不同的等级，从而形成以职位族为基础的晋升阶梯，借助于绩效考核的结果，来实现工作职位的优势定位优化。

2．考核结果对企业提高招聘有效性的作用

绩效考核既是对岗位人员现职工作的考核评价，又是对人员选拔结论进行实绩检验，同时还可以用来作为企业提高招聘有效性的手段。

(1) 对招聘有效性的检测。对企业来说，招聘是有成本的，而且，招聘的成本还可能是不低的。比如广告费、宣传费、招聘工作人员的人工成本等，还包括招聘到的人员并不适合企业而给企业带来的损失。因此，很多企业都很重视对应征人员的素质测评和其他筛选手段，这些手段的有效性如何，可以通过他们进入实际工作岗位后的绩效考核结果进行检测。通过把这些人员的绩效考核结果和他们申请工作时的测验结果进行比较来衡量，通过分析，就可以做出判断。例如，管理者可能会发现在挑选测验中得分大致相等的工作申请人一年后在工作岗位上的成绩却相差很大，就可以认为，这些测验没有精确地预测人员的行为。通过检测，可以对招聘筛选的方法与检测手段进行改进，从而提高招聘的有效性。

(2) 对招聘筛选的参考。通过绩效考核的结果和其他反馈，人力资源管理人员对企业内各个岗位优秀人员所应具有的优秀品质与绩效特征有一定的理解，这些将能给招聘工作的筛选提供有益的参考。例如，通过对企业中优秀销售员的绩效特征进行分析，如果这些特征主要是能吃苦、有耐心等，那么，在招聘销售员时，挑选什么样的人就不言而喻了。

可见，招聘过程中存在许多问题，要解决这些问题必须有效地运用绩效考核的结果。

首先，根据考核的结果，我们可以获取空缺职位的要求，例如，能力要求、素质要求、业务知识要求等。

其次，在筛选申请表及面试阶段，可以根据事先确立的职位要求，选择符合职位要求的新员工。

最后，在新员工上岗培训阶段，我们可以根据绩效考核的历史记录，加强培训，缩短新员工的上岗适应期。

3．基于考核结果的内部员工晋升

以绩效考核成绩为依托，根据每个职务群能力高低划分成若干个等级，勾画出每一个职务群的晋升路径，形成一个平行的晋升体系，使不同的员工随着自己绩效水平的不断提升，能晋升到适合自身发展的这一职务群中的更高等级。

第七章 绩效考核结果的运用

1) 职位晋升的步骤

一般来说,员工晋升可按以下工作程序进行。

(1) 各部门管理者根据部门发展需要和职位空缺情况,并结合员工绩效考核结果,提出晋升申请,并推荐适当的候选人。

(2) 人力资源管理部门对各部门提出的晋升申请和职位空缺情况进行审核。

(3) 制作职位空缺报告,在报告中说明组织内职位空缺名称、空缺原因和相关的一些情况。

(4) 依据以下标准进行候选人的遴选:①工作业绩,包括工作完成的数量、质量、效率;②工作态度,包括工作的积极性、努力程度、敬业精神;③工作能力,包括工作技能和创新能力、开拓能力、适应能力等相关能力;④个人道德,包括忠诚性、原则性、廉洁性、合作精神等;⑤从业资历,包括工作经历和年限。

以上标准对不同职位具有不同的内涵,在实施时应因人而异,因岗而异。

2) 遴选晋升员工

在进行晋升员工的遴选时,可以采用以下几种方法。

(1) 上级评定法:这里所说的上级是指部门主管,管理者根据事先设计好的评定表对晋升对象进行评定。评定量表中的考察要素视职位的具体情况而设立,其主要内容应包括专业知识、管理能力、人际关系。

(2) 两两比较法:将候选人两人一组,从工作绩效、工作态度、工作能力、人品等方面,一一进行比较,最终优秀者为晋升人选。

(3) 评价中心法:将各种不同的测评方法结合在一起形成的一种新型评价方法。这种方法的适用人群主要是管理人员,尤其是高层管理人员。它通过创立一种逼真的管理模拟系统,由被试者完成系统环境下对应的各种工作。在这个过程中,观察和分析被试人在模拟的各种情境下的行为、心理等表现,以考察候选人的管理能力和潜能,以求得对候选人的全面了解,从而选出合适的晋升人员。

3) 晋升评价

在晋升工作完成后,人力资源部门应对晋升工作的过程和结果进行回顾和评价。一方面,通过与晋升者及晋升者的上级、同事和下属面谈,了解晋升者本人和其他人对晋升结果的看法;另一方面,对企业晋升工作进行评价。在进行评价时应考虑以下问题。

- 此次晋升结果是否与员工绩效一致?
- 员工晋升职位是否与其职业发展相吻合?晋升路径的选择是否合理?
- 晋升实施中是否参考了职务分析结果?是否进行了岗位空缺状况分析?
- 晋升工作中是否引起了人事纠纷?
- 晋升结果是否与企业发展目标相匹配?

第二节 绩效考核与人力资源规划

一、人力资源规划的含义

人力资源规划又称人力资源计划。广义的人力资源规划,是指为实施企业发展战略,实现其目标,根据企业内外部环境的变化,运用科学的方法对所属人力资源的供需进行预测,制定相宜的政策与措施,从而使企业人力资源供给和需求达到平衡的过程。简单地说,人力资源规划即指进行人力资源供需预测,并使之平衡的过程。

人力资源规划的目标是:确保企业在适当的时间和适当的岗位获得适当的人员(包括数量、质量、层次和结构等),实现人力资源的最佳配置,最大限度地开发利用人力资源潜力,使企业和员工的需要得到充分满足。

人力资源规划按计划期的长短可分为:长期人力资源规划、中期人力资源规划和短期人力资源规划。长期人力资源规划适合于企业长期的总体发展目标,对企业有关人力资源开发与管理的总战略、总方针和总目标等进行系统的筹划。

人力资源规划的内容包括以下两个方面。

- 人力资源总体规划。它是指在计划期内人力资源管理的总目标、总政策、实施步骤及总预算的安排。
- 人力资源业务计划。它包括人员补充计划、人员分配计划、人员接替和提升计划、教育培训计划、工资激励计划等。人力资源规划内容涉及人员补充、培训、分配使用、晋升、工资等具体方面及其内在联系,因此在制订各项业务计划时应注意相互之间的平衡与协调。若员工通过培训提高了素质,在使用及报酬方面却无相应政策,就容易挫伤员工接受培训的积极性。另外,还要搞好每一项业务计划的配套平衡。

二、绩效考核在人力资源规划中的作用

绩效考核在人力资源规划的各个步骤中都发挥着极大的作用。

(1) 提供人力资源信息。人力资源信息包括的内容主要有:员工调整情况,员工的经验、能力、知识、技能的要求,以及员工的培训、教育等情况。这些信息和情况可从员工绩效考核的档案及有关记录中查出,员工绩效考核结果的有效运用必将极大地提高信息的准确性和有效性。

(2) 预测人员需要。通常认为商业因素是影响人员需要类型、数量的重要变量,预测者要会分离这些因素,并且要会收集历史资料去做预测的基础。这一阶段,可以运用考核的结果,以补充人员预测工作。

(3) 清查内部人力资源情况。清查时,首先我们必须根据绩效考核的结果,确认全体人员的合格性,对不合格的要进行培训,大材小用和小材大用的都要进行调整。对人员空缺的职位,我们清查了内部人员后,就可以明了哪些可从组织内部填充,哪些需要从外部招聘。只有认真处理好这一阶段,我们方可能对员工做到人尽其才,才尽其用。

(4) 决定招聘内容。经历了前几个阶段后,将预测得出的全部人力资源需要减去公司内部可提供的人力资源,也就可以确定公司对新员工的需求。招聘时要注意分析绩效考核的结果和人才市场,在比较了公司新员工的需要和市场的供给量以后,如果可供人力资源短缺,公司就必须加强人力资源的招聘,以招聘到所需要的员工。

第七章　绩效考核结果的运用

第三节　绩效考核与员工培训

一、员工培训概述

1. 人员培训的含义

人力资源管理中的人员培训是根据实际工作的需要，为改变企业员工的价值观、工作态度和工作行为，使他们能在自己现在或将来工作岗位上的工作表现达到企业组织的要求而进行的有计划、有组织的培养和训练活动。企业人员培训可以从以下几个方面理解。

- 人员培训是以工作为中心，其目的是使受训者掌握职业岗位上所必需的知识、能力和技巧，以提高工作效率和水平，它对改进工作的作用是直接的。
- 人员培训是一种终身的、回归的继续教育，是属于"第二教育过程"的再教育，人员培训是正规教育的发展与继续，是在第一教育过程的基础上进行的。
- 人员培训是针对其职位的具体要求，向受训者传授专门知识和特殊技能。
- 人员培训不像正规教育那样整体划一，是根据工作需要与可能采取灵活多样的形式。在期限上有长有短，伸缩性比较强，既有定期培训，也有不定期的培训；既有内部培训，也有外部培训等。

2. 人员培训的意义

人是生产力诸要素中最重要、最活跃的因素，一个企业组织的命运，归根结底取决于人员素质的高低。因此，加强人员培训，是一项高瞻远瞩、具有深远意义的战略决策。具体来说，人员培训的意义主要体现在以下几个方面。

- 培训是调整人与事之间的矛盾，提高企业人员素质的重要手段。
- 培训是企业迎接新技术革命挑战，实现人员素质与时代同步的战略措施。现代科学技术迅猛发展，新技术、新材料、新工艺、新观点、新思想不断涌出，出现了新兴的知识密集型产业。这就要求企业人员必须不断学习新知识、掌握新技术。因此，有计划、有步骤、高质量地培训人员，是当今世界各国为更快地发展经济，促进社会进步而采取的一致做法。
- 培训是发现人才、快出人才、多出人才的重要途径。
- 培训是提高企业员工工作效率的关键。

二、绩效考核在员工培训中的作用

在企业遇到困难时，降低成本首先削减培训费用是最不可取的。而反之向人力资源投资是最划算的投资，据日本有关资料表明，受过良好教育和训练的管理人员，因创造和运用现代管理技术，则有可能降低 30%的成本。人力资本投资在经营投资中具有优先性，人力资本增值快于财务资本增值已成为知识经济时代的企业增长法则。

人力资源的培训与开发是现代人力资源管理运作的内在组成部分，同时也是企业对员工进行的一种人力资本投资。任何一项投资决策都讲求投资回报率，人力资本的投资也不例外，为了提高人力资本投资的回报率，降低投资风险，企业必须保证人力资源开发与培训决策的有效性。

绩效考核作为员工各个方面的评定过程，通过绩效考核的结果，能够有效地了解到员工的不足与薄弱环节，因而也给人力资源开发与培训提供了决策依据。可以说没有绩效考核，就无法做出最佳的人力资源开发与培训决策。

培训与开发这两个术语有时可以混用。传统上，开发是针对那些对未来有明确构想的经理人员。而培训更多地关注近期目标，一向用来提高非管理级人员在目前岗位上的知识和技能。但随着人力资源管理的发展，上述划分未免过于简单，因为现在的主导思想是所有雇员的开发都至关重要。这里所说的开发可能反映在追求多种技能和灵活的经营方式上。另外一种认识是人力资源价值甚高，组织要留住雇员，保持他们对工作的热情与责任感，就必须注重雇员的开发。应该记住，经理也应随时随地接受培训，因为除了与管理开发有关的素质(如创造性、综合性、抽象推理、个人发展等)以外，他们还需要掌握最前沿的知识与技能。

1. 绩效考核为人力资源开发与培训提供了针对性

我们知道，要使人力资源开发与培训发挥其应有的作用，必须要有针对性，即应针对员工的薄弱环节，使他们能够获得急需的知识和技能。而要了解员工的优势和劣势，就必须通过对员工个人的绩效考核来获得，绩效考核结果为人力资源开发与培训提供了依据。通过对员工的绩效考核评价，主管可以发现员工在培训和发展方面的不同需要。例如，如果李明的工作要求具有技术方面的写作技能，而他在该条件上得到了一个勉强合格的评价，那么就有可能要求他在书面交流方面需要进行额外的培训。如果人力资源经理发现，许多基层主管在管理纪律方面存在困难，那么就有可能建议在培训期间谈谈这个问题。通过识别那些对业绩有不利影响的缺陷，人力资源和直线管理人员就能制定出人力资源发展方案，以帮助员工发挥他们的优点，克服他们的缺点。一种绩效考核制度并不能保证员工会得到适当的培训和发展，但当评价结果值得参考时，对于确定培训和发展需要的任务是有帮助的。

2. 人力资源开发与培训的效果可以通过绩效考核来判定

人力资源开发与培训主要是通过提高员工的工作技能，来提高他们的工作绩效。因此，检测人力资源开发与培训的效果如何，就可以通过绩效考核来判定。这样加强了对企业培训开发活动的管理，有助于提高培训开发活动的质量，使公司的人力资本投资取得最大收益。

第四节 绩效考核与企业激励机制

一、激励原理

所谓激励，是指激发人的动机的心理过程。人们的行为是由动机支配的，而动机又是由人的需要引起的。需要产生动机，动机驱使着人们去寻找目标；当人们产生了某种需要，

第七章　绩效考核结果的运用

一时又不能得到满足时，心理上会产生一种不安和紧张状态，即激励状态。这种不安和紧张状态就会成为一种内在的驱动力——动机。人们有了动机之后就要选择和寻找满足需要的目标，进而产生满足需要的行为。最后人们的需要得到满足后，紧张和不安就会消除，即激励状态解除。但随后会产生新的需要，从而导致新的行为，如此周而复始，直至生命的终结。这个反复的过程就是激励过程。

在企业中，充分发挥人的主观能动性和创造性，也就是在分析人们的需要的基础上，不断激发、引导下属沿着组织所希望的方向去行动，以达到组织目标。激励在管理中的作用非常大，它能影响职工们怎样适应一个组织和企业。职工们在某一特定地点、特定岗位上所具有的特定动机，会影响他们的生产率。在很多方面，领导的职责就是要把职工们的动机有效地引向促进企业实现目标的方向上去。一个企业管理得是否有效，与管理者是否重视了激励理论很有关系。

为了实现组织目标，对员工的行为必须进行引导。在了解员工目标与组织目标的差异及原因的基础上，用适当的诱因，满足员工的需要，从而激励起员工的积极性。一般来说，对员工的激励要遵循下列几项原则。

(1) 组织目标的设置与满足员工的需要尽量一致。目标本身就是一种刺激。要激励员工，首先要使员工了解他们要做的是什么，有什么意义，与个人的眼前利益及长远利益有什么关系，同时规定一定的工作标准及奖赏方式，奖励有利于组织目标实现的员工行为。

(2) 激励方案的可变性。激励中最重要的是它的连续性和可变性，不能因为某一激励手段产生了有利的反应就把激励方案固定下来。首先，一定的激励手段不断重复会降低效力。第二，把激励局限为一种特殊的类型，就会千篇一律。一般来说，人们喜欢在他们职业生涯中的各个阶段都能增添点新的内容，激励也是如此。第三，没有任何一种激励手段对所有的人在同一时期内或者对同一个人在一个较长的时间保持同等效力，毕竟员工之间存在着个体差异，个人的边际效用递减。

(3) 激励要因人制宜。人们有不同的需要、不同的思想觉悟、不同的价值观与奋斗目标，因此激励手段的选择及应用要因人而异。企业应定期进行员工的需要调查，分析不同年龄、性别、职务、地位、受教育程度的员工最迫切的需要，实行所谓"弹性报酬制度"。如对有重要贡献及突出表现的员工分别奖励休假、公司股票、提薪、低价住房、优惠商品等，可在总的奖励费用保持不变的前提下，获得更好的激励效果。一般来说，体力劳动者比较重视安全感、独立自主、上级关系及才能、报酬等因素的满足；脑力劳动者则注重发挥才能、有成就感、道德价值及为社会服务等。激励工作中，要作具体分析，采取灵活的方针，使激励更具针对性。

(4) 把握好个体与群体的关系。激励手段以个体为中心，但不能忽视群体的影响。管理者既要重视对个人起激励作用的动力因素，又不能忽视由于群体的影响在个体激励中存在的差异。

(5) 发现和利用差别。组织激励的一个重要原理是利用利益的竞争。因此管理者要通过科学的考核，根据行为及绩效的差别予以相应的激励，该奖的奖，该惩的惩。在利用利益差别激励下属时，必须坚持激励面前人人平等，对所有的员工要一视同仁，不偏不倚。不论其职位高低，绝不允许有任何特权。为了避免造成员工间的矛盾，尽量用预先规定的工作标准衡量员工的实际表现，严格考核，不要直接进行人与人的对比。

(6) 掌握好激励的时间和力度。激励要掌握好时机，在不同时间，其作用与效果是不一样的。超前的激励，可能导致人们对激励的漠视心理，影响激励的功效；迟到的激励则可能会让人们感觉多此一举，使激励失去意义。一般来说，好人好事应及时表扬，下属做了错事，要防止扩大损失，固然应及时制止，但批评不一定马上进行，以防矛盾激化。对于反复出现的积极行为，不能反复表扬，而应当出其不意，使人们有所期待和有所争取。激励要注意力度，既不能过轻，也不能过重。奖励、惩罚、表扬、批评都有一个最低限度，低于这个限度的激励，如轻描淡写的批评和漫不经心的表扬是不起作用的。另外，过度奖励与过度惩罚都会产生不良后果。应系统设计激励策略体系，激励策略要优化组合，在空间上相辅相成，在时间上相互衔接，形成"综合治理"的激励格局及积极的良性循环。

二、绩效考核在企业公平激励机制建立中的作用

绩效考核在企业公平激励机制建立中有着不可低估的作用，主要表现在以下几个方面。

(1) 员工绩效差异。公司绩效考核是通过确定一系列量化的指标来进行的，比如公司员工按公司的目标细化到每一个人必须完成的指标。考核时根据每一个人完成的情况，对其业绩提出量的差距，确定其级别，然后才有可能进行激励。

(2) 确定员工工作态度差异。在考核的过程中，公司不仅关心每一个个体的工作业绩和工作贡献的差异，而且十分重视个体工作态度的差异。因为工作态度不仅影响和制约了公司的奋斗力，而且影响和制约了公司的凝聚力和竞争力，同时也影响和决定着个人潜力的发挥。有些员工，尽管相当有工作能力，但工作态度不好，常发牢骚，做一些不利于企业发展的事，公司就要用负激励，即惩戒的手段来对其进行惩罚。

(3) 确定人员待遇差异。科学、规范、合理的考核，不仅能够帮助确定员工工资的级别，同时对于发放奖金也能给予合理的帮助，应当重奖那些有特殊贡献的人。由此可见，绩效考核是激励制度得以建立的基础，离开绩效考核，激励也就无从谈起了。

三、如何进行绩效付薪

薪酬管理同绩效管理一样，也是绝大多数企业苦恼的事情。对国内外许多知名企业的调查显示，50%甚至更高比例的员工对自己的收入不满，他们认为：自己的收入与自己的付出是不相称的，他们没有得到真正公正的提薪，绩效的改善并不会带来更高的收入。造成这样结果的原因是多方面的，例如，没做好绩效管理，没建立明确的付薪制度，付薪制度没得到真正合理的落实。为了更好地了解绩效付薪，我们应先了解付薪的方式。

1. 四大付薪方式

(1) 基于市场的付薪方式。这种方式是遵循商品经济的价值规律，按照劳动力市场的供求关系，能动地反映劳动力价值的一种付薪方式。它的基本假设是，劳动力市场是一种自由竞争的市场，劳动力的价值可以通过市场竞争完全体现出来。同时还不能忽视内部人力资源市场对薪酬的影响。

(2) 基于岗位责任的付薪方式。这种方式是根据工作所要求的责任、工作量、工作环境等因素来确定员工薪酬。员工报酬与岗位要求挂钩，不需要考虑岗位之外的员工绩效、员

第七章 绩效考核结果的运用

工能力等。

（3）能力付薪方式。这里所说的能力包含两层含义：一是能看得见的行为方式或用言语形式表现出来的能力，如表达能力等；二是潜在素质，这种素质是隐性的，却也往往起着重要的作用，如员工的逻辑思维能力。工作能力是在实现工作目标过程中体现出来的，同时会对工作目标的达成起着重要的作用。能力付薪方式一般适用于扁平化、团队化的企业。

（4）绩效付薪方式。为了高效地实现企业的战略目标，就必须尽可能地提高组织绩效和员工绩效。企业对员工支付薪酬的目的主要在于激励员工努力提高工作绩效。因为，管理者很难有效地监督员工在工作中是否尽力，况且监督要付出相当高的成本。要使员工积极主动地在劳动中付出努力，就要提高对员工的激励水平。高的报酬水平带来高激励水平，所以高投入的工作也应有相应的高报酬。

2．绩效付薪的用途

绩效付薪有很多用途，下面就讲一些主要的方面。

（1）绩效工资。以绩效为导向的工资制度强调员工的工资调整取决于员工个人、团队及公司的绩效，以绩效结果和对企业的贡献度为评价的标准。以绩效为导向的付薪制度是将绩效结果和工资的评定有机结合。这样做的好处是：①有利于促进公司战略目标的传递和分解；②强化员工的贡献和绩效的改进；③使工资的分配更合理、更公平；④让工资的分配具有更大的弹性，增强激励的效果。

调查表明，无论是员工还是管理者都认为工资应该和绩效挂钩。如果绩效不与工资挂钩，则绩效高的员工离职率就高；反之，如果工资是基于员工个人的绩效，则低绩效的员工离职率就会高。

（2）奖金分配。奖金的发放一定要基于考核，对于考核要素的选取以及要素权重的确定往往反映了公司的价值导向。

绩效目标奖金法指的是根据部门或员工的绩效目标完成情况进行奖金的分配。在小企业内，可以根据公司的经营绩效和员工的个人绩效表现来确定员工奖金。而对大、中型企业来说，一般采取奖金包分配的方式。

员工个人奖金的分配额度取决于个人绩效结果和部门奖金的多少，而部门奖金的多少与公司奖金总额及公司效益密切相关。这样不仅有利于员工关注个人绩效，更会关注团队、部门及公司的绩效。

（3）股权激励。有些公司对高层骨干人员采取股权激励的方式。这样有利于形成公司的骨干核心层，使公司的控制权逐渐掌握在一批既有才干，又能长期为公司做出贡献的骨干中，有利于保证公司长远、健康地发展。股权激励主要针对员工的潜能与未来贡献。而员工当前的绩效状况是判断其未来贡献的重要依据。

总而言之，绩效付薪作为一种重要的付薪方式，仍在发挥着它应有的作用。尽管也存在技能付薪、职位付薪、市场付薪等多种方式，但绩效付薪仍是不容忽视的。只要企业生存和发展的目标没有改变，追求利润的宗旨没有变化，就不能放弃绩效付薪。随着知识型员工的出现，绩效被赋予了新的含义，绩效付薪方式就有了更广泛的用途。

本 章 小 结

本章主要介绍了绩效考核的结果在人力资源管理过程中的用途。在"绩效考核在企业招聘和选拔中的应用"中主要介绍了企业选拔对考核结果的依赖以及考核结果对企业提高招聘有效性的作用。绩效考核在人力资源规划中的作用主要有：提供人力资源信息、预测人员需要、清查内部人力资源情况；决定招聘内容。绩效考核在企业员工培训中的作用：绩效考核为人力资源开发与培训提供了针对性；人力资源开发与培训的效果可以通过绩效考核来判定。绩效考核在企业公平激励机制建立中的作用包括：确定员工绩效差异、确定员工工作态度差异和确定人员待遇差异。

自 测 题

1. 试论述绩效考核过程中哪些指标对企业招聘和培训具有重大意义。
2. 试论述绩效考核对企业人力资源规划的重要性。
3. 请问如何有效地将企业高层管理者的绩效考核结果与激励机制挂钩？

案 例 分 析

绩效与薪酬的凄美"婚姻"

"根，紧握在地下；叶，相触在云里。"这是女诗人舒婷《致橡树》中的诗句。绩效与薪酬能否如同"根与叶仿佛永远分离，却又终身相依"？

起家于温州、总部设在上海的某服装企业，拥有员工 500 人，经过六年多的不断发展和积累，目前已在行业中小有名气。不久前，公司对外招聘总经理，年薪不少于 50 万，应聘者络绎不绝，但人选却一直未能落实。不妨让我们看看这 50 万年薪的结构。

年薪的 30%，即 15 万元，每月发 1 万，计 12 万元；每半年 1.5 万，计 3 万元。

年薪的 50%，即 25 万元，作为每年完成公司绩效目标的奖励，目标只达 90%，奖励减半，即 12.5 万元。

目标未达到 80%，只发放这部分奖励的 20%，即 5 万元。

目标未达到 60%，奖金归零(据了解，前任总经理的实际目标完成率低于 70%)。

剩余年薪的 20%，即 10 万元，三年任期结束时，结合公司的盈利情况，作为对总经理的奖励累计发放。这样的 50 万薪金和绩效要求，的确让人望而却步。

一家北方的老牌国有化工企业，员工超过 5000 人，经过前些年的优质资产剥离和近年的上市融资，企业已经走上了快速发展通道，而且在强化绩效管理考核与优化调整员工薪酬体系方面不断推陈出新。在该企业中，大部分员工的薪水主要由三部分组成：每个月初，发固定工资；每个月末，发上个月的奖金；每半年或一年，发年度奖励。

第七章 绩效考核结果的运用

奖金和年度奖励与本人的工作绩效考核结果挂钩,但员工发现,每个人的年度奖励其实差异不大,除非你有特别突出的工作业绩。而奖金所占的比例却越来越重,这意味着其工作绩效的高低对奖金多少的影响越来越大。尽管如此,员工对评估绩效方案的科学性与公平性仍持怀疑态度。

虽然这些与绩效和薪酬有关的故事,或亢奋,或喜悦,或悲哀,但总的来看,故事中的绩效与薪酬大多都经历过或被隔离,或被捆绑的分分合合的管理困惑与挑战。

从表面的意义上理解,绩效考核的结果是发放绩效奖金的主要依据,也是企业人力资源管理的一个基本逻辑,干多少活,拿多少钱,天经地义。于是,在众多的企业中,绩效与薪酬总是相伴而行,上演着一幕幕凄美的"爱情"故事。

诊断被过分捆绑的"婚姻"

纵观企业五花八门的绩效考核方案(或称绩效工资分配方案等),大多都有以下共同特征。

紧密拥抱型:绩效考核与奖金发放高度融合在一个方案中,很难拆分。

关系专一型:一个指标一份钱,多个指标多份钱的表现形式。

轻计划重考核型:指标下达时估算成分过大甚至"拍脑袋",考核时造势、加压,轰轰烈烈。

强业务弱职能型:考核方案主要针对销售、生产等业务部门,职能部门往往形式化。

指标业务化型:指标聚焦在销售、成本、产值等业务类,管理指标由于量化困难而较少。

指标量化悖论型:为了科学、公平而将指标尽量量化,但又由于量化繁杂而趋向简单可行。

重算账轻分析型:很多绩效考核方案的目的是算清奖金,而对于出现的问题缺乏分析。

激励缺乏多元化型:考核结果应用单一,培训、晋升、福利的多种激励与考核关系不大。

上述问题中,轻计划重考核型、强业务弱职能型、指标业务化型、指标量化悖论型体现在绩效的管理技术层面;紧密拥抱型、关系专一型、重算账轻分析型、激励缺乏多元化型则体现出管理导向问题,也是我们需要特别关注的内容,以下稍作展开分析。

如果把绩效与薪酬的关系比喻成"一对情侣",在众多的企业中,则把两者结结实实地捆绑成了"法定婚姻"甚至是"封建婚姻",具体表现就是"紧密拥抱型"和"关系专一型"。于是"考核拿钱"与"只有钱管用"的思维直接导致了"重算账轻分析"和"激励缺乏多元化"的现象。同时由于物质激励过度,把绩效管理"通过激励员工提升企业绩效"的根本目的,退化成了隐形的内容,也使得企业白白浪费了很多有很好激励效果的非物质的资源。

其实,绩效与薪酬的关系在紧密支撑的前提下,应该保持相互独立。

单纯从语言学的角度来看,绩效包含有成绩和效益的意思。用在经济管理活动方面,是指社会经济管理活动的结果和成效;用在公共部门中来衡量政府活动的效果,是一个包含多元目标在内的概念;用在人力资源管理方面,一般是指主体行为或者结果中的投入产出比。

从管理学的角度看,绩效首先是组织期望的结果,包括个人绩效和组织绩效两个方面。

组织绩效实现应在个人绩效实现的基础上，但是个人绩效的实现并不一定保证组织是有绩效的。所以组织绩效需要按一定的逻辑关系层层分解到每一个工作岗位，才能促进组织绩效的实现。

绩效管理的核心目的，是通过管理手段提高企业绩效，那么绩效考核的结果，应该是评估个人所做的或所完成的工作，是否推动和保证了组织绩效的实现。

绩效高低是一种显化的成果，对这种成果的认可与公示，是一个相对独立的模块。如何肯定与警示绩效成果的高低，是一个需要形成单独制度，并保证一定刚性内容的管理内容。

薪，本义为可以劈开来用的粗大木柴，是指人们基本生活的保障，现在沿用到工资（"柴火钱"）、奖金；酬，本义是指客人给主人祝酒后，主人再次给客人敬酒作答，现在沿用到因工作而得到回报上（注：来自《高级汉语词典》）。薪酬在国内的管理中多侧重前者，而后者往往会被忽略。

从绩效与薪酬的关系看，第一阶段先明确评判绩效高低，第二阶段根据绩效管理导向给予经济物质奖励，以及根据企业文化价值导向给予非经济回报，两者既相对独立，同时又互相支撑，才是较为全面的。之所以讲"根，紧握在地下；叶，相触在云里"，说的也是这个道理。

(资料来源：http://www.597.com/News/1520149308390.html)

阅读材料

材料1：IBM高绩效的薪酬文化

IBM的薪金管理非常独特和有效，能够通过薪金管理达到奖励进步、督促平庸的目的，IBM将这种管理已经发展成为高效绩文化(High Performance Culture)。这里，让我们来解读IBM高效绩文化的精髓。

个人承诺计划

IBM的薪金构成很复杂，但里面不会有学历工资和工龄工资，IBM员工的薪金跟员工的岗位、职务、工作表现和工作业绩有直接关系，工作时间长短和学历高低与薪金没有必然关系。在IBM，你的学历是一块很好的敲门砖，但绝不会是你获得更好待遇的凭证。

在IBM，每一个员工工资的涨幅，会有一个关键的参考指标，这就是个人业务承诺计划——PBC。只要你是IBM的员工，就会有个人业务承诺计划。制订承诺计划是一个互动的过程，你和你的直属经理坐下来共同商讨这个计划怎么做得切合实际，几经修改，你其实和老板立下了一个一年期的军令状，老板非常清楚你一年的工作及重点，你自己对一年的工作也非常明白，剩下的就是执行。到了年终，直属经理会在你的军令状上打分。直属经理当然也有个人业务承诺计划，上头的经理会给他打分，大家谁也不特殊，都按这个规则走。IBM的每一个经理掌握了一定范围的打分权力，他可以分配他领导的那个Team(组)的工资增长额度，他有权力将额度如何分给这些人，具体到每一个人给多少。IBM在奖励优秀员工时，是在履行自己所称的高效绩文化。

第七章 绩效考核结果的运用

IBM 的个人业绩评估计划从三个方面来考察员工工作的情况。第一是 Win，制胜。胜利是第一位的，首先你必须完成你在 PBC 里面制订的计划，无论过程多艰辛，到达目的地最重要。第二是 Executive，执行。执行是一个过程量，它反映了员工的素质，执行是非常重要的一个过程监控量。最后是 Team，团队精神。在 IBM 埋头做事不行，必须合作。在 IBM 采访时有一个强烈的感觉：IBM 采用的是非常成熟的矩阵结构管理模式，一件事会牵涉很多部门，有时候会从全球的同事那里获得帮助，所以 Team 意识应该成为第一意识，工作中随时准备与人合作一把。

双向沟通

如果员工自我感觉非常良好，但次年年初却并没有在工资卡上看到自己应该得到的奖励，会有不止一条途径给你提出个人看法，包括直接到人力资源部去查自己的奖励情况。IBM 的文化中特别强调 Two Way Communication——双向沟通，不存在单向的命令和无处申述的情况。IBM 至少有四条制度化的通道给你提供申述的机会。

第一条通道是与高层管理人员面谈(Executive Interview)。员工可以借助"与高层管理人员面谈"制度，与高层经理进行正式的谈话。这个高层经理的职位通常会比你的直属经理的职位高，也可能是你的经理的经理或是不同部门管理人员。员工可以选择任何个人感兴趣的事情来讨论。这种面谈是保密的，由员工自由选择。面谈的内容可以包括个人对问题的倾向意见、自己所关心的问题，你反映的这些情况公司将会交直接有关的部门处理。所面谈的问题将会分类集中处理，不暴露面谈者身份。

第二条通道是员工意见调查(Employee Opinion Survey)。这条路径不是直接面对你的收入问题，而且这条通道会定期开通。IBM 通过对员工进行征询，可以了解员工对公司管理阶层、福利待遇、工资待遇等方面有价值的意见，使之协助公司营造一个更加完美的工作环境。很少看到 IBM 经理态度恶劣的情况，恐怕跟这条通道关系密切。

第三条通道是直言不讳(Speak up)。在 IBM，一个普通员工的意见完全有可能会送到总裁的信箱里。"Speak up"就是一条直通通道，可以使员工在毫不牵涉其直属经理的情况下获得高层领导对你关心的问题的答复。没有经过员工同意，"Speak up"的员工的身份只有一个人知道，那就是负责整个"Speak up"的协调员知道，所以你不必担心畅所欲言过后会带来的风险。

第四条通道是申诉(Open Door)，IBM 称其为"门户开放"政策。这是一个非常悠久的 IBM 民主制度，IBM 前总裁郭士纳刚上台就一改 IBM 老臣的作风，他经常反向执行 Open Door，直接跑到下属的办公室问某件事干得怎么样了。IBM 用 Open Door 来尊重每一个员工的意见。员工如果有关于工作或公司方面的意见，应该首先与自己的直属经理恳谈。与自己的经理恳谈是解决问题的捷径，如果有解决不了的问题，或者你认为你的工资涨幅问题不便于和直属经理讨论，你可以通过 Open Door 向各事业单位主管、公司的人事经理、总经理或任何总部代表申述，你的申述会得到上级的调查和执行。

让我的烦恼有机会表白

IBM 的薪金是背靠背保密的，薪金没有上下限，工资涨幅也不定，没有降薪的情况。如果你觉得工资实在不能满足你的要求，那只有走人。

如果因为工资问题要辞职，IBM 不会让你的烦恼没有表达的机会，人力资源部会非常惋惜地挽留你，而且跟你谈心。

IBM 会根据情况，看员工的真实要求是什么，一是看他的薪金要求是否合理，是否有 PBC 执行不力的情况。如果是公司不合理，IBM 会进行改善，公司对待优秀员工非常重视。第二种情况是看员工提出辞职是以增资为目的，还是有别的原因。通过交谈和调查，IBM 会让每一个辞职者有一种好的心态离开 IBM。

为了使自己的薪资有竞争力，IBM 专门委托咨询公司对整个人力市场的待遇进行非常详细的了解，公司员工的工资涨幅会根据市场的情况有一个调整，使自己的工资有良好的竞争力。

IBM 的工资与福利项目

基本月薪——是对员工基本价值、工作表现及贡献的认同。

综合补贴——对员工生活方面基本需要的现金支持。

春节奖金——农历新年之前发放，使员工过一个富足的新年。

休假津贴——为员工报销休假期间的费用。

浮动奖金——当公司完成既定的效益目标时发放，以鼓励员工的贡献。

销售奖金——销售及技术支持人员在完成销售任务后的奖励。

奖励计划——员工由于努力工作或有突出贡献时的奖励。

住房资助计划——公司提取一定数额资金存入员工个人账户，以资助员工购房，使员工能在尽可能短的时间内用自己的能力解决住房问题。

医疗保险计划——员工医疗及年度体检的费用由公司解决。

退休金计划——积极参加社会养老统筹计划，为员工提供晚年生活保障。

其他保险——包括人寿保险、人身意外保险、出差意外保险等多种项目，关心员工每时每刻的安全。

休假制度——鼓励员工在工作之余充分休息，在法定假日之外，还有带薪年假、探亲假、婚假、丧假等。

员工俱乐部——公司为员工组织各种集体活动，以加强团队精神，提高士气，营造大家庭气氛，包括各种文娱活动、体育活动、大型晚会、集体旅游等。

评论：

员工需要特别通道，特别通道对企业意义重大。IBM 的四条特别通道，可谓纵横交叉，密而不漏，直达员工，大有与员工肝胆相照的坦诚。组织严密，运行高效的企业，也总有层次复杂，偶有漏洞，对员工关心不周的时候。而且企业管理越规范，组织就越庞大，越容易促成官僚之气形成，不利于员工反映情况。现代企业讲究人性化管理，员工的情绪与企业的效率息息相关，对员工的关心仅仅是金钱是不够的，必须了解员工的真实想法，才能管理好员工，激发员工的工作热情。所以无处不在、畅通无阻、安全有效的对话通道是员工贴近企业的最佳通道。特别通道将企业制度界面人性化，给员工一种心理上的安全感和随和感，人在放松的情况下才有活跃的思维。特别通道从形式上消解了企业无法避免的层级关系和信息不对称的弊端，让信息除了由高层往低层流动，还可以从低层向高层流动。Internet 的最大特色是信息传播平民化，现代企业无法逃离技术带来的信息新流向。所以开通企业上下级的特别通道，是未来企业在组织模式中极具活力和极其重要的部分。

第七章 绩效考核结果的运用

曾经有人著文批评中国企业缺乏对员工的关心，大量人才流向外企的事实时悲叹道：哪怕企业给员工一点点温柔就够，可是事实总是哪怕一点点温柔都是奢求。

和员工建立直接通道在 IBM 作为一种 Two Way 的文化影响着 IBM 中的每一个人。任何一种制度的实施，在很大程度上依赖员工对这项制度的价值的真正理解和接受，如果一项制度将员工推到不可信任和需要教诲的对立面，真正的沟通是无法形成的，只会形成相互的不信任，失去信任感的企业很难将一种很好的管理制度执行下去。好的沟通渠道，能够形成通达的企业氛围，人和企业制度达到互动，就会激发员工开动脑筋，改进工作，形成健康活泼的企业文化，这将从根本上保留一个企业的价值。这就是为什么 IBM 当初吞并 Lotus 后仍保持其独立性的主要原因。重视企业文化的建设，相当于给企业做保健操。

（资料来源：王燕萍. IBM 高绩效的薪酬文化. http://www.eptrc.com/news_list.aspx?nid=3372）

材料 2：如何把握绩效剑法当中的"独孤九剑"？

剑者，百兵之王，君子用剑，何止十步杀一人乎？绩效，人事难点，绩效之剑，双刃而存，用不好伤人害己矣！江湖不只是传说，还有刀光剑影，江湖不只是 HR 的舞台，也是老板、竞争对手、同事等人的竞技场所。

作为 HR 来说，绩效之剑又如何挥出？如何突破别人十八般武艺的围剿？

作为 HR 来说，绩效之剑又如何利人益己？手握绩效之剑，拔剑四顾心茫然，还是一剑在手，天下我有？

第一招，总决式：老板支持是关键

为什么许多绩效方法，实施到最后就变成形式，没有杀伤力，甚至让 HR 自己都没有信心而放弃既定的绩效方法？如果上没有老板支持、中没有执行力、下没有引导力，这样的绩效方法还需要坚持吗？

不管什么样的绩效方法，任凭如何变化，如果没有老板支持那就是无源之水。HR 的绩效之剑，充其量只是老板手中的风筝，那根决定风筝能飞多高的线始终抓在老板的手里。不管风筝飞得多高、多远，只要老板松开手中线，那么风筝的下场就是飞得越高，摔得越狠！

HR 不是老板，老板如何相信你？HR 只是管家，老板如何支持你？所以，赢得老板的支持就要让老板明白：

（1）老板是做蛋糕的，HR 的绩效设计是帮助老板分蛋糕。须知，同样的蛋糕，不同的分法，所得者的利益也不同。HR 的作用就是让拿到最小块蛋糕的人，同样能对老板感恩戴德！

（2）想老板所想，但不是唯老板所想。HR 需要站在老板的立场上，运用绩效的指挥棒，帮助老板最快地实现他的意图。

要想赢得老板毫无顾虑的支持，HR 就要让老板坚信：老板得意时，绩效可锦上添花；老板失意时，绩效可雪中送炭。所以，绩效的存在就是要为老板建立一支能够创造最大效益、有凝聚力、有战斗力的团队。

第二招，破剑式：绩效是过程与结果的统一

来自部门的阻力之一：太极剑法。

太极剑法是武当开山祖师张三丰真人所创，所谓太极生两仪，两仪生四象，四象生八卦，八卦生万物。太极剑法一出，让人不沾身，借力打力，四两拨千斤。

绩效实施之中，常常有问题发生后，无人宣布对问题的结果负责，各部门把精力放在扯皮上，公说公有理，婆说婆有理，谁都能说出子丑寅卯来，谁都没错！长此以往，绩效就不能起到作用，HR也会被各部门的太极剑法折腾得无脸见江东父老！

此时，唯有破剑式可用，此招只有一式，无招胜有招，一剑使出，天下剑法都可破得。

HR要明白，绩效不只是针对结果，还要考察其过程，绩效的考察就是特定的环境下，完成特定任务的行为与结果。所以，绩效实施时注意如下几个方面。

(1) 以完成任务为目的，兼顾行为与结果，持续关注部门在完成任务中的种种行为，对行为与结果进行双重考核。

(2) 界定各部门的工作职责，分清主次，做到"谁牵头，谁负责，谁管理，谁落实"。只有让各相连部门成为一条绳上的蚂蚱，谁都跑不了，这样才能心往一处想，劲往一处使。

(3) 确定某项任务，不管涉及多少人，须确保人人有事做，事事有结果。必要时，须追究当事人和其上级的连带责任，这就是跑得了和尚跑不了庙！

绩效不是只控制过程，而忽视其最终的结果，同样，绩效也不是只强调最终的结果，而忽视其过程，绩效的实施是过程与结果的统一，绩效控制的是正确的过程产生正确的结果。

第三招，破刀式：绩效是持续发展的过程

来自部门的阻力之二：快刀。

江湖上流传快刀傅红雪，大漠中一把刀，那一刀的风情快到极致，已突破了肉眼能观察的极限。

对于部门来说，使用该刀法，就是在绩效中让HR还没明就理，考核结果便出来，典型的上有政策，下有对策，你怎么来，我便怎么去！给个结果，敷衍了事！

此法只有破刀式可解，你快，我更快，相对来说，你就慢了！对于HR来说，做绩效就要让部门明白：

(1) 绩效考核的结果只是起点，以结果为依据，找不足、想对策，有改善才是目的。

(2) 绩效的存在是让部门看到发展的瓶颈在哪里，从哪里突破，只有按部就班地做完绩效的流程，才能把重点放在改善和提高上。

(3) 让部门主管明白，做绩效不是HR在无事找事，给部门制造麻烦，绩效是让部门主管跳出圈外看圈里，看清昨天想明天。在此基础上，部门主管需要与HR一道完善绩效设计中的不足，使部门的绩效始终与部门的发展保持一致。

绩效实施中的结果不是终点，相反却是改善的起点，绩效不是静止的，而是动态的、发展的，绩效方法应根据组织发展的不同阶段做出相应的调整，不断完善绩效系统的设计。

第四招，破枪式：指标设定与公司战略一致

来自HR自身的局限之一：打狗棒法。

三十六路打狗棒法，为丐帮帮主所创，最后一招天下无狗更是威力无比，招式精妙，让人眼花缭乱，不知云里雾里。当年洪七公凭此棒法，在华山论剑时面对东邪、西毒、南帝、王重阳的围攻，也不落下风。

绩效操作中，HR设定各部门指标时，指标贪多求全，让人不知重点在哪里。更有甚者，

第七章 绩效考核结果的运用

指标的描述让人不清楚，或者说，无法将指标与公司的发展相结合，即使部门指标完成，但是对公司的目标无所贡献。所以，对于部门来说，执行起来，往往是胡子眉毛一把抓，又如何能期望部门出成绩？各部门又如何心甘情愿地配合HR的绩效计划？

所谓枪、矛、棍、棒、杖、铲，皆为长兵器，面对自身的不足，HR用破枪式，料敌先机，提前看清对方三步甚至十步之后的招式，这样才能完成自我突破，提前布局。所以，HR在做绩效时要考虑以下几点。

(1) 以公司战略为核心，部门的指标必须与公司战略相一致。

(2) 设计各类指标，不宜过多，少而精即可，抓住重点，区分部门指标的必要性。要的是牵一发而动全身的效果，不是捡到篮子里就是菜！

(3) 绩效中的指标设计不仅强调部门业务指标(这是公司战略所期望的)，还要重视管理指标(这是部门发展必备条件)。

(4) 对于员工类的指标，员工的绩效指标须符合部门的指标需求，同时又满足或高于员工的工作指导书。

HR在设计绩效指标时，必须先满足公司的战略需求，同时兼顾部门的发展需要，这就是既要抬头看路，又要埋头拉车的道理，看路是把握方向，拉车是为了向目标前进。

第五招，破鞭式：做好绩效中的培训

来自HR自身局限之二：天罡三十六斧。

斧子属于短兵刃，天罡三十六斧，为混世魔王程咬金梦中所学，核心就是三板斧法，临阵对敌，三招解决不了对手，只能撤退。

现实中，各部门或者HR只关注绩效结果，至于之后如何则不会过问。这样的绩效对HR来说，就是鸡肋，食之无味，弃之可惜；对员工来说，很可能是王小二过年——一年不如一年呀！员工不怕做绩效，怕的是绩效过后看不到改变的希望！

所以，对于HR自身的三板斧，HR的绩效之剑就用破鞭式，即乘虚而入，后发先至！在实施绩效时，根据绩效的结果，制定针对性的培训，帮助员工提高。绩效不是把人一棍子打死，治病救人才是根本，所以，绩效实施时要注意将结果与培训对接，注意点如下。

(1) 在实施绩效前对各级员工进行培训，让员工都明白绩效包含哪些环节，能够给员工带来什么样的改变。

(2) 绩效实施中，对员工遇到的问题进行跟踪辅导，帮助其分析问题、解决问题，通过对过程的控制去实现预期的结果。

(3) 绩效实施结束后，对于员工在绩效中的不足进行总结，分析原因所在，帮助员工制订改善计划，并跟踪改善的效果。

(4) 对于绩效中存在的问题，根据员工自身的实际情况，结合公司的培训计划，针对性地安排培训，帮助员工提高自身的技能水平。

绩效的作用之一是促使员工的快速成长，只有员工得到成长，企业才能更好地发展，毕竟企业经营的不仅仅是产品，还有员工。绩效中的培训需要满足员工开发的需求，不能是授之以鱼，饱餐一顿，而是授之以渔，一生无忧！

第六招，破索式：建立合理的绩效标准

来自绩效标准的阻力：各类软兵刃。

索指长索、短鞭、三节棍、链子枪、铁链、渔网、流星锤等软兵刃,这类软兵刃对敌,皆贴身而行,一旦被套,无处可逃。为什么这类兵器难以抗衡?因为软兵器起手无规律可找,没有标准可依。

现实中,在绩效实施时,往往是为了考核而考核,为了处罚而考核,有变相地扣工资的嫌疑,这也是绩效得不到有效实施的关键,甚至让员工抵触。原因有几点:绩效中的标准设置过高;绩效标准设置比较模糊;绩效标准容易让人误解;绩效标准因人而定等。这样的绩效实施,必然会导致内耗,长此以往,自然是谈绩效而色变,谁都会发出一个共同的疑问:唐僧被妖怪捉了——想的是悟空在哪里?

对于标准的阻力,如何破解?HR 的绩效之剑就用破索式,核心在于一个悟字,就是找出规律。因此,HR 在实施绩效时,需要建立一套有效的绩效标准。

(1) 绩效的标准设定需要得到参与者的充分理解,不能因人而异,所谓一样客两样待就是不厚道嘛。

(2) 绩效的标准必须是可以达到的,不是雾里看花,也不是水中望月,而是树上的果子,蹦一蹦、跳一跳是可以摘到的。

(3) 绩效的标准必须明确具体,不是对员工说"跟着组织走,可以实现自身的价值",而是明确告诉员工:"弟兄们,跟着哥混,有肉吃。"

(4) 绩效标准的设定必须要有时效性,即在某个时间段需要完成什么任务,这个时效是行动有力的钟点工,不是出工不出力的磨洋工。

(5) 绩效的标准是发展的、可调整的。在实施绩效的过程中,可根据环境的变化、企业发展的不同阶段、部门的具体情况,因地制宜地适当调整绩效的标准,使之与实际相一致。这就是既要与时俱进,又不墨守成规!

绩效的标准就是封神榜,凭本事说话,按业绩论等,以贡献坐桩,谁都别想不劳而获,哪怕不是姜子牙,只要照榜宣科,一样可以封神!当然,绩效标准既不能过高,过高让人觉得可望而不可即,产生跌倒不如坐倒的念头;也不能过低,过低让人觉得天下英雄不过如此嘛,认为跟着带头大哥混没前途呀。

第七招,破掌式:激励到点子上,做看得见的激励

来自员工的阻力:降龙十八掌。

降龙十八掌,是历任丐帮帮主所用,自萧峰、洪七公、郭靖开始,降龙十八掌法名满天下,最后一式神龙摆尾更是威力无比,降龙掌法临阵对敌,只用三分力,留七分,始终保持绵绵不绝的攻势,只有在抓住机会时,全力一击,才能完胜对方。

绩效中也是一样的道理,员工会管你什么企业发展的目标?员工会管你什么团队的价值?员工会管你什么工作的伟大意义?员工只会说"领导让做啥就做啥",一般情况下是各人自扫门前雪,休管他人瓦上霜!对于员工来说,万水千山总是情,没有甜头就不行!

面对员工的掌法阻力,HR 的绩效之剑要用破掌式:利益导向,让员工尽全力地去实现公司既定的目标。这个时候就需要给点彩头,这就是激励的作用,所谓"军无赏,士不往,军无财,兵不来"。HR 在实施绩效操作时,注意点如下。

(1) 绩效要有一定的激励因素,满足员工的物质与精神需要,既有看得见的利益,又有看不见的实惠。

(2) 绩效的激励不仅要有短期效益,还要兼顾长期的发展需求,但是这种激励必须是与

第七章 绩效考核结果的运用

公司的目标相适应的。

（3）绩效中的激励，可以是让一部分人先富起来，也可以是让有本事的人先富起来，所谓"赏一人而利天下，赏之"。

（4）绩效中的激励不能是大锅饭，人人都有的激励就不是真正的激励，而是福利，轻而易举就得到的激励往往会形成激励疲劳。

绩效不能只是减法，绩效需要做加法。当然，加法中的激励需要恰到好处地满足员工的需求，公司给的必须是员工想要的，这样才能达到激励的目的。如果公司给的，却是员工不想要的，结果相当于：戏唱得很辛苦，观众不买账嘛！

第八招，破箭式：把员工的参与权放在阳光下

来自流程的阻力：小李飞刀。

小李飞刀是暗器类的至高，江湖上传言小李探花李寻欢之兵器，临阵对敌，百发百中，所谓小李飞刀，例无虚发，飞刀现、命丧时！

现实中很多绩效实施过程中，都借用小李飞刀的打法，员工只知结果，至于过程是什么，无从知晓。更有甚者，当员工提出质疑时，主管才会做出绩效解释，摆明了就是孙悟空三打白骨精——欺负唐僧不识妖嘛！这样的绩效能让员工服？这样的绩效推行会对工作产生正面的促进作用？这样的绩效给人的感觉就是暗箱操作，领导说了算嘛，如果碰上莫须有，员工也是有理说不清，有冤无处申！试问，如此绩效实施，会得到员工的支持？

HR在解决类似的问题时，可采用破箭式，以绩效之剑隔开暗器，同时借力打力、反客为主。实施绩效时，须在流程上预防问题、解决问题，注意点如下：

（1）绩效中以人为本，让员工有一定的知情权、参与权，让被考核人知其然，还要知其所以然。

（2）绩效中保持必要的沟通，做到绩效前有说明，绩效中有沟通，绩效后有反馈。

（3）绩效实施的过程要有透明性，在制度上规范绩效的结果影响，让员工明白绩效实施的流程，以及流程中注意的要素。

绩效实施过程中，谁把员工当傻子玩，那么结果只能是搬起石头砸自己的脚，毕竟群众的眼睛是雪亮的！绩效的实施离不开绩效主客双方的参与，换句话说就是：没有被考核人的参与和互动，那么绩效的效果只能是剃头挑子一头热！

第九招，破气式：顺应正确的文化导向

来自文化的阻力：葵花宝典。

《葵花宝典》，东方不败以此武功面对任我行、令狐冲等人的围攻也是谈笑自如，毫不惧怕，一身内功心法，足以笑傲江湖！

企业文化代表了企业创始人的思想，代表其价值观与世界观。这种思想在企业管理中就形成了约定俗成的规范，指导着人们的思想与行为。绩效是企业文化中的一个部门、一个分支，是企业在一个特定的历史时期，为了达到某些目标而采取的一种管理方式。如果绩效的实施与企业文化相悖，那么绩效只能是美丽的童话。当然，在实际操作过程中，绩效的设计思想有时候会过于片面，只满足企业文化的某一个点，这样的绩效理念最终也会被企业文化所抛弃。

面对企业文化的阻力，任何逆流而上的行为终究是螳臂当车，当然如果HR选择做东方

不败挥刀自宫,那就另当别论!此时,HR 的绩效之剑要用破气式,以攻代守,只攻不守,一往无前,一剑既出,不灭楼兰誓不还!在绩效设计时需要以企业文化为导向,注意点如下。

(1) 绩效的设计理念必须与企业老板的理念一致,在此基础上平衡各高层的观点,保证绩效的设计能够满足各方利益的需求。

(2) 绩效的设计理念还应当包含企业的发展目标,企业家追求的精神层面的文化需要,并把这种文化需求具体化,从而正面引导员工的行为与思想。

(3) 绩效的设计应贯穿于整个企业管理的系统中,不应把绩效单纯地看成人力资源部门的一亩三分田,要跳出人力资源部门看绩效,让绩效成为公司战略的一部分,全面指导与衡量各部门、员工的管理水平,从而带动公司的整体进步。

绩效不应该是一个符号,不应该只是一个单纯考核工具,我们说绩效应该代表一种文化导向,代表一种利益的分配方式,是能够将企业目标、部门需求、个人愿景结合在一起,促使 1+1>2 的催化剂。

绩效之剑不是无刃刀,就算功力再高,也有伤己之时,我们能做的就是最大限度地减少伤己的可能性,尽可能地给对方带来杀伤力。

绩效之"独孤九剑"的心法三要素如下。

(1) 速度:先发制人,满足个人愿景。

(2) 剑意:满足各方利益群体的需要。

(3) 无招:给人正能量,实现公司战略意图。

HR 的绩效之剑要有三种功能:帮助老板击败他的对手,实现企业的战略;帮助团队得到荣耀,实现跨越式发展;帮助员工突破自我,从优秀到卓越!只有这样,HR 的绩效之剑一旦挥出,才会达到利人益己的目的,这样才是真正的谁与争锋。

(资料来源:http://www.job168.com/e/read_12822.html)

第八章 企业绩效管理项目实施实务

第一节 平衡计分卡在××银行绩效管理中的运用

一、平衡计分卡简介

平衡计分卡是一种有效的绩效管理工具,是一种将战略转化为行动计划的利器。它由哈佛商学院的教授卡普兰开发,1992年首次发表在《哈佛商业评论》上,被《哈佛商业评论》评选为"80年来最具影响的十大管理思想"之一。

在传统的绩效考核体系中,人们往往只关注财务指标,将财务指标作为评价公司业绩的唯一标准。然而财务指标反映的只是公司在过去一段时间经营活动所取得的成果,至于公司在未来的经营绩效将会怎样,公司能否取得持续的成功,公司是否能不断创新,财务指标却无法回答。平衡计分卡正是针对传统财务指标评价体系的缺陷提出来的。它改变了以财务指标作为唯一评价标准的状况,引入了客户类、内部运营流程与效率类和学习成长类三类指标。这三类指标有很强的逻辑关系,同时也兼顾了了几方面的平衡:内部和外部的平衡,经营结果和业绩驱动要素的平衡,长期与短期的平衡,定性和定量之间的平衡等。基于平衡计分卡的战略地图逻辑关系如图8-1所示。

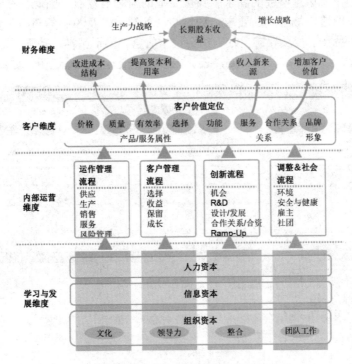

图8-1 基于平衡计分卡的战略地图逻辑关系

平衡计分卡不单只是一种绩效测评与管理的工具,而且是一种战略管理工具,是一种将战略转化为行动计划的利器。它能有效地解决绩效管理体系中纵向不一致和横向不协调的问题。许多企业在实际中总为好的战略不能在中基层得到执行与落实而苦恼,高层的战略意图不能有效地传递到中基层,老板和员工"同床异梦""同舟不共济"。平衡计分卡强调在设计公司层面和各部门的平衡计分指标时,各部门都要参与讨论,以提高各部门对公司层面指标、本部门指标和其他部门指标的理解和熟悉程度。同时,公司层面的平衡计分卡就是公司的战略地图,各部门的平衡计分指标都是由公司层面平衡计分指标分解得到的,以确保公司层面的指标和各部门指标的一致性。平衡计分卡实例如表 8-1 所示。

表 8-1 平衡计分卡实例

方　面	要回答的问题	测评指标	目标值	行动计划
客户	客户如何看我们	市场占用率	达到 20%	增加销售人员
内部流程	我们必须擅长什么	次品率	次品率在 0.5%以下	引入 TQM 管理
学习与成长	能否持续创造价值	有效建议数量	一年达到 200 条	制订建议奖励计划
财务	股东如何看我们	销售收入增长率	递增 10%	增加销售人员

二、××商业银行实践案例

××商业银行立足华东地区,秉持服务"三农"、服务中小企业、服务地方经济发展的经营宗旨,为促进农民增收、农业发展、农村社会的稳定和城乡经济建设做出了重要贡献。营业网点遍布广州城乡,业务规模位居全国本类银行前三甲。

作为一家地方性的股份制商业银行,该行首先要服从行业的监管要求,同时要实现银行股东的利益,在公司董事会的要求下实现企业的盈利与发展。因此,在银行设计平衡计分卡时,需要考虑这些最基本的要求。通过与银行领导以及各业务部门负责人的沟通,结合行业实践,并融合了行领导在全行工作会议中的重要讲话精神,基于平衡计分卡的财务、客户、内部运营、学习与成长等维度,设计出该银行全行的战略地图,如图 8-2 所示。

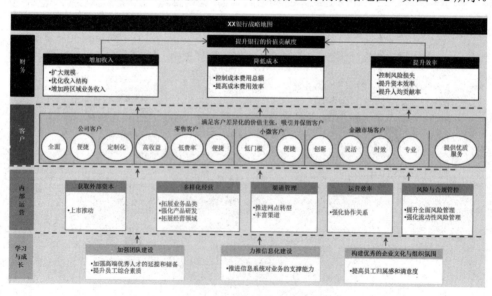

图 8-2 ××银行战略地图

第八章 企业绩效管理项目实施实务

在全行级的战略地图设计完成后，根据战略地图识别战略主题及关键绩效领域，结合平衡计分卡的理念和四个维度，分析提取全行级别相应的关键绩效指标，如图8-3所示。

平衡计分卡维度	战略主题	关键绩效领域	关键绩效指标	指标性质	指标说明
财务	提升银行价值		净利润	定量	统计期内全行产生的净利润
			资产利润率（ROA）	定量	资产利润率=净利润/资产月均余额×100%
	增加收入	扩大规模	存款时点增量	定量	1. 存款时点增量=对公存款时点增量+储蓄存款时点增量 2. 存款=会计口径本外币存款（含保本理财）
		优化收入结构	中间业务收入	定量	中间业务收入含公司类中间业务收入、零售类中间业务收入
		增加跨区域业务收入	异地机构收入增长率	定量	异地机构收入增长率=（本年异地机构营业收入总额－上年异地机构营业收入总额）/上年异地机构营业收入总额×100%
	降低成本	控制成本费用总额	成本费用控制率	减分	实际支出的成本费用/成本费用预算总额
	提升效率		不良授信（资产）余额	减分	不良授信（资产）余额=考核期末不良授信（贷款）余额
			监管指标达标率	定量	达标的监管指标数量/总监管指标数量*100%
		提升资本效率	资本收益率	定量	资本收益率=净利润/风险资本占用*100%
		提升人均贡献率	人均利润	定量	净利润/全行月均员工人数
	……				
客户	满足客户差异化价值主张，吸引并保留客户		新增客户数量	定量	考核期内客户数量新增数
		提供优质服务	客户满意度	定性	通过客户满意度问卷调查评价
	……				
内部运营	多样化经营	拓展业务品类	业务牌照申请数	加分	实际获取的业务牌照数量
		强化产品研发	新产品研发完成率	定量	实际推出的新产品数量/计划推出的新产品数量*100%
学习与成长	加强队伍建设	提升员工综合素质	人均网络培训学时	定量	Avg（员工参与的网络培训学时）
	力推信息化建设	提升信息系统对业务的支撑能力	重点系统建设完成率	定量	实际上线的重点系统数量/计划上线的重点系统数量*100%
	……				

图8-3 ××银行全行级关键绩效指标库

××商业银行的各个业务部门作为相对独立的业务单元，面向不同的客户群体提供差异化的产品和服务，在全行大的战略方向下，又可依据其业务特点和价值主张，形成各自业务领域的战略地图，并由此推导指标库；业务部门下属的中心则需要承接管理总部指标库中与各中心业务相关的指标，同时考虑不同中心业务的特点，补充相关的个性化指标，形成各二级中心的指标库，如图8-4所示。

分支机构作为具体的业务执行机构，其指标主要来源于全行级指标的分解，以及总行业务管理总部相关指标的分解。

职能部门作为支持与服务部门，不直接面向客户提供产品和服务，但也需要在自己的责任范围内承接全行战略地图推导出的相关指标，同时从部门职责与工作规划出发，也可推导出部门层面的指标，从而形成职能部门指标库，如图8-5所示。由于职能部门的考核评价不能直接从业务中评价，因此可将公司内部客户所提供服务水平的满意程度作为职能部门评价的一个方面。双方在期初签订内部服务协议，期末由内部客户按照协议中约定的服务条目以及服务标准对服务提供部门进行评价，以衡量其内部服务的质量。

以上步骤形成的关键绩效指标库包括一整套与企业战略、部门职责密切相关的指标，但用于每年的考核时，还需要基于适用性原则从中筛选出适合当期使用的指标。经过上述推导过程形成的指标库，是衡量全行战略落实情况及各层级主体职责履行情况的完整指标体系，但由于指标特点及历史表现等方面的差异，并非所有指标都适用于每一个考核周期，指标过多容易导致分散重心。因此需要组织各部门/机构对指标进行适用性分析，以从中筛选出适用于当期考核及监控的指标。

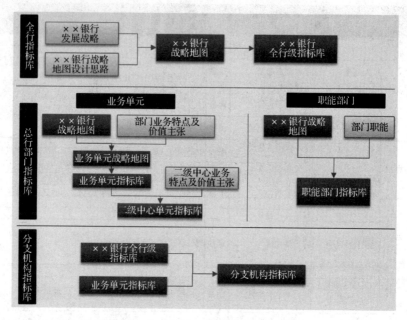

图 8-4　各层级部门绩效指标库生成逻辑

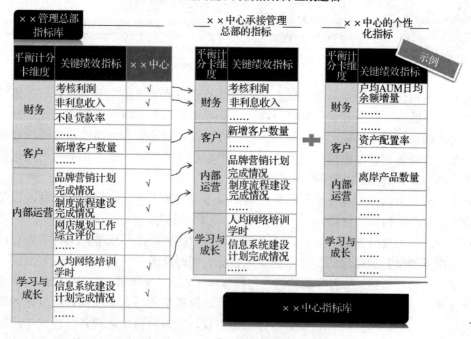

图 8-5　部门(部门正职)绩效指标库来源

通过上述的指标库的建立过程，结合关键绩效指标的选取原则、目标确定原则、权重确定原则等本书前几章节介绍的知识，形成了部门的绩效合同，直接与部门的正职绩效挂钩，如表 8-2 所示。

第八章 企业绩效管理项目实施实务

表8-2 某部门负责人的绩效合同

××部门负责人的绩效合同

以××银行股份有限公司的战略规划为基础,综合考虑我行对被考核者所管理机构的发展和管理要求,经被考核者与其直接上级沟通确认,并由隔级上级审批通过,形成如下绩效考核表,作为对被考核者进行绩效考核的依据。绩效考核的结果将作为被考核者绩效奖金计算的重要参考依据。

被考核者:		所属单位:		任职岗位:			直接上级:			
直接上级岗位:					隔级上级:		隔级上级岗位:			
考核周期:					本周期内预计绩效奖金:					
类别	平衡计分卡维度	关键绩效指标	指标性质	指标说明	信息来源	指标计分规则	权重	目标值或行动方案	绩效考核最终得分
考核指标	财务	贷款日均余额	定量		计划财务部				
		贷款时点余额	定量		计划财务部				
	客户	新增客户数量	定量		计划财务部				
	内部运营	部门流程制度建设综合评价	定量		分管领导				
	学习与成长	内部客户满意度	定性		创新研究部				
		人均网络培训学时	定量		人力资源部				
监控指标	财务	存款日均余额	定量		计划财务部				
	内部运营	客均产品数	定量		计划财务部				

绩效合同签署确认:

被考核者:　　　　　　　　　年　月　日
直接上级:　　　　　　　　　年　月　日
隔级上级:　　　　　　　　　年　月　日

对于部门副职及高级经理,除了承担一定比重的部门整体绩效合同以外,还须根据其具体的分工生成个人的绩效合同。部门副职的绩效合同指标的来源如图8-6所示,最终形成的绩效合同与正职的绩效合同形式相似。

通过同样的方法,我们可以将各部门的指标分解到各岗位。岗位要实现对部门绩效目标的有力支撑,因此岗位绩效指标首先来自于部门绩效指标的分解,此外也要结合岗位职责及年度工作重点要求进行补充,指标的来源如图8-7所示。

岗位的绩效指标设计中,一方面需承接本岗位任务与部门指标直接相关的内容,若与部门的绩效指标间接相关,则需要把部门指标进行分解后,由本岗位承担,如图8-8所示。另一方面要考虑到本岗位的主要职责,在岗位的职责中提取关键绩效指标,作为员工岗位绩效合同的指标来源。从岗位职责提取关键绩效指标,一是从"投入—过程—产出"的角度提炼指标,二是从数量、质量、时间、成本的角度提炼指标,详细的说明可参考本书绩效指标等章节。

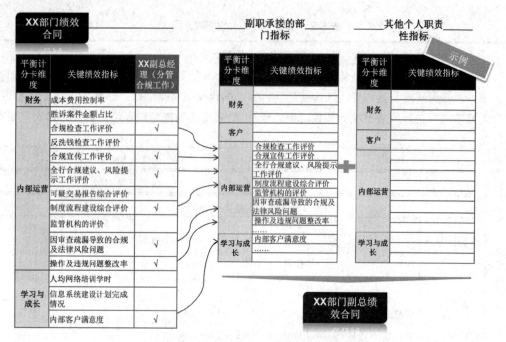

图 8-6 部门副职绩效指标库来源

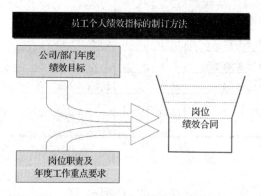

图 8-7 岗位(员工)绩效指标库来源

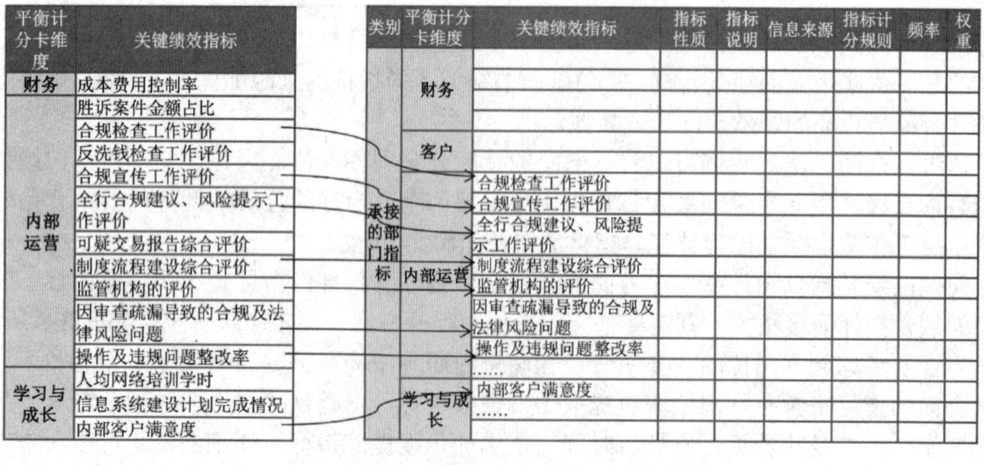

图 8-8 岗位(员工)绩效指标库承接部门绩效指标

在指标设计的整个过程中,都遵循了平衡计分指标逐层分解的原则。这样,一方面,全行的各类指标都有相应的部门承担,不存在指标的真空区(部分指标没有相应的责任主体承担。另一方面,各部门、各组的指标与全行的战略目标紧密连接在一起,各部门指标完成得好,全行的经营业绩会随之上升;相反,全行的经营业绩不理想,各部门考核评分一定会不高。因此,绩效管理体系的纵向不一致的问题得到解决。

在新的绩效管理体系中,各部门的绩效指标是非常明确的。分解到各岗位的指标也是明确的、有差异的,也是和全行战略连接得非常紧密的,指标的纵向一致性非常高。

通过指标的分解,平衡计分指标与各部门指标之间的相关性分析后,各部门之间的指标具有较高的关联性。平衡计分指标卡中各部门的工作业绩是息息相关的,某个部门指标完成情况会影响到其他部门指标的完成率。平衡记分指标体系就像黏合剂一样将各部门连接成有机的整体。

至此,全行平衡计分指标的设计、指标体系的分解工作已告一段落,绩效指标体系的主体框架已基本搭建起来。但是,到具体的岗位,还要对指标进行修正和补充。通过平衡记分指标分解到各岗位的指标只是评价岗位绩效的部分指标,只通过指标分解来设计岗位的关键指标是不完全的,还要分析各部门、各团队短期的工作重点以补充其指标。此外,各岗位的主要工作职责也是补充各岗位考核指标的关键因素之一。例如,在职能部门中,由于行业竞争的变化导致全行的工作重心发生变化,在绩效合同中可以适时地调整与补充。

然而,银行绩效管理是一个系统工程,建立起了绩效管理的框架仅是完成了绩效管理工作的第一步。绩效管理的顺利与有效运行,还需要在绩效实施、绩效考核、绩效反馈、考核结果运用中不断探索与修正,需要一系列配套政策同步实施,建立起良好的绩效文化,这样才能取得预期的效果,这个过程注定是一个漫长的过程。

第二节　某金融机构基于目标行为的绩效管理体系构建与实践

某金融机构为地方商业银行,截至 2019 年年末,集团总资产近万亿元,辖下拥有在职员工近 8000 名,分支行 15 家,网点机构约 630 个,并在北京、辽宁、山东、河南、四川、江苏、湖南、江西等地控股开 30 家子银行。该行保持良好发展态势,各项业务稳健快速发展。

一、变革背景

1. 新的发展竞争格局对商业银行内部管理提出新的要求

(1) 经济高速增长的"电梯"不再。传统的高投入、高消耗、高排放、低效率的粗放型经济增长方式已经积重难返、不可持续,以往银行赖以生存的经济高增长、信贷高投放的环境已一去不返,纵然方向正确、加倍努力也未必可以获得先前的机遇与红利,况且经济结构转型升级、去低端产能、去杠杆等也对银行的传统增长方式带来极大的挑战。

(2) 市场化改革加速优胜劣汰。市场对资源配置从"基础性作用"到"决定性作用",

开启了市场化改革的新时代,将再造经济金融体制机制,并牵动包括政治、社会、文化、生态等诸多领域改革的进程。长期来看,对行业发展及市场主体整体是利好、是机遇,但短期内将对市场主体的惯性路径产生冲击,打破并重构行业现有的利益格局,加速优胜劣汰,对于未提前做好准备、不及时转变发展方向与路径的市场主体无疑是危机和挑战。

(3) 宏观环境带来严峻挑战。房地产、农业、环境、资源等现实问题相互交织、错综复杂,再加上利率市场化对银行业的风险定价能力提出更高要求,汇率国际化把银行业置身国际大背景下带来新的问题和压力等,给银行业发展带来严峻的挑战。

(4) 银行同业竞争异常激烈。全国银行机构众多,譬如广州金融市场自由开放,银行机构多达 200 余家,法人银行机构 15 家,还有很多非银行金融机构竞相"分羹",市场竞争异常激烈,已陷入白热化状态,连农村商业银行传统村社业务也面临严重冲击。

(5) 互联网重新定义金融业。互联网金融绝对不是简单的开辟线上渠道,而是重新定义了金融业很多所谓的常识和惯常做法,它对传统金融业的冲击是颠覆性、全方位的,我们不能熟视无睹、置若罔闻,而要积极重构思维、应对挑战。

面对迅速变化的外部环境,该金融机构传统的盈利模式难以维系,想要在新的经济形势与竞争格局中实现突围,建立新的盈利模式,提高市场竞争力,商业银行需要做的不仅仅是业务创新、产品创新,还应从内部进行管理变革与创新,建立与新的市场环境相适应、相匹配的管理体系与机制,才能更好地迎接新时代的挑战。

2. OKR 为商业银行的内部管理变革提供了新思路

外部环境对商业银行内部管理提出要求的同时,以 KPI 为核心的传统绩效管理也给内部管理带来了系列问题,从客观上要求商业银行对内部管理机制进行变革与创新。

长期以来,企业注重对员工绩效结果的管理,员工行为过程管理相对不足,"重结果轻过程"的管理模式也逐渐产生了工作执行不到位、团队管理不完善等现象。同时,以 KPI 为代表的绩效管理工具,在实践过程中出现了重要目标无法量化、考核指标与企业目标偏离、员工投机行为频发等问题。内部管理存在的不足要求完善员工行为过程管理机制,目标行为管理应运而生,对绩效管理工具形成了有效补充。

目标行为管理最初源于德鲁克的目标管理。1954 年,德鲁克提出了目标管理(Management By Objective,MBO),认为企业可以通过 MBO 促进组织内跨部门协作和激发个人创新,确保组织内所有员工同公司整体目标保持一致,经理人在员工实现目标的过程中提供必要的资源与辅导。20 世纪 70 年代,英特尔公司 CEO 安迪·格鲁夫(Andy Grove)对 MBO 管理模型进行了相应调整,提出了 OKR 管理理念,使企业更加快速响应外部环境变化,更加聚焦落实目标的关键过程。1999 年,曾在英特尔供职的约翰·杜尔(John Doerr)将 OKR 引入了谷歌并成功实施,OKR 逐渐受到越来越多公司的认同,被领英(LinkedIn)、推特(Twitter)、甲骨文(Oracle)等企业采用并推崇。

OKR(Objectives and Key Results)作为将员工个人工作同组织整体战略目标相关联的管理框架,是一套定义和跟踪目标及其完成情况的管理工具和方法,它具有以下特征:一是聚焦主要目标,让所有人都朝着同一个方向努力;二是全公司透明,每个员工都以可见的方式支撑着团队、公司的目标,激发员工使命感和价值感;三是敏捷响应外部变化,进行目标调整,保证行动的适应性;四是基于目标进展频繁、持续、有效地进行沟通和反馈;

第八章　企业绩效管理项目实施实务

五是通过挑战性目标，激发员工潜能，激励员工取得更大成就。

OKR管理的以上特征使其能够切合企业过程与结果并重的管理需求，为解决团队管理不完善、工作执行不到位、重要目标无法量化、考核指标与企业目标偏离、员工工作投机行为等问题提供了可应用的管理工具，也为内部管理的变革提供了新的思路。

3. 勇于拥抱变革的文化为该金融机构提供了有利的变革环境

该金融机构自2009年以来，持续开展组织战略及内部管理的改革升级。2010年启动"双轮驱动"战略，推动业务结构从单一重公司业务向中间业务和零售业务并重转变，客户结构从注重大客户向注重中小微客户转变，收入结构从单一靠息差收入向多元提升中间业务收入转变，市场结构从单一注重本地市场向全国市场布局转变。2012年着眼于综合化金融服务战略。2013年确立"土洋并重、两小驱动、高低结合、上下互动、内外兼修、两跨经营"的发展战略，发展现代农业金融，做活小社区、做大小微业务，拓展高综合收益与高附加值业务，实现低资本占用与低杠杆运营，布局"永远在线"智慧银行建设，实施跨区域跨业经营战略。2015—2016年实施"大零售、大投行、大同业、大资管"战略，提升业务的综合服务效能与整体价值贡献。2017年启动"重建韧性、重新定位、重现活力"三重转型，围绕业务板块扩大"五大战略纵深"，即零售金融至快至全、公司与同业金融至精至轻、太阳金融至新至特、子银行至小至美、科技体系至先至强。

在勇于变革的企业文化与外部激烈的竞争环境共同推动下，该商业银行于2014年开始推行内部市场化管理，以三边清晰为基础，开展系列内部市场化工作，推动绩效改革工作的开展。随着绩效改革的不断深入，以目标与行为过程管理为重要内容的内部管理变革变得越来越必要与迫切。因此，该商业银行以绩效改革为基础，以OKR为内核，基于商业银行需要与实践搭建员工目标行为管理体系，将员工管理从关注结果的考核方式阶段进入过程管理阶段，推动员工实现由"要我做事"到"我要做事"的转变。

二、变革的思路、目标与步骤

1. 变革思路

在外部环境剧烈变化的背景下，该银行在以内部化市场管理推动绩效改革的进程中，以OKR为内核，以商业银行需求与实践为基础，通过"四平台一配套"(即目标管理平台、沟通管理平台、评价管理平台、行为展示平台与配套制度办法)构建目标行为管理体系，以实现从组织到个人的战略执行管理，并通过员工行为大数据的归集与分析精准地为员工行为画像，形成员工行为全景视图，全方位、精准化、立体化地展示员工行为，实现目标与行为的过程管理。

2. 变革目标

通过构建科学有效的目标行为管理体系，形成良好的目标设定、沟通协作、行为评价及行动计划分解等目标及行为过程管理机制，实现科学有效的目标行为管理，以实现以下管理目标：

(1) 激活个人，激活组织。秉承"以人为本"的管理理念，通过科学合理的目标设定机制、行为评价机制及透明公开的运行规则，促进员工不断创新，持续改进行为方式，摒弃不作为和推诿的不良作风，达成有挑战性的业绩表现，进而大幅改善员工所在组织的绩效。

(2) 注重沟通，强化协作。通过正式的、常态化的、透明的沟通协作机制，充分呈现个体的工作思路、路径、需求和建议等，实现目标与关键行为的上下协同、横向学习；通过中后台对前台目标行为的认领与承接，促进关键行为的跨部门或跨团队横向协作。

(3) 聚焦目标，适应变化。通过目标设定机制、行动计划分解机制和工作日志管理规则，将目标行为落实到日常工作中，确保员工、团队、部门朝着共同的、有挑战性的目标努力；通过季度关键行为分析、反思与调整，确保组织和个人行为及时响应市场和客户的变化。

(4) 关注行为，持续改进。建立系统、科学的行为评价维度，对员工各项行为进行评价，评估与记录员工工作潜力、工作业绩、行为表现及工作履历，形成个人行为评价报告，促进员工工作路径与关键行为的持续改进。

3. 实施步骤

项目遵循"整体规划，分步实施，全员参与"的原则，分为四个阶段实施。

第一阶段：体系建设。搭建目标行为管理理论体系，明确体系运行规则，制定管理办法与实施细则，明确管理流程、评价维度与评价标准、关系配置标准、系统管理权限等内容。

第二阶段：系统建设。完成员工目标行为管理系统建设，实现目标管理(含目标设定、展示与查询等)、沟通管理、评价管理、行为结果展示等各平台功能在 PC 端及移动端的同步上线。

第三阶段：体系试运行。将目标行为管理体系对分支行中层管理人员及管理经理，总行业务管理部门、经营机构及中后台部门中层管理人员及管理经理等人员进行试运行推广，并根据试运行情况对 OKR 管理系统进行功能优化，同时与外部系统个人行为数据进行对接。

第四阶段：全面推广。对目标行为管理体系进行全面推广，覆盖总行、分支行、子公司及控股村镇银行等全辖各机构与部门，并根据日常运行情况持续优化目标行为管理系统。

三、目标行为管理体系建设与应用

1. 体系框架

目标行为管理是各级管理者为了达到总体目标对员工的阶段性工作目标(O)及关键行为(KR)进行设定、执行、评价和改进的持续沟通与循环过程。目标行为管理体系通过搭建目标管理平台、沟通管理平台、评价管理平台，促进各层级人员对组织目标的认识达成一致，形成各业务条线与职能模块之间的通力协作，并对目标的落地执行进行有效控制；同时，通过各平台数据的积累汇集，展示员工个人行为全景视图。整个体系的思路框架如图 8-9 所示。

2. 目标管理平台

目标管理是定义并跟踪目标(O)与关键行为(KRs)完成过程与情况的管理过程，包括 OKR 制定、行动计划分解、工作周志记录等环节。而目标管理平台通过填写 OKR，充分体现员工工作思路和方式，倒逼员工摒弃不作为思想，激活休眠人；通过前台对后台、上级对下级的 OKR 推送功能实现承接与支持，明晰目标要求；并通过 OKR 公开，使工作信息透明,确保上下协同、横向协作。目标管理平台工作原理如图 8-10 所示。

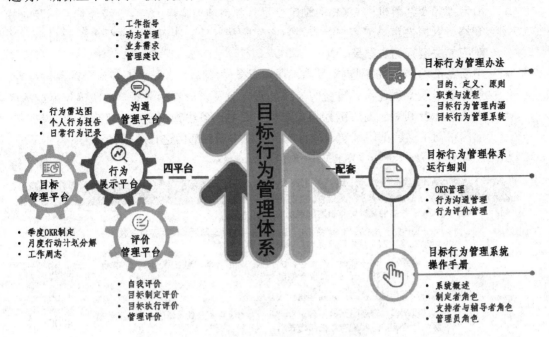

图 8-9 目标行为管理体系框架

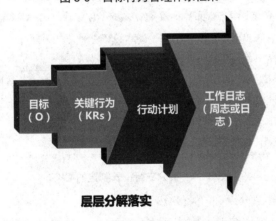

图 8-10 目标管理平台工作原理

1) OKR 的制定

OKR 的制定要求如下。

- OKR 制定应遵循"全面""立足客户"的逻辑框架,避免目标行为的片面化或遗漏,并遵循可量化、精简化、挑战性原则。
- 关键行为需综合考虑市场与客户、产品与业务、风险、系统、员工管理(含分配、调配等)、内部管理等由外到内多个维度进行设置,确保关键行为对目标的支撑。关键行为需量化,能用质量、时间、成本、评价等指标进行衡量。
- 季度目标行为须结合上一季度运行情况及上级、内外部市场或客户情况等进行调整,使之能与内外部环境变化相匹配。

不同性质部门 OKR 的制定：
- 前台部门及经营机构 OKR 的制定立足外部市场与客户，结合上级经营目标及业务策略、区域性市场或客户特点及自身实际情况等，明确年度或季度经营目标及其对应的关键行为与结果。
- 中后台部门 OKR 的制定立足内部服务对象(内部客户)，结合服务对象的关键行为、业务需求或管理建议、自身职能或职责定位及自身实际情况等，明确年度或季度工作目标及其对应的关键行为与结果。其中，条线管理及风险管理等核心前中台部门可向中后台部门推送目标行为，并由中后台部门进行承接。

示例：某分支行行长制定 OKR 如图 8-11 所示。

项目		目标/行为内容	目标值
目标	O1	实现三季度储蓄存款年日均稳定增长	3.0
关键行为结果	KR1	开展VIP客户调整客户资产结构，推动四季度到期理财逐步转为存款主题营销活动28场，宣传推广新产品息立得及我行保本理财	1.8
	KR2	以"奔跑吧，做好节日分红留存，大力推广大额存单、息立得兄弟！"市场开拓大赛为契机，开展公私业务联动	7000
	KR3	做好拓展代发工资户广州商学院代收学费服务	1000
	KR4	继续以优以"奔跑吧兄弟"活动为契机，大力吸收对公高质量服务和产品收益吸引新老客户，实现存款稳步增长	4000
目标	O4	太阳集市有效商户新增	8
关键行为结果	KR1	借助"奔跑吧兄弟"市场开拓大赛平台挖掘贷款客户资源，推荐太阳集市商户上线	3
	KR2	对接区农业产业化协会平台，挖掘白云区优质农业商户资源	3
	KR3	对已上线未活跃商户，采取促销措施，提升活跃度	2
目标	O5	加快存量项目"百*广场""富*广场""勤*汇广场""熹*谷"等投放落地	7000
关键行为结果	KR1	新增佛山市林*投资有限公司一手按揭项目	2000
	KR2	加强与政资、经达、良策等公司合作，拓展二手按揭	3000
	KR3	强化条线间联动，通过营销支行和片区、网点业务推荐获客	2000

图 8-11 某分支行行长制定的 OKR

2) 行动计划分解

员工结合上期实际工作情况，围绕季度目标行为，分解形成月度行动计划，并明确具体工作任务(含结果)、责任人和完成时间等，推动关键行为落地实施。月度行动计划可由上级推送至下级，确保上下级行动保持一致，并将上级任务分解与承接的情况、任务完成进度汇集形成任务透视图，直观展示上下级工作的分解与联系。

示例：某员工任务透视图如图 8-12 所示。

3) 工作周志

根据员工工作性质或上级工作要求，可选择记录每日工作进度。管理人员可定期查看并审核所管辖员工的工作周志，并可根据行动计划及其进度条，合理分配、调整和监控团队成员日常工作分工，避免分工不匀、忙闲不均等现象，督促员工提高工作效率，形成"日事日毕、日清日高"的良好工作习惯。

第八章 企业绩效管理项目实施实务

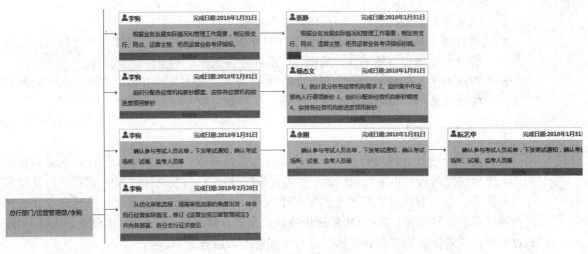

图 8-12 某员工的任务透视图

3. 沟通管理平台

沟通管理是为完成员工目标行为的拟定、执行和改进，对上下级与跨部门团队间沟通过程的管理，是促进横纵向沟通协作以达成行为目标的管理过程。行为沟通管理包括动态管理、工作指导、业务需求和管理建议等正式环节，以及多形式、多渠道、非正式的目标行为沟通。而沟通管理平台通过上级对下级的工作指导，督促管理者关注团队建设，提升管理能力和专业水平；通过下级对上级、前台对中后台的业务需求与管理建议，鼓励员工思考和创新，推动管理部门提升管理和服务水平。

1) 工作指导

工作指导是上级针对员工遇到的困难、问题及需求等提出的业务拓展或工作开展建议。按员工工作性质不同，工作指导的内容不同。针对前台员工，可从业务发展方向、业务关注重点、业务经营提示、区域性经营建议、风险预警提示等方面进行工作指导。针对中后台员工，可从工作开展方向、重点工作思路、重点工作注意事项、工作技能提升或工作方式方法等方面进行工作指导。

2) 业务需求

业务需求是员工向上级提出的，包括但不限于产品、业务、政策、技术或专业等有建设性意义的资源需求，是员工自身职责、权限或能力范围之外的事项。业务需求应明确、具体，并与业绩或工作目标相匹配，上级应及时对员工的业务需求进行分析处理，对在自身职能、权限或能力范围之外的需求事项，可将需求分发至同级相关部门进行分析处理并跟踪汇总进展与结果。

3) 管理建议

管理建议是员工向上级和支持者提出的，包括但不限于管理模式、政策与制度、流程与权限等合理的管理改进建议。管理建议应有明确的改进目标或事项及改进思路、改进举措，不能仅抛出现象或问题，上级应及时对下级的管理建议进行合理性评估并采取措施优化管理，对在自身职能、权限或能力范围之外的管理建议，可将建议分发至同级相关部门进行评估处理并跟踪汇总进展与结果。

4) 动态管理

动态管理是由业务或职能归口部门提供给员工的与业务拓展和工作开展紧密相关的动

态信息。按发布者和内容不同，动态信息分为业务动态和管理动态。
- 业务动态是业务归口部门提供的，与业务拓展或工作开展直接相关的信息，如经营分析数据、市场与客户数据、产品和业务数据、同业经营数据等。
- 管理动态是职能归口部门提供的，支持业务拓展或工作开展的信息，如人力财务等资源数据、风险相关信息、专项工作信息、同业经验分享等。

4. 评价管理平台

评价管理是通过评估与记录员工行为表现与工作潜力，促进员工工作行为改进的管理工具。评价管理的内容包括自我评价、行为评价(含制定行为与执行行为)、管理评价及日常行为表现等，通过行为评价报告全面呈现个人行为表现。而评价管理平台通过自我评价促进自我反思和改进提升；通过 OKR 评价督促员工提升挑战性、条理性、主动性、执行力等；通过管理评价督促管理者和管理部门提升管理能力和服务能力。

1) 自我评价

每季度末，由员工对自身季度目标行为完成情况进行自评，具体内容包括：
- 自评季度或年度目标行为完成进度，并提交上级审核，审核通过后生效，计入行为评价得分。
- 明确 1~2 项做得好并打算继续下去的关键行为，并说明理由。其中，"理由"应理据充分、尽量以事实和数据论述，包括关键行为的效果、持续的必要性、继续开展的方式以及推广的范围与可行性等核心要素。
- 分析完成率较低的目标行为的原因，并提出改进方案。其中，"原因分析"应全面、有主次，且以主观原因分析为主，"改进方案"包括改进思路或举措、改进目标及相应时间节点。

2) 行为评价

行为评价包括目标制定评价和目标执行评价两个部分。
- 目标制定评价。每季度初，由上级对下级季度目标行为制定情况进行评价，并填写评语和建议。目标制定评价的维度包括目标挑战性、目标创新性及 OKR 条理性等。
- 目标执行评价。每季度末，由上级对下级季度目标行为执行情况进行评价，并填写评语和建议。目标执行评价的评价维度包括工作主动性、行为执行力及行为影响力等。

3) 管理评价

每季度末，由上级与下级对员工的管理与服务支持行为及其结果进行评价。管理服务评价是由员工的上级与下级对员工的管理行为进行评价，评价员工作为管理者，对下级人员的业务规划、工作指导、业务支持是否能有效推动并支持下级人员业务的开展，促进团队目标的完成。管理支持评价是由员工及其上级对支持部门(如人力资源部、风险管理部等)在日常工作中向业务部门或其他职能管理部门提供的服务支持行为进行整体评价。

5. 行为展示平台建设

行为展示包括行为雷达图、行为评价说明及日常行为记录。在汇集目标管理平台、沟通管理平台、评价管理平台数据的基础上，勾画个人行为雷达图，出具个人行为简要说明、行为详细报告，全方位展示员工个人能力表现、业绩表现、工作作风表现和自我管理能力，实现从"结果管理"向"行为管理"转变。

1) 行为雷达图

行为雷达图是对个人行为表现的全方位、图表式直观呈现。通过目标行为管理系统汇集评价数据、完成率数据，并与人力资源系统、绩效管理系统、流程可视化系统及业务系统进行对接，抓取员工个人奖惩履历、绩效考核结果、流程处理时效等数据，形成个人数据集，以雷达图的形式从尽责性、进取性、业务力、执行力、领导力、创新性 6 个维度展示员工个人行为特征。

示例：某员工个人行为雷达图如图 8-13 所示。

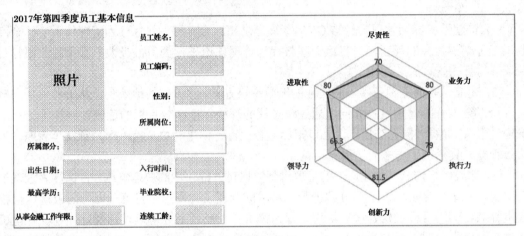

图 8-13　某员工个人行为雷达图

2) 个人行为评价说明

行为评价说明是对雷达图中各行为要素的摘要性解释。雷达图从六个维度展示员工个人行为特征得分，行为评价说明从数据来源、评价标准、个人行为匹配情况对行为特征得分进行解释说明。

3) 日常行为记录

日常行为记录是对雷达图中各行为要素具体表现的详细记录。员工日常行为表现包括奖励与惩罚、工作纪律(含工作日志和考勤休假等)、工作效率(含督办工作、SLA 及全流程处理时效等)、工作绩效(含年度考核结果、日常工作绩效等)及工作潜力(含工作履历、学习发展等)等内容。

四、目标行为管理结果的应用

目标行为管理的结果主要应用于绩效考核、人事调整、管理改进和关键行为调整。

(1) 应用于绩效考核。目标制定评价及行为结果评价将作为个人综合考核评定的重要参考依据，应用于个人绩效考核。员工行动计划及工作周志的使用及填写情况作为班子分工与员工管理情况考核指标的评价维度之一，纳入部门及部门负责人绩效合同指标体系。

(2) 应用于人事调整。员工行为评价报告记录了员工历史行为信息及日常业绩与行为数据，为员工的任免、调配提供重要参考依据。

(3) 应用于管理改进。结合管理评价以及员工提出的业务需求与管理建议等,对部门管理与服务改进提出要求,推动其管理服务改进。

(4) 应用于行为调整。根据目标行为结果评价情况,调整具体 OKR 及行动计划。其中,如 OKR 完成进度得分过高,则目标挑战性偏低,须调整目标值;如 OKR 完成进度得分过低,则要反思关键行为(或项目/工作)的提出是否合理、推动工作是否存在问题、是否需要继续坚持该关键行为等。

五、成果创新与管理效益

1. 创新之处

(1) 首创性将行为管理要素与 OKR 管理理念相结合延展为目标行为管理体系。结合商业银行管理中存在的问题,对目标管理与行为管理理论进行创新,极大丰富了商业银行目标管理与行为管理的理论模型。

(2) 建立了与商业银行特点相匹配的绩效考核方式。将传统的绩效管理结果考核导向转变为员工个人行为管理过程导向,通过对过程的管控保证绩效目标的达成,避免了"重结果轻过程"、重要目标无法量化、考核指标与企业目标偏离、员工投机行为频发等问题,为绩效管理工具提供了更多的选择和补充。

(3) 通过纵横结合、快速迭代的管理机制实现对外部环境的快速响应。目标行为管理体系将自上而下行为目标的逐层分解机制,与时间维度上"季度—月度—周"的敏捷迭代模式进行融合,对目标设定、沟通协作、行为评价及行动计划分解等目标及行为过程管理机制进行固化,并通过自我反思与计划调整对外部环境的变化进行快速响应,有效保障组织战略目标的落地与实施。

(4) 创新性地借助系统对任务的推送与承接构建任务透视图。通过任务透视图直观清晰地展示各单位目标自上而下分解的路径及关键节点,以及自下而上各层级子模块对完成总体目标的贡献,使员工明确组织对个人的定位与要求,主动将个人目标与组织目标进行对标;管理人员随时掌控关键任务的进度,协同多方力量聚焦于组织最为关注的领域。

(5) 创造性地以行为管理数据为基础,以"雷达图+行为报告"的方式展示员工个人综合行为全景视图。通过全面整合员工行为数据对员工行为进行精准化画像,全方位描述员工个人能力表现、业绩表现、工作作风表现和自我管理能力,为人员与岗位的精确匹配、员工个人的扬长补缺提供依据。

(6) 以内部管理系统为载体探索搭建透明化的知识共享平台。以关键行为、动态信息、工作指导、管理评价等信息的共享,激发组织内部鲶鱼效应,鼓励管理者互相借鉴并提升管理能力,普通员工见贤思齐,优秀员工深挖潜力、挑战自我,倒逼员工摒弃不作为思想,激活休眠人,促进学习型组织的构建,实现员工的自我提升。

2. 管理效益

该商业银行通过目标行为管理体系的建设和推广,为团队建设提供了高效的管理工具,使得企业管理能力与效能得到明显提升,成为国内业界在经营管理和绩效管理方面的成功典型。

第八章　企业绩效管理项目实施实务

(1) 目标行为管理体系营造了主动沟通、主动学习、主动思考的工作氛围。一是改变现有体系下员工"等指令、混日子"的情况，使员工自觉进行工作规划，工作目标更具挑战性；二是扭转管理者"分指标、下任务、二传手、零沟通"的管理模式，管理者主动拓宽思路与渠道，行为计划更具体明确，同时为下属员工业绩达成的途径与效果提供切实指导与支持。例如，某支行分管条线副行长在体系运行初期及运行半年后的 OKR 如图 8-14 所示。

- KR1：确保零售业务新增考核利润高于二季度
- KR2：零售条线日均存款比年初新增xx亿元
- KR3：储蓄存款日均规模达xx亿元
- KR4：零售信贷规模达xx亿元

VS

- KR1：加强雅**、珠*等重点楼盘的维护与营销，同时全面铺开二手按揭业务及其产品联动工作
- KR2：挖潜优质存量客户进行二次营销，加强网点及合作单位转介联动，实现三季度消费贷款投放1亿元
- KR3：小微贷款推行"1+2"推荐模式，加强与从化区私营协会及工商联协会合作关系，深入挖掘潜在客户

图 8-14　目标行为管理体系带来的管理思路变化

(2) 目标行为管理体系鼓励员工挑战自我极限，主动制定个人目标，管理人员提供频繁及有针对性的业务指导，有力推动了各项结果性 KPI 指标的达成，2017 年部分指标的年度计划完成率甚至达到了 178.9%，如图 8-15 所示。

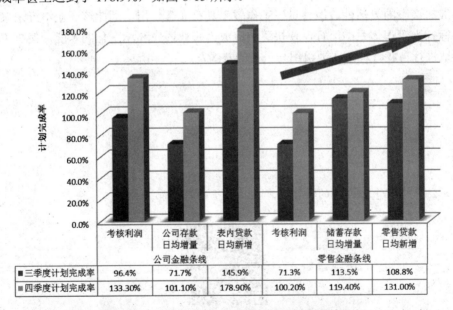

	考核利润	公司存款日均增量	表内贷款日均新增	考核利润	储蓄存款日均增量	零售贷款日均新增
	公司金融条线			零售金融条线		
三季度计划完成率	96.4%	71.7%	145.9%	71.3%	113.5%	108.8%
四季度计划完成率	133.30%	101.10%	178.90%	100.20%	119.40%	131.00%

图 8-15　2018 年第三、四季度条线业绩完成情况

(3) 目标行为管理体系搭建了横向与纵向的沟通协作平台，有效提升了内部流程的效率，使得内部流程的时长得到了明显压缩，员工流程逾期率从初期的 30%下降到 2.5%～3.5%；SLA 流程评价及时率接近 100%。

3. 推广应用

该金融机构以商业银行内部改革为背景，结合金融行业管理实际，搭建目标行为管理体系平台，为商业银行内部管理优化提供了借鉴经验，在金融业领域的内部管理提升方面具有普适性推广价值。2019年年初，在目标行为管理体系总行运行平稳且效果优异的情况下，将其推广至子银行。

在总行推行过程中，多渠道、多形式的沟通管理促进业务指导与协作支持。各自为政的总行部门与平级部门及分支机构的沟通频率明显提升，业务需求、管理建议作为非正式沟通工具，有效提升了业务管理部门对前台产品创新、业务推动等的服务能力，提高了中后台部门对前台部门的服务意识，确保服务的针对性和有效性。

在分支行推进过程中，上下级目标一致、聚焦于业务拓展显得尤为重要。目标行为管理体系通过逐级分解并推送行动目标，构建任务透视图，实现任务上下贯通一致与穿透关联。季度目标落实在月度行动计划进而落实到工作日志中，层层分解使得每个员工做事有计划，思路清晰。

在子银行推进过程中，灵活的信息共享方式使控股机构受益颇多。目标制定、计划分解和日志记录的公开，对愿意进行自我提升的员工提供了广阔的学习空间，促使员工向优秀者对标，主动思考工作的计划性和创新性，改进工作方式，提升工作效率；动态管理信息的共享便于村行与总行协力进行联动营销，分享业务资源。

面对快速变化的市场环境与日趋壮大的企业规模，保持快速响应的灵活性与员工管理的有效性是该商业银行未来一段时间内部管理的重点。目标行为管理理念经过实践检验，对提高战略调整的灵活性、改善员工工作效率具有显著作用，因此该商业银行未来将持续推动目标行为管理体系的运行，使快速响应成为企业适应环境变化的本能，使员工更加积极主动地进行自我管理，实现组织与员工的共赢发展。

附件：

××公司绩效管理办法的具体内容请扫描下面二维码。

附件.docx

参 考 文 献

[1] 胡华成. 绩效管理与考核全案[M]. 北京：清华大学出版社，2017.

[2] 孙宗虎. 中小企业绩效考核与薪酬体系设计全案[M]. 北京：人民邮电出版社，2014.

[3] [美]戴维·帕门特(David Parmenter). 关键绩效指标：KPI 的开发、实施和应用(原书第 3 版)[M]. 王世权，等，译. 北京：机械工业出版社，2017.

[4] [美]哈罗德·科兹纳(Harold Kerzner). 项目绩效管理：项目考核与监控指标的设计和量化(第 3 版)[M]. 肖杨，等译. 北京：电子工业出版社，2020.

[5] 赵国军. 薪酬设计与绩效考核全案(第 3 版)[M]. 北京：化学工业出版社，2020.

[6] 朱飞. 绩效激励与薪酬激励[M]. 北京：企业管理出版社，2013.

[7] 弗布克管理咨询中心. 绩效考核管理业务流程与制度[M]. 北京：人民邮电出版社，2018.

[8] 张勇，龙立荣. 薪酬激励与员工创新绩效[M]. 北京：人民出版社，2016.

[9] 苏自力. 平衡计分卡和作业成本法在高科技企业的应用[M]. 成都：西南交通大学出版社，2015.

[10] 李桂芬. 企业绩效考核和薪酬设计实务[M]. 北京：化学工业出版社，2021.

[11] 国务院国资委考核分配局. 企业绩效评价标准值 2020[M]. 北京：经济科学出版社，2020.

[12] 弗布克管理咨询中心. 中小企业绩效量化考核设计实务[M]. 北京：化学工业出版社，2020.

[13] 冯涛. 企业薪酬设计管理实务[M]. 北京：中国铁道出版社，2020.

[14] 李鸿磊. 商业模式创新与企业绩效影响：案例与实证[M]. 北京：经济管理出版社，2018.

[15] 涂乙东. 道德型领导：提升企业绩效、团队创造力与员工幸福感[M]. 北京：社会科学文献出版社，2020.

[16] 郭吉涛. 民营企业高管团队特征对企业绩效的影响研究[M]. 北京：经济科学出版社，2020.

[17] 苏中兴. 薪酬管理[M]. 北京：中国人民大学出版社，2019.

[18] 白睿. 薪酬管理全流程实战方案[M]. 北京：中国法制出版社，2019.

[19] 周蕾. 人力资本溢价与企业绩效研究[M]. 北京：经济科学出版社，2017.

[20] 宋平平. 城市公共事业企业绩效研究[M]. 北京：中国人民大学出版社，2018.